La amenaza del yo. El doble en
el cuento español del siglo XIX

# La amenaza del yo. El doble en el cuento español del siglo XIX

Rebeca Martín

London

Spanish, Portuguese and Latin American Studies in the Humanities

*La amenaza del yo. El doble en el cuento español del siglo XIX*
de Rebeca Martín

Los derechos de autor de Rebeca Martín como autora de este trabajo han sido aceptados por ella de acuerdo a Copyright, Designs and Patents Act, 1988.

© Rebeca Martín, 2023

Toda reproducción no autorizada está desde ahora prohibida. Este libro está protegido por la ley. No puede ser copiado ni distribuido, en todo o en parte, en copia dura o blanda, ni de cualquier otra manera, sin permiso previo y condicionado del Editor, SPLASH Ediciones.

Publicado primero en España por Editorial Academia del Hispanismo, 2007. Esta edición, con correcciones y adiciones, está publicada por SPLASH Ediciones, 2023.

Todos los derechos reservados.

Cubierta diseñada por Hannibal. Imagen de la cubierta: Dante Gabriel Rossetti, "How They Met Themselves" (1864).

ISBN 9781912399383

## ÍNDICE

Nota inicial — 7

**I. INTRODUCCIÓN: EL DOBLE Y SUS MÁSCARAS**
1. De duplicaciones y avatares: el campo temático del doble — 11
2. Los orígenes del *Doppelgänger* — 28

**II. EN TERRITORIO LEGENDARIO: DE LA VISIÓN DE LAS EXEQUIAS AL ENCUENTRO CON EL PROPIO CADÁVER**
1. Sobre lo fantástico legendario — 45
2. La génesis: el estudiante Lisardo — 49
3. Las reelaboraciones pseudofantásticas y paródica — 58
4. La irrupción del doble — 64
5. Los epígonos románticos: Mañara, Lisardo y el caballero de Olmedo — 83
6. Coda: el caso singular de «El huésped» — 101

**III. EL DOBLE Y LO FANTÁSTICO MODERNO**
1. Las traducciones de Hoffmann, Poe y otros autores extranjeros — 105
2. Variaciones en torno a la mujer duplicada — 126
3. El doble *post mortem* — 142
4. La perspectiva femenina — 155
5. En la órbita del doble — 166

EPÍLOGO — 189

BIBLIOGRAFÍA — 197

*A Claudia, Sabina y Óscar*

**Nota inicial**

El origen del presente libro es la monografía que publiqué el año 2007 en la editorial Academia del Hispanismo, hoy descatalogada. Para esta nueva edición de *La amenaza del yo. El doble en el cuento español del siglo XIX*, he revisado el estilo y he actualizado los usos ortográficos y gramaticales. La teoría del doble, el comentario de los textos literarios y el repertorio bibliográfico son los mismos con dos salvedades: en primer lugar, he realizado ciertos cambios y adiciones acordes con algunas de mis investigaciones en los últimos años; y en segundo lugar, he enriquecido el corpus de relatos sobre el doble con alguna pieza documentada después de que se publicara *La amenaza del yo.*

Pero el peor enemigo con que puedes encontrarte serás siempre tú mismo; tú mismo te acechas en las cavernas y en los bosques.

Friedrich Nietzsche

# I. INTRODUCCIÓN:
# EL DOBLE Y SUS MÁSCARAS

## 1. De duplicaciones y avatares: el campo temático del doble

El estudio del doble constituye un auténtico reto para los filólogos y teóricos de la literatura. Resulta muy estimulante adentrarse en una tradición de la que forman parte autores tan relevantes en la narrativa occidental moderna como E. T. A. Hoffmann, Edgar Allan Poe, José Zorrilla, Gérard de Nerval, Fiodor M. Dostoievski, Emilia Pardo Bazán, Henry James o, ya en el siglo XX, Vladimir Nabokov, Jorge Luis Borges, Julio Cortázar, Javier Marías o Philip Roth. Y también resulta estimulante, asimismo, sumarse a la larga nómina de críticos que, al calor de los estudios pioneros de Otto Rank en 1914 y Sigmund Freud en 1919, han intentado desentrañar los artificios del doble. Tanto es así, tan abundante resulta la bibliografía consagrada al doble, que el investigador no puede evitar cuestionarse la legitimidad de verter más tinta al respecto. Sin embargo, el examen detenido de esos cientos y cientos de páginas corrobora que, pese a la existencia de una copiosa producción crítica, no solo es posible arrojar nueva luz sobre el motivo, sino que es necesario para poner orden en esas numerosas contribuciones.

     Las circunstancias que llaman la atención en la bibliografía sobre el doble son esencialmente dos: la ambigüedad preponderante en las diversas especulaciones teóricas y la escasez de estudios dedicados a la literatura española, en claro contraste con el interés que, desde hace décadas, suscita el *Doppelgänger* en las literaturas alemana, francesa, inglesa o norteamericana. Las razones de esta carencia quizá radiquen en que hasta no hace mucho preponderaba entre los investigadores la certeza errónea de que apenas se había cultivado una narrativa de corte fantástico en el ámbito hispánico.

En cuanto a la ambigüedad teórica, en ella desempeñan un papel determinante la psicocrítica y la crítica temática, enfoques ambos que, durante largo tiempo, prevalecieron en los estudios sobre el doble.[1] Cierto es que ambas disciplinas han hecho aportaciones fundamentales a los estudios del doble, entre ellas la indagación en los vínculos que este motivo guarda con la construcción conflictiva de la identidad e incluso, en algunas ocasiones, con las experiencias de sus cultivadores (Rank, 1973: 41-56). Pero no menos cierto resulta que, sobre todo en el caso de la psicocrítica, los excesos biografistas y la despreocupación por el hecho literario dan paso a un *todo vale* que dificulta la delimitación del motivo y redunda en la imposibilidad de ofrecer un corpus coherente. Un ejemplo es la tipología de Rogers (1970: 41), que diferencia entre doble manifiesto, ligado a un personaje a causa de su semejanza física, y doble latente, aquel que establece una suerte de relación psicológica con otros sujetos. Como el propio Rogers afirma, los dobles latentes no son fácilmente distinguibles, de manera que el crítico deberá rastrear las *pistas* diseminadas en el texto siguiendo el ejemplo del psicoanalista que acopia, para interpretarlos, los errores, sueños y libres asociaciones del paciente.

El doble así concebido pierde su valor heurístico (Fusillo, 1998: 9), pues basta con que dos personajes muestren un nexo minúsculo o una cierta especularidad para que pueda hablarse de duplicación o desdoblamiento. Una lectura minuciosa de las investigaciones de Tymms (1949), Keppler (1972), Fernandez-Bravo (1988), Herdman (1990), Rutelli (1991), Ballesteros González (1998), Morel (2001), Taylor-Terlecka (2001) o Cotarelo (2005) deja el mismo regusto a ambigüedad y laxitud, si bien es justo reconocer que los estudiosos del doble no siempre se han

---

[1] Entre los objetivos esenciales de la psicocrítica se cuentan la consideración de la obra literaria como biografía profunda del autor y sus implicaciones simbólicas, al margen de su valor estético (Castilla del Pino, 1994: 297-298), mientras que la crítica temática se esfuerza sobre todo en mostrar la unicidad de la obra de un escritor a través de sus temas y motivos recurrentes (Naupert, 2001: 66).

aproximado a esta figura con voluntad definitoria. En todo caso, pese a lo sugerentes que puedan resultar las propuestas de algunos críticos, es poco operativo, en fin, seguir su ejemplo y calificar de dobles, sin discriminación alguna, a los caracteres de obras tan dispares como *Frankenstein* (1818), de Mary Shelley; «La nariz» («Nos», 1835), de Gógol; «El gato negro» («The Black Cat», 1843), de Poe; *Jane Eyre* (1847), de Charlotte Brontë; *Cumbres borrascosas* (*Wuthering Heights*, 1847), de Emily Brontë; o *La metamorfosis* (*Die Verwandlung*, 1915), de Kafka.

Ante esta tesitura, la redefinición del *Doppelgänger*, la elaboración de una tipología y la delimitación de un corpus canónico acorde con esos presupuestos se impone como una tarea que, obviamente, ha de preceder al estudio del motivo en una literatura o período concretos, en este caso la narrativa española del siglo XIX. Es, en efecto, un proceso arduo porque obliga a extraer lo sustancial de las aportaciones críticas más afortunadas y a construir sobre sus contradicciones un nuevo modelo teórico, pero sobre todo por la dificultad que encierra enunciar los rasgos descriptivos fundamentales de un motivo literario cuya definición, como si de una noción apriorística y arraigada en el imaginario colectivo se tratara, suele darse por sabida. No obstante, hay que reconocer que existe una suerte de «implícito» o «universal» del doble y que la referencia a este siempre se hace con una determinada consciencia de significado (Vilella, 1997: 82). Esta constatación concurre con uno de los principios esenciales de la tematología, área de la literatura comparada a la que se adscribe toda investigación que, como esta, gira en torno a las representaciones de un motivo literario. El análisis tematológico tiene como objetivo prioritario describir los parentescos y prestamos que remiten a un patrón estructural común —el motivo propiamente dicho— diseminado en plasmaciones individuales. En este estadio embrionario de la investigación, la labor no es otra, pues, que la de hallar un patrón vertebrador subyacente a esa noción implícita o universal.

Por fortuna, sí es posible aislar un denominador común en esa abigarrada mezcla de obras que suelen asociarse con el doble. En este *totum revolutum* figuran con una regularidad palpable algunas obras clásicas cuya pertenencia a la tradición del doble se considera indiscutible frente a otras cuya inclusión es intermitente y a todas luces subordinada a la impresión subjetiva del crítico. Así, entre los clásicos del *Doppelgänger* figuran *La maravillosa historia de Peter Schlemihl* (*Peter Schlemihls wundersame Geschichte*, 1814), de Adelbert von Chamisso; «La aventura de la noche de San Silvestre» («Die Abenteuer der Silvester-Nacht», 1815), *Los elixires del diablo* (*Des Elixirs das Teufels*, 1815-1816) y «El hombre de la arena» («Der Sandmann», 1817), de Hoffmann; *Memorias privadas y confesiones de un pecador justificado* (*The Private Memoirs and Confessions of a Justified Sinner*, 1824), de James Hogg; «William Wilson» (1839), de Poe; *El doble* (*Dvojnik*, 1846), de Dostoievski; *El retrato de Dorian Gray* (*The portrait of Dorian Gray*, 1890), de Oscar Wilde; o «La vida privada» («The private life», 1892) y «La esquina alegre» («The Jolly Corner», 1908), de Henry James.

El doble, en estos textos, constituye una presencia que duplica al original (sea como figura humana, sea como sombra, reflejo o retrato), y se caracteriza por su semejanza física y una inquietante conexión psicológica con este. Tras dicha semejanza se oculta un oneroso conflicto de identidad asociado con la honda ruptura entre las imposiciones morales y sociales y los considerados instintos primarios del individuo; no en vano, el doble del siglo XIX se erige a menudo en el ejecutor de los deseos ocultos del original, para goce y desesperación de este. Freud pone como ejemplo de esta faceta del doble una secuencia de *Der Student von Prag* (Freud, 2001: 24).[2] Se trata de la escena en que el héroe promete al padre de su amada que no matará a su adversario en un duelo; cuando se dirige al lugar acordado para el lance se cruza con su doble, que le comunica que acaba de matar al rival. El doble, de este modo, libera los deseos de Balduin, pues ejecuta su auténtica voluntad, aunque también le hace caer en la deshonra al haber incumplido la promesa.

Otro nexo que vincula visiblemente las obras de Hoffmann, Poe, Wilde o James es su naturaleza genérica. Como se pone de manifiesto en estos textos canónicos, el *Doppelgänger*, a causa de sus mecanismos de construcción y su significado, constituye un

---

[2] Sobre esta película, dirigida por Paul Wegener y Stellan Rye en 1913 a partir de un guión de Hanns Heinz Ewers, véanse Kracauer (1985: 34-37), Staehlin (1978), Balló y Pérez (2004: 243), Gubern (2002: 12-30) y Navarro (2002).

motivo afín a los códigos de la literatura fantástica.[3] Por un lado, subraya la confrontación de lo real (el original) y lo sobrenatural (su duplicado), y por otro transgrede las leyes físicas que regulan el orden natural de las cosas, ya que el desdoblamiento resulta inexplicable científicamente. Además, está arraigado en lo fantástico no solo por el escándalo empírico que supone, sino también por su función subversiva, cifrada en el desenmascaramiento moral y social que encierra para el protagonista la aparición de su réplica. En algunas ocasiones, y la novela citada de Dostoievski es un buen ejemplo, el doble frecuenta los senderos de lo pseudofantástico y lo fantasmático, al configurarse, no sin una estudiada ambigüedad, como un ente surgido de los delirios del protagonista.[4]

Por curioso que pueda parecer, la voluntad de estudiar el doble en el marco de la literatura fantástica supone una cierta novedad en la bibliografía consagrada al motivo. Mientras los teóricos de lo fantástico consideran al doble una criatura prominente de esta tradición,[5] paradójicamente los investigadores del motivo, con honrosas excepciones (Jourde y Tortonese, 1996: 131), apenas si han profundizado en su naturaleza sobrenatural, más preocupados por discernir sus implicaciones psicológicas.[6]

---

[3] Me acojo a la corriente crítica que concibe el relato fantástico como texto en el que se produce una confrontación entre el mundo real y el fenómeno sobrenatural, y que sitúa su gestación en la encrucijada donde confluyen Ilustración y Romanticismo.

[4] Los relatos pseudofantásticos son aquellos en los que un fenómeno en apariencia sobrenatural tiene, finalmente, una explicación racional. Lo *fantasmatique* constituye una modalidad de lo pseudofantástico que se corresponde con la expresión de fenómenos psicopatológicos como el sueño, la alucinación, la ingesta de drogas y de alcohol, o la enajenación. Se trata de un término procedente de *fantôme* en su acepción psicoanalítica, pues se refiere a los fantasmas psicológicos que asolan al individuo (Fabre, 1992:118-119).

[5] Véanse Vax (1973: 29), Todorov (1982: 111), Siebers (1989: 248), Campra (2001: 165), Bozzeto (2001: 238-239), Rivera Recio (1994: 160-161), Ceserani (1999: 120) y Herrero Cecilia (2000: 51). Incluso Goimard y Stragliati (1997) han dedicado al doble un volumen de su monumental antología de relatos fantásticos.

[6] En esta actitud podría haber influido la postura de Todorov (1982: 190), quien considera que en los albores del siglo XX «el psicoanálisis reemplazó (y por ello mismo volvió inútil) la literatura fantástica». Y

La decisión de hacer de la iconicidad física el rasgo distintivo del doble, así como el afán de estudiar sus manifestaciones en el relato fantástico y sus aledaños, determinan inevitablemente la genética del motivo. Mi hipótesis de trabajo es que el doble moderno nace a principios del siglo XIX, al mismo tiempo que el propio género fantástico, circunstancia en la que abundaré más adelante. La riqueza que adquieren las representaciones del *Doppelgänger* ya en el seno de la literatura romántica permite formular una tipología descriptiva que contaría con una triple ramificación: una categoría morfológica, una diegética y otra genérica.

La primera categoría atiende a la relación que se establece entre original y doble, y está compuesta, a su vez, de tres variantes. En la primera, original y doble pertenecen a dos o más mundos alternos —dimensiones temporales y/o espaciales distintas— que por lo general acaban fundiéndose; es el caso de «La mascarada de Howe» («Howe's Masquerade», 1838), de Nathaniel Hawthorne, «Un cuento de las Montañas Escabrosas» («A Tale of the Ragged Mountains», 1844), de Poe, o «La esquina alegre», de Henry James. En la segunda, dos individuos con identidades distintas, pero homomórficos en sus atributos esenciales, coexisten en la misma dimensión; un claro ejemplo decimonónico lo constituyen Medardo y Victorino en *Los elixires del diablo*, o los Henry y John de Ambrose Bierce («One of twins», 1893), donde a la identidad física propia de los gemelos se le unen los poderes telepáticos. Hay, todavía, una tercera: aquella en la que el protagonista, por lo general asistente a sus propias exequias, se contempla a sí mismo muerto.

Esta última variante morfológica, que se materializará en *El estudiante de Salamanca*, de Espronceda, y *El capitán Montoya*, de Zorrilla, hunde sus raíces en el acervo popular español y se encuentra íntimamente ligada a la vieja creencia, presente sobre todo en las culturas norteñas, que interpreta la aparición del sosia como anuncio de muerte. Goethe, Dostoievski y Nerval se hacen

---

también, como se pone de manifiesto en Fusillo (1998: 314-315), las disertaciones de Alazraki (2001) a propósito de lo neofantástico. Por otra parte, el doble se ha estudiado desde una perspectiva imagológica (Coates, 1998) y como una traslación diabólica que manifiesta lo oculto en el orden social establecido (Živković, 2000).

eco de dicha superstición en *Los años de aprendizaje de Wilhelm Meister*, *El doble* y «Aurelia»,⁷ y medio siglo después Schopenhauer incluirá en su tipología de visiones «los casos de visión de sí mismo que, aunque no siempre, anuncian la muerte del que se contempla a sí mismo en la visión» (Schopenhauer, 1997: 99-100). Una de las elaboraciones más perfectas literarias del doble como heraldo funesto es, en fin, el cuento «Historia de uno de caballería» («Reitergeschichte», 1899), de Hugo von Hofmannsthal.

La segunda categoría resulta muy productiva para discernir las implicaciones narrativas que alcanza la duplicación en el relato literario.⁸ El doble subjetivo se manifiesta cuando el protagonista se enfrenta a su réplica, mientras que el objetivo aparece cuando el protagonisa es testigo de una duplicación ajena, como sucede en «El hombre de la arena» con Natanael y Coppola-Coppelius. Esta última noción se ramifica en una expresión singular: el desdoblamiento de la mujer amada, recurrente en la literatura de Hoffmann (es el caso de doña Ana en «Don Juan», 1812; o el de Venus-Santa Rosalía-mujer del confesionario-Aurelia en *Los elixires del diablo*) o Gérard de Nerval («Portrait du diable», 1839; «Sylvie» y «Octavie», 1853; «Aurelia», 1855), presente también en «La Madona de Rubens» (1837), de Zorrilla, «El vellocino de oro» («La toison d'or», 1839), de Gautier, y *Brujas, la muerta* (*Bruges-la-morte*, 1892), del belga Georges Rodenbach.

---

⁷ En la novela de Goethe (1796), Wilhelm se disfraza con los ropajes del conde en cuyo palacio se hospeda para sorprender (o seducir) a la mujer de este, pero es el propio conde quien irrumpe en el gabinete. Las consecuencias del encuentro del conde con su falso doble tienen una relevancia insospechada: «El viejo cree haberse visto a sí mismo y teme que esa aparición ha sido un aviso de infortunio e incluso de que le va a llegar la muerte» (*Los años de aprendizaje de Wilhelm Meister*, ed. de Miguel Salmerón, Cátedra, Madrid, 2000, p. 272). En la novela de Dostoievski, un compañero de trabajo le dice a Goliadkin que su similitud con Goliadkin II no es tan rara como piensa, y que el sentido que ha de darle al parecido es muy concreto: «Estas cosas pasan pronto. Mire, le voy a decir algo. Eso mismo le ocurrió a una tía materna mía. Antes de morir vio a su propio doble delante de ella» (p. 75). Y en «Aurelia» se menciona «una tradición muy conocida en Alemania, que dice que cada hombre tiene un *doble* y que, cuando lo ve, la muerte está próxima» (p. 394).
⁸ Esta categoría está inspirada en la distinción entre *double subjectif* y *double objectif* de Jourde y Tortonese (1996: 92-103).

Los personajes duplicados del siglo XIX son por lo general masculinos, y quizá haya que buscar las razones de esta circunstancia en el hecho irrefutable de que la literatura fantástica más divulgada está escrita, casi en su totalidad, por hombres, pero también en la noción de identidad preponderante en la época: el fenómeno del doble pone en cuestión la identidad del sujeto, y en el siglo XIX esta se concebía oficialmente en términos masculinos. Así, el desdoblamiento femenino decimonónico se desarrolla en un plano secundario, siempre dependiente de la peripecia masculina y marcado por unas obvias connotaciones eróticas: mientras que la mujer original suele ser virginal, pura y responde al arquetipo del ángel del hogar, su doble ostenta tintes lujuriosos, demoníacos, constituye una suerte de *vagina dentata* o *femme fatale* cuyo único afán parece ser el de abocar al hombre a la perdición. Hay, no obstante, un relato formidable que supone una excepción a la regla: «La Borgoñona» (1885), de Emilio Pardo Bazán, donde, como veremos, es una mujer quien asiste a una duplicación masculina.

La tercera categoría, en fin, es de cariz genérico: aunque el doble prototípico se prodiga sobre todo en el ámbito de la literatura fantástica, no podemos obviar sus manifestaciones pseudofantásticas y fantasmáticas, ni tampoco las paródicas. Entre las primeras, destacan «El *doppelgänger* del señor Marshall» («Mr. Marshall's Doppelgänger», 1897), de H.G. Wells, donde la visión del doble es fruto de un exceso alcohólico; y el divertidísimo «Las arenas de Crooken» («Crooken Sands», 1898), de Bram Stoker. En cuanto a la parodia, entendida como un procedimiento que desnuda los mecanismos de un motivo, obra o género sancionados por la tradición (Tomachevski, 1982; Hutcheon, 1978), no es en absoluto ajena a los artificios de lo fantástico, pues la reelaboración paródica del doble tiene también como referentes los fenómenos sobrenaturales (la bilocación, el magnetismo) inherentes al motivo. Aunque hay alguna destacable en el siglo XIX, como «Le docteur Héraclius Gloss», escrita en 1875 por Maupassant, será en el XX cuando la parodia ya no del doble, sino de la *literatura* del doble, llegue a su esplendor con *Desesperación* (primero *Otchayanie*, 1932, luego *Despair*, 1965), de Nabokov, u *Operation Shylock* (1993), de Philip Roth.

En cualquiera de estas tres categorías, la duplicación puede materializarse mediante el reflejo especular («La aventura de la noche de San Silvestre»), la sombra (*La maravillosa historia de Peter Schlemihl*), el retrato (*El retrato de Dorian Gray*), o incluso el Golem (*Isabella von Ägypten*, 1812), de Achim von Arnim, aunque no se da aquí todavía el conflicto de identidad consustancial al *Doppelgänger*) y el autómata («Horacio Kalibang o los autómatas», 1879, del argentino Eduardo Ladislao Holmberg).[9] Asimismo, la aparición del *Doppelgänger* en el siglo XIX guarda una estrecha relación con los artilugios ópticos que por aquel entonces gozaban de gran éxito popular, y con fenómenos sobrenaturales y prácticas nigrománticas y pseudocientíficas muy vigentes durante la centuria. En el cuento de Hoffmann «Noticia de las últimas andanzas del perro Berganza» («Nachricht von den neuesten Schicksalen des Hundes Berganza», 1814), una singularísima continuación del cervantino «Coloquio de los perros», Berganza cuenta cómo al aplicarle la bruja Cañizares un ungüento mágico para hacer aflorar su naturaleza humana tuvo una visión de su doble, con el que se enzarzó en una encarnizada lucha; en «El hombre de la arena», Natanael divisa a Coppola-Coppelius a través de los anteojos que le vende Coppola; Kleisler experimenta uno de sus ominosos desdoblamientos por culpa del espejo colocado hábilmente por el maestro Abraham junto a la puerta de su casa en *Opiniones del gato Murr* (*Lebens-Ansichten des Katers Murr*, 1819-1821); la metempsicosis y las artes del magnetizador confluyen en «Un cuento de las Montañas Escabrosas»; y, por citar un último ejemplo, Octavius Gasner provoca con sus artes esotéricas la duplicación y fallecimiento de su rival amoroso en «El tiro ganador» («The Winning Shot», 1883), de Arthur Conan Doyle.

    Los fundamentos de la presente teoría sobre el doble descansan esencialmente, como ya he indicado, en los clásicos decimonónicos europeos y norteamericanos, pues no en vano fueron estos los que moldearon la representación canónica del motivo. Por ello, la tipología aquí expuesta pretende ser válida

---

[9] Sobre el espejo, véanse Ziolkowski (1980) y Baltrušaitis (1988); a propósito de la sombra y la estatua, puede consultarse Stoichita (2000, 2006); sobre el autómata, Aracil (1998) y Pedraza (1998: 281-284); y acerca del Golem, Staehlin (1978).

para clasificar desde una perspectiva formal los textos de los siglos XIX y XX. Sin embargo, no puede afirmarse lo mismo de la evolución semántica del *Doppelgänger*: con el paso del tiempo, este se vacía de algunos de sus contenidos emblemáticos para asimilar otros sutilmente distintos. Si el conflicto de identidad es consustancial a todas las representaciones del *Doppelgänger*, no sucede lo mismo, por ejemplo, con su dimensión moral. En el siglo XIX, el que nos ocupa aquí, el doble acostumbra a ser un personaje perverso materializado por los deseos reprimidos del sujeto o por una maldición o pecado original (*Los elixires del diablo*, *Memorias privadas y confesiones de un pecador justificado*, «Le chevalier double», 1840, de Gautier), o bien una ominosa sanguijuela engordada por el sentimiento de culpa del protagonista, una suerte de recordatorio de sus malas obras («William Wilson», *El retrato de Dorian Gray*). Incluso los dobles femeninos están estigmatizados por esa perspectiva maniquea.

No obstante, sobre todo a partir de la cesura vanguardista que se produce en las primeras décadas del siglo XX, las plasmaciones del doble eluden esa polaridad entre el bien y el mal para cargar las tintas en la endeblez y precariedad de la identidad, en la intercambiabilidad del yo y de todo lo que a este le concierne, y en el disgusto del individuo con su idiosincrasia. Desde luego, no significa esto que dichos significados no estén presentes, aunque sea embrionaria o secundariamente, en algunas obras decimonónicas. Un ejemplo es *Los elixires del diablo,* donde el doble del monje Medardo, el conde Victorino, comete las tropelías que al capuchino le están vedadas. No obstante, pese a que la peripecia subraya sobre todo la ambivalencia entre el bien y el mal, también se vislumbra la confusión de identidad de Medardo, pues no sabe quién es Medardo y quién Victorino, y se muestra incapaz de obtener una imagen coherente de su yo. Esta dimensión compleja del desdoblamiento, atenuada en la novela de Hoffmann por la abyección hiperbólica del doble y el desarrollo folletinesco de la peripecia, será la que cobre más protagonismo en la literatura del siglo XX.[10]

---

[10] Tampoco implica esa evolución que a partir de las vanguardias históricas desaparezcan del universo artístico los dobles que encarnan los (considerados) instintos inconfesables, perversos o sádicos del original.

La presente propuesta sobre el *Doppelgänger*, pese a su voluntad de rigor (o precisamente a causa de esta), podría resultar quizá restrictiva. Al inicio de este estudio he mencionado que uno de los propósitos a los que debería obedecer una definición es plasmar, cuando menos en parte, la idea implícita que suscita la alusión al doble literario sin que dicho afán vaya en menoscabo del rigor científico. La teoría aquí expuesta satisface casi plenamente esta pretensión; y puntualizo *casi* porque obliga a excluir del corpus *El extraño caso del Dr. Jekyll y Mr. Hyde* (*Strange Case of Dr Jekyll and Mr Hyde*), la famosa novela de Robert Louis Stevenson aparecida en enero de 1886 que constituye una referencia obligada en las monografías dedicadas al doble. Las razones por las que esta obra queda excluida de un corpus cuyo requisito primordial es la duplicación física son obvias: en la obra de Stevenson no hay iconocidad física ni, desde luego, duplicación, sino transformación o avatar del doctor Henry Jekyll en Edward Hyde, un individuo que se caracteriza por un aspecto muy distinto al del honorable médico.

Ahora bien, la relación que mantienen Jekyll y Hyde, aunque exenta de experiencias autoscópicas, participa de dos rasgos fundamentales del doble: la interrogación sobre la construcción de la identidad en las coordinadas de lo fantástico, y la conexión psicológica. El doctor no es un ser angelical y bondadoso, sino un hombre reprimido por la moral victoriana y un científico que peca de soberbia. Hyde, por su parte, no es el opuesto de Jekyll, sino una concentración de los deseos sádicos que anidan en este (Nabokov, 1997: 257-258). Constituye, en otras palabras, un depósito de los instintos execrables que acaba escapando al dominio del doctor, circunstancia esta que evoca el ejemplo de Balduin aducido por Freud. La conexión psicológica

Simplemente, estos menguan ante el envite de otros dobles surgidos de un horizonte cultural en el que parece incrementarse la desconfianza en la imagen del sujeto como un ente sólido e inmutable. Así, mientras en la narrativa de factura decimonónica se desata un combate por apaciguar la rebelión de lo reprimido, en la actual se exacerba la incertidumbre y la consciencia de la fragilidad del sujeto; mientras que en aquella el sujeto no suele dudar de la legitimidad y justicia de hacer frente a la usurpación a la que le somete el doble, en esta es incapaz de asegurar quién es el original y quién el duplicado.

queda rubricada, además, por el hecho de que ambas personalidades comparten una potencia esencial, la memoria: «Mis dos naturalezas tenían la memoria en común, pero todas las demás facultades estaban en su mayoría desigualmente repartidas entre ambas» (Stevenson, 1995: 172). Y no puede obviarse que a lo largo de la confesión del doctor menudea el uso de términos como «doble», «mi segundo yo», o «mi doble existencia» para referirse a Hyde.

Asimismo, en la circunscripción tradicional de esta obra a la literatura del doble influyeron probablemente ciertos factores extraliterarios, ligados a las circunstancias vitales de Stevenson y a la pátina de caso clínico que tiñe la peripecia de Jekyll y Hyde. La fascinación de Stevenson por Deacon Brodie, personaje vinculado al folclore de Edimburgo, y sus declaraciones en «Un capítulo de sueños» («A Chapter on Dreams», 1888) acerca de la doble vida encajan en el mito del autor que escribe sobre dobles inspirado ya no por sus intereses literarios, sino por sus propias experiencias. Sobre Deacon Brodie, un respetable consejero cívico que fue ahorcado en 1788 por sus fechorías nocturnas, escribió Stevenson un drama de juventud que permaneció inédito hasta 1880, cuando su amigo W. H. Henley le incitó a recuperarlo.[11] Tampoco resulta baladí en la construcción de la imagen mítica de Stevenson el hecho de que Frederic Myers le escribiera en febrero de 1886, después de leer su obra, sugiriéndole algunas modificaciones para aproximarla más todavía a las teorías psicológicas del momento (Luckhurst, 2006: XIX). Años después, en 1892, Stevenson enviaría a Myers, miembro de la Society for Psychical Research, un informe acerca de unas experiencias de desdoblamiento acaecidas durante sus procesos febriles que Myers emplearía en *The Subliminal Consciousness* (1891-1895).

No deja de ser significativo, por otra parte, que en la primera versión de la novela (versión que Stevenson destruyó a raíz de las críticas de su mujer, Fanny Osbourne) la naturaleza de Jekyll fuera totalmente negativa y su transformación en Hyde se materializara a través de un disfraz. Las posteriores modificaciones

---

[11] La obra de teatro, *Deacon Brodie, or the Double Life*, se representó en 1883. En 1892 Stevenson publicó una edición revisada, a la que añadió un quinto acto. Acerca de este personaje escocés véase Gibson (1977).

de la trama demuestran que la intención de Stevenson era, ante todo, expresar la naturaleza híbrida del ser humano, algo de lo que él mismo dio cuenta en el citado «Un capítulo de sueños». No sin ironía, el autor atribuye el hallazgo de la pócima como desencadenante de la transformación a los Brownies, unos benévolos duendecillos del folclore escocés que le visitan en sueños y le proporcionan ideas para sus obras. Sin embargo, no es descabellado pensar que quizá Stevenson evitó los recursos de la duplicación y la semejanza física porque pretendía darle un giro novedoso a la peripecia de sus protagonistas —y funcionó: los lectores de la época no adivinaron que Jekyll y Hyde eran distintas manifestaciones de un mismo individuo hasta la conclusión de la novela—,[12] y porque consideraba que aunar dos personalidades en un mismo cuerpo le imprimía una mayor intensidad a esa desbordante duplicidad humana. Stevenson tenía que conocer, al menos, al *pecador justificado* de James Hogg, también natural de Edimburgo (y colaborador indirecto de la leyenda negra que se asocia con esta ciudad), y al «William Wilson» de Poe, personaje y relato que no debían de gustarle demasiado a juzgar por la severa crítica que le dedicó al norteamericano en 1875, tras la aparición de sus cuentos completos editados por John H. Ingram (Londres y Edimburgo, 1874).[13]

La transformación momentánea o intermitente constituye un mecanismo morfológico más próximo a las mutaciones de hombres lobo, mujeres pantera y demás fauna bestial del universo fantástico que a la duplicación, pero es obvio que el caso de Jekyll y Hyde guarda notables concomitancias con la literatura del doble y mantiene un diálogo muy productivo con esta. ¿Cómo integrar,

---

[12] El secreto, dicho sea de paso, se vulneró ya en las primeras representaciones teatrales de la obra, adaptada por Thomas Russell Sullivan y protagonizada por Richard Mansfield desde 1888, y en las subsiguientes recreaciones cinematográficas.

[13] Stevenson solo salva de la obra de Poe «El escarabajo de oro», «Un descenso al Maelstrom», «El tonel de amantillado», «El retrato oval» y los tres relatos protagonizados por Auguste Dupin. A propósito de «El Rey Peste» (uno de los primeros cuentos de Poe, publicado en 1835, que sin embargo Stevenson atribuye erróneamente a los últimos de su producción), llega a señalar que su autor, al escribirlo, «dejó de ser un ser humano».

por tanto, la obra de Stevenson en esta tradición sin vulnerar los requisitos fundamentales del desdoblamiento y la identidad física? Las reflexiones de algunos investigadores a propósito del campo temático del *Doppelgänger* ofrecen argumentos atrayentes.

La tipología estructuralista de Dolezel (1999) amplía las dimensiones del doble acudiendo al tema de la identidad. Este se compone de tres ramas afines, la tercera de las cuales coincide con el *Doppelgänger*. En ella Dolezel integra a los dobles que coexisten en un mismo lugar y tiempo (pone el ejemplo de *El doble* de Dostoievski) y a aquellos que son excluyentes (Jekyll y Hyde). La tipología atiende también a los modos de construcción del doble y a sus variantes paradigmáticas (que van desde la perfecta semejanza al contraste absoluto) y sintagmáticas; estas últimas aluden, de nuevo, a la simultaneidad y exclusividad. Al parecer de Dolezel, en la simultaneidad se halla la verdadera esencia del doble: «solo la confrontación cara a cara entre dos incorporaciones del mismo individuo puede explotar todo su potencial semántico, emotivo y estético» (1999: 172). La metamorfosis, a la que adscribe la obra de Stevenson, estaría, según Dolezel, en una situación periférica respecto al doble. Lo más sugerente de esta tipología es, no obstante, su enfoque integrador, que ubica al *Doppelgänger* en un amplio campo temático cuyo vértice es la identidad.[14]

La propuesta de Jourde y Tortonese (1996: 131) se inicia con una reflexión acerca de los peligros consustanciales a la delimitación tematológica; en opinión de estos investigadores, el enfoque teórico debe combinarse con una actitud más descriptiva, de modo que tengan cabida en ella las vecindades e intersecciones del motivo. Los temas literarios son comparados a archipiélagos cuyas islas integrantes se agrupan en torno a un núcleo; en virtud de su tamaño y ubicación, serán más o menos afines a ese núcleo. Aunque la elección de los motivos adyacentes al doble (*thèmes aparentés*) es cuestionable por su discutible afinidad con este —por un lado los tributarios del magnetismo y de la psiquiatría (*scission*), por otro aquellos como el maniquí o la mandrágora (*simulacre*)—, el símil de Jourde y Tortonese supone

---

[14] Véase también la tipología de Bargalló (1994), claramente deudora de Dolezel.

un intento de sistematización muy sugerente. Contigua al archipiélago de Jourde y Tortonese es la constelación temática de Vilella (1997), otra afortunada imagen que «permet descriure moviments el·líptics allunyats d'un eventual centre, òrbites diverses d'influència, interdependents, etc.».[15]

Sin embargo, la disquisición teórica que mejor se amolda al concepto de doble aquí expuesto y a la posibilidad de enmarcarlo en una órbita temática más amplia es la de Fusillo (1998). La definición que propone es muy similar, de hecho, a la empleada en el presente trabajo, y resulta significativo que Fusillo subraye el hecho de que pueda parecer restrictiva y literal, así como la consciencia de ir, por ello, «un po'controcorrente».[16] Fusillo acuña el campo temático de la «identità sdoppiata», noción que no constituye exactamente una jerarquía de motivos, sino más bien una progresión abierta, susceptible de ser ampliada, que evoca las variantes paradigmáticas de Dolezel. Este campo temático se compone de más de una quincena de motivos que va desde los personajes especulares hasta el mismo doble («William Wilson»): el desdoblamiento de personalidad, el travestismo, el cambio de identidad, el doble onírico, la reencarnación, los gemelos y el andrógino, el retrato, el espejo, la sombra, el vestido, la máscara, la criatura artificial y la clonación, la metamorfosis (Jekyll y Hyde) o el sosia.[17] Quizá también aquí podría discutirse si la progresión y los ejemplos escogidos por Fusillo son los más oportunos, pero lo cierto es que su planteamiento teórico es, de

---

[15] Lecouteaux (1999a: 174) también emplea el concepto de constelación, en su caso para referirse a «la constelación de creencias cuyo eje es la existencia del doble».

[16] «Si parla di doppio quando, in un contesto spaziotemporale unico, cioè in un unico mondo possibile creato dalla finzione letteraria, l'identità di un personaggio si duplica: un uno diventa due; il personaggio ha dunque due incarnazioni: due corpi che rispondono alla stessa identità e spesso allo stesso nome» (Fusillo, 1998: 8).

[17] Como puede observarse, algunos de estos motivos aparecen en mi tipología como variantes del doble. El doble onírico, por ejemplo, coincidiría con ciertos dobles pseudofantásticos; y el sosia, con los individuos de distintas identidades que comparten el mismo aspecto. Asimismo, algunos de estos motivos coinciden con los *thèmes aparentés* de Jourde y Tortonese (las criaturas artificiales, el clon).

los aquí expuestos, el más productivo y el que mejor se adapta a los criterios de mi investigación.

La propuesta de Fusillo abre las puertas a una prometedora consideración del doble como una figura caracterizada por unos rasgos fijos y estables (en contraste con la laxitud habitual), y como miembro del amplio campo temático de la identidad conflictiva. En este estudio, adoptaré la etiqueta de *órbita del doble* para referirme a aquellas obras que, pese a no contar con un *Doppelgänger* propiamente dicho, sí se sitúan en sus inmediaciones y comparten alguno de sus rasgos distintivos. La obra de Stevenson pertenecería, por tanto, a dicha órbita a causa de los argumentos ya desgranados: el cuestionamiento de la identidad y el tratamiento de la dualidad humana, la conexión psicológica entre Jekyll y Hyde e, inevitablemente, su ubicua asociación con la literatura del doble.

Órbita, campo temático, archipiélago… En rigor, estas etiquetas no son más que convenciones terminológicas para designar nociones muy similares que, por un lado, permiten estudiar los motivos de manera diferenciada y, por otro, proporcionan una perspectiva privilegiada para percibir sus afinidades e intertextualidades. La transformación intermitente o avatar, por aludir de nuevo al caso de Jekyll y Hyde, bebe unas fuentes divergentes de las del doble; así, para ahondar en ellas habría que remitirse no a la figura mítica de los gemelos o al reflejo, sino a la tradición del licántropo, documentada ya en la literatura grecolatina por Baring-Gould en su *Libro de hombres lobo* (1865), y a otras criaturas similares (Lecouteux, 1999a). Asimismo, pueden percibirse ciertos puntos de contacto, al margen de los ya citados, entre la literatura del doble y la de la metamorfosis. Por ejemplo, el pacto diabólico como detonante de la crisis, muy presente en la narrativa decimonónica sobre el doble,[18] pero también en la propia novela de Stevenson; la

---

[18] Es el caso de *La maravillosa historia de Peter Schlemihl* y «La aventura de la noche de San Silvestre», relatos en los que destacan las mefistofélicas figuras del hombrecillo gris que invita a Schlemihl a vender su sombra y el siniestro Dapertuto que empuja a Erasmus Spikher a cederle su reflejo. Heredero de ambos es el Scapinella de *Der Student von Prag*, que a su vez se apodera del reflejo de Balduin.

ingestión de la droga bien podría considerarse, como notó Chesterton, un correlato de la materialización del pacto fáustico con el diablo.

El propósito de establecer una constelación u órbita temática del doble excede, desde luego, los límites de la presente caracterización. Para llevar a cabo un proyecto de tal magnitud sería necesario fijar las dimensiones de dicha órbita y consagrar un estudio exhaustivo a cada uno de sus componentes. En cualquier caso, la delimitación del *Doppelgänger* y su estudio en un marco similar al propuesto aquí constituyen, a mi juicio, el punto de partida más provechoso para las posteriores investigaciones acerca de un motivo tan rico, enigmático y complejo como este.

## 2. Los orígenes del *Doppelgänger*

Si algo caracteriza al doble es su aspecto físico, calco del ser al que duplica. Como figura vinculada al género fantástico, encarna evidentemente el miedo ancestral a lo desconocido, pero con la singularidad de que en ella acostumbra a estar ausente la apariencia terrorífica del vampiro, el fantasma, etc. (Roas, 2002b: 42-43).[1] La pervivencia de este motivo y la preservación de su poder ominoso frente a la degradación de otros tipos fantásticos radica, precisamente, en su morfología: es el individuo quien constituye un peligro para sí mismo, pues la amenaza late en el seno del propio yo, no en un monstruo cósmico o en un mutante. Por eso el horror que el doble inspira es primordialmente metafísico, porque constituye un ataque directo a la razón y a las nociones de identidad e individuo. Sin embargo, en la tradición literaria la similitud física no siempre ha estado impregnada de tintes tan siniestros.

En la literatura occidental, especialmente en el ámbito de la comedia, la semejanza física entre dos personajes constituyó desde antiguo una productiva fuente de malentendidos. Las obras canónicas son *Anfitrión* y *Los Menecmos*, de Plauto, fechadas en el primer decenio del siglo II a.C. La primera escenifica la teofanía o avatar de Júpiter, quien se apropia de la fisonomía de Anfitrión con el propósito de gozar de los favores de su mujer, Alcmena. Para ello, se sirve de la ayuda de Mercurio, quien a su vez usurpa la apariencia del esclavo Sosia. Uno de los episodios más célebres

---

[1] Una sugerente categorización de las criaturas fantásticas puede verse en Carroll (2005: 103-121).

de la tragicomedia es el momento en que Mercurio y un estupefacto Sosia pugnan por arrogarse el mismo nombre y la misma identidad (escena I, acto I); tanto es así que *sosia* se convertiría, gracias a la tragicomedia plautina, en un apelativo para designar a dos personas de semejante apariencia física. Por su parte, *Los Menecmos* constituye una comedia de ambientación costumbrista en la que dos gemelos, separados tras nacer, coinciden en Siracusa. Los múltiples equívocos que provocan las apariciones de uno y otro se zanjan cuando, a raíz de su inevitable encuentro, se descubre su vínculo fraternal.[2]

Las obras basadas en los argumentos popularizados por Plauto se sucederán con gran éxito entre el Renacimiento y el Romanticismo en dos vertientes fundamentales: la usurpación de la personalidad por parte del dios rijoso y la comicidad que encierra la similitud física. No obstante, su productividad se cifra en las posibilidades dramáticas de la confusión y el equívoco en sus diversas variantes —sustitución y suplantación en tramas amorosas y políticas, uso de disfraces y travestimientos—, y no tanto en un conflicto identitario; probablemente sea *La comedia de los errores* (*The comedy of errors*, hacia 1588-1593), de William Shakespeare, la más representativa de la prehistoria del doble. Es en los albores del siglo XIX cuando comienza a potenciarse la dimensión metafísica del parecido en detrimento de sus facultades lúdicas. Y es entonces también cuando nace el doble moderno o *Doppelgänger*, definido por el alemán Jean Paul Friedrich Richter en *Siebenkäs* (1796) como 'gente que se ve a sí misma'.

Entre la tradición plautina y la configuración romántica del doble, entre su prehistoria y su tratamiento moderno, se percibe un salto cualitativo cifrado esencialmente en dos elementos. Por un lado, la interiorización psicológica del fenómeno de la similitud física (Troubetzkoy, 1995: 9): el *Doppelgänger* ya no solo duplica la naturaleza corpórea del original, sino que además establece con él una inquietante continuidad psicológica. Por otro lado, la homogeneidad que supone la identificación y conciliación entre gemelos y sosias renacentistas y barrocos cede paso a la

---

[2] Acerca de ambas obras véanse, además de Dolezel (1999) y Bargalló (1994), López López (1991), Bettini (1992), García Hernández (2001) y García Jurado (2002).

heterogeneidad (Fernandez-Bravo, 1988: 500), al deseo del sujeto moderno de preservar su consistencia individual frente a la invasión del doble. Será así como, en su afán por ser único, el héroe duplicado romántico pierda, a diferencia de sus antecesores de la tradición occidental, su identidad.[3]

Durante la primera mitad del siglo XIX se forja la imagen canónica del doble, la misma que condicionará todas sus reelaboraciones posteriores. En su figura se materializa la sensibilidad romántica, imbuida de la filosofía idealista de Johann Gottlieb Fichte, el magnetismo animal de Franz Anton Mesmer (considerado hoy el precedente inmediato de la hipnosis) y las primeras incursiones —científicas, literarias, metafísicas— en el abismo del inconsciente.

En su Doctrina de la Ciencia (*Wissenschaftslehre*), una de las «grandes tendencias de la época» junto con la Revolución Francesa y el *Wilhelm Meister* según Friedrich Schlegel (1983:131), Fichte sentó las bases del sistema filosófico que impregnaría la primera estética romántica.[4] El díscolo discípulo de Kant postula en su doctrina la existencia de un Yo (yo absoluto) como identidad

---

[3] No significa esto, claro está, que en el siglo XIX desaparezcan los relatos en los que se exprime el parecido físico tal y como se había hecho en las historias tradicionales. De esta continuidad dan fe «El príncipe Ganzgott y el cantante Halbgott» («Fürst Ganzgott und Sänger Halbgott», 1818), de Achim von Arnim; la novela histórica de Mark Twain *El príncipe y el mendigo* (*The Prince and the Pauper*, 1881); o *La pobre señorita Finch* (*Poor Miss Finch*, 1871-1872), donde Wilkie Collins relata una usurpación de identidad entre gemelos. Es célebre, asimismo, el caso de Sebastián de Portugal y de los impostores (el más conocido de ellos el pastelero Gabriel Espinosa) que intentaron suplantarlo; acerca de sus reelaboraciones literarias, entre las de Zorrilla y Patricio de la Escosura, véase Senabre (1990). Hay casos, no obstante, en los que se hibrida el tratamiento tradicional de la semejanza icónica con fenómenos inexplicables, como el *cuento moral* de Kleist «El expósito» («Der Findling», 1811), que revela, más que una reflexión sobre la identidad, cómo funcionan los resortes de la fatalidad y cómo puede el azar transformar la vida del individuo.

[4] En 1794 publica el *Fundamento de la doctrina total de la ciencia* y tres años después, en 1797, *Introducciones primera y segunda a la doctrina de la ciencia*, un esfuerzo que alabaría el mismo Schlegel (1994: 89-90). Puede verse una síntesis del idealismo romántico en Jarque (1996).

inmediata y la de un No-Yo (yo relativo) encarnado por el mundo exterior, una realidad aparentemente objetiva. Se trata, en efecto, de una realidad *aparentemente* objetiva porque en rigor ha sido engendrada por el mismo Yo:

> En la medida en que el yo es solo para sí mismo, surge para él, al propio tiempo y necesariamente, un ser fuera de él. El fundamento de este último radica en el primero, el último se halla condicionado por el primero: la conciencia de sí y la conciencia de algo que no sea nosotros mismos tienen una conexión necesaria; pero la primera ha de considerarse como lo condicionante y la segunda como lo condicionado (Fichte, 1997: 44).

Es así cómo, prosigue Fichte, el yo se transforma en sujeto pensante y objeto pensado al mismo tiempo: «en el acto de pensar ese concepto, su actividad, como inteligencia, revierte en sí misma, se convierte a sí misma en su propio objeto. [...] Ahora el filósofo podría pasar a la demostración de que esta acción no es posible sin otra en virtud de la cual surja para el yo un ser fuera de él» (Fichte, 1997: 44). Por tanto, esta consciencia propicia el desdoblamiento del sujeto, Yo y No-Yo al mismo tiempo, que se encuentra únicamente limitado por (y opuesto a) sí mismo.

Aunque el pensamiento de Fichte no tardaría en colisionar con los primeros escritos de la *Naturphilosophie* impulsada por Schelling (Benjamin, 1988: 86-87; Villacañas, 1987), lo cierto es que ese pensamiento dotó de entidad y argumentos filosóficos al *Doppelgänger*, expresión del encuentro o confrontación entre el yo absoluto y el yo relativo (Ziolkowski, 1980: 154; Vilella, 1997: 54). Así, por citar un ejemplo relevante y frecuentemente aducido por los estudiosos, la Doctrina de la Ciencia dejaría una profunda huella en el mundo literario de Jean Paul y sus «contrarios inseparables», presentes en novelas como *Siebenkäs*, *Flegeljahre* (1801) o *Titan* (1802); si bien es cierto que en estos personajes, a diferencia de lo que ocurrirá con los de Hoffmann —rendido admirador, por cierto, de Jean Paul, a quien arrancaría un prólogo para sus *Fantasiestücke in Callots Manier* (1813-1815)—, prepondera aún la unión e identificación como estado ideal, la crítica ha reconocido en ellos una suerte de antecedentes inmediatos del *Doppelgänger* romántico en los que se apuntalan sus bases icónicas.[5]

A la vez que lee a Fichte, Jean Paul visita a magnetizadores como Von Schelver; y si en un principio esas visitas constituyen un mero divertimento, más adelante comienza a considerarlas una fuente de sanación (Brion, 1973: 353-354). En puridad, el caso de Jean Paul nada tiene de singular: entre finales del siglo XVIII y la primera mitad del XIX, el magnetismo animal se convirtió en un auténtico fenómeno a lo largo y ancho de Europa, y su divulgador, el vienés Franz Anton Mesmer (1734-1815), en un personaje tan enigmático como controvertido.[6]

¿En qué consistía exactamente el magnetismo animal? Las veintisiete *propositions* que cierran la *Mémoire sur la découverte du Magnetisme Animal* (1779: 74-85) pueden reducirse a unos pocos principios esenciales. El primero de ellos, la existencia de un fluido magnético al que Mesmer ya se había referido en su tesis doctoral (*Dissertatio physico-medica de planetarum influxu,* Viena, 1766), reza así: «Il existe une influence mutuelle entre les corps célestes, la terre et les corps animés». Todas las personas gozan de ese fluido, unas (el *Médecin*, según se reitera en la *Mémoire*)

---

[5] «En todas las novelas de Jean Paul el papel del héroe se divide entre dos personajes unidos por una poderosa amistad, inseparables o, en una cierta medida, rivales o antagonistas; semejantes y diferentes a la vez, de tal forma que, si reunieran sus cualidades eliminando sus defectos, darían lugar al hombre perfecto, el tipo más complejo y sublime de hombre elevado. Separados, están como privados de su media naranja» (Brion, 1973:299-230). Se trata de un fenómeno similar al que se da en las tradicionales parejas de amigos, donde no suele entrar en juego el misterio del desdoblamiento, aunque sí participe en ellas la semejanza física. Véanse además Tymms (1949: 33 y 39), Marí (1979: 45), Ziolkowski (1980: 140), Zagari (1991) y Vilella (1997: 102). También se inscribe en esta tradición *El copartícipe secreto* (*The Secret Sharer*, 1910), de Joseph Conrad.

[6] Sobre Mesmer, véanse Zweig (1938), Carnicer (1969), Wilson (1974) y Ellenberger (1976). La novela de Per Olov Enquist *El quinto invierno del magnetizador* (1964) se inspira libremente en las andanzas de Mesmer. Asimismo, el magnífico estudio de Darnton (1984) traduce el interés de la sociedad parisina por la *nueva ciencia* como una evasión ante la crisis política y social que se avecinaba ya en 1780.

en mayor abundancia que otras; si el individuo padece alguna enfermedad es porque su fluido se ha alterado, de modo que el magnetizador debe restituir el orden habitual provocando una crisis, en rigor un tipo de neurosis frecuente en la época, los *vapores*, que se traducían en desmayos y ataques nerviosos. Mesmer provocaba dichas crisis con piedras magnetizadas hasta que *advirtió* que eran su presencia y los pases de manos los que tenían propiedades curativas (Mesmer, 1779: 14-19).

El segundo principio lo constituyen las teorías físicas que dotan de autoridad científica al magnetismo, pues Mesmer, hijo de la Ilustración, rechazaba toda explicación mística: estaba convencido de que su sistema armonizaba plenamente con el racionalismo del Siglo de las Luces y pretendía crear una doctrina positiva, capaz de reducir a leyes mecánicas todo lo que de oscuro y misterioso tenía el mundo (Guillamon, 1985: 153). Al mismo tiempo, era consciente de la heterodoxia de sus métodos: «Mon objet alors n'étoit que de fixer l'attention des Médecins; mais loin d'avoit réussi, je m'apperçus bientôt qu'on me taxoit de singularité, qu'on me tratoit d'homme à systeme, et qu'on me faitot un crime de ma propension à quitter la rote de la Médecine» (Mesmer, 1779: 8).

En cualquier caso, no deja de ser significativo que, décadas después, en 1851, Schopenhauer también defendiera el magnetismo como producto de las Luces y la razón en su *Ensayo sobre las visiones de fantasmas* (Schopenhauer, 1997: 83-85). De hecho, el magnetismo animal se asociaba con fenómenos físicos como la electricidad o la ley de la gravedad, y el propio Mesmer había señalado la analogía de las propiedades magnéticas con la electricidad en las *propositions* 9, 21 y 22. Por aquel entonces se divulgaron en Europa los experimentos de Galvani, quien producía espasmos musculares en la pata de una rana mediante descargas eléctricas; Aldini, por su parte, consiguió en 1803 provocar contracciones en cadáveres humanos, tal y como hará Victor Frankenstein en la novela de Mary Shelley. La misma *baquet* de la que se servía Mesmer para desatar crisis y magnetizar a los nobles en las curas colectivas no era más que una imitación de la botella ideada en Leiden el año 1746. Además, el programa de la Société de l'Harmonie a la que perteneció Mesmer durante su periplo parisino es muy similar a los emitidos por las sociedades ilustradas. El objetivo general de Société de l'Harmonie era el conocimiento de la armonía del universo y de las leyes de la naturaleza, y su objetivo particular, el hombre y su educación; entre las virtudes que quería inculcar se contaban la moderación y la honestidad. Nada más cercano, pues, al ideal ilustrado.

Mesmer deseaba hallar una ciencia válida para curar y prevenir todas las enfermedades posibles, no solo las nerviosas. Sin embargo, y pese a sus pretensiones médicas, la disciplina constituyó el punto de encuentro de la pseudociencia y el ocultismo, un espacio donde la ciencia se fundía con lo esotérico. Por añadidura, el vienés se vio envuelto en diversos escándalos: fue acusado de plagio y de mantener relaciones dudosas con sus pacientes femeninas.[7] El magnetismo fue hibridándose paulatinamente con programas tan dispares como los del espiritismo o la teosofía. Así, se produjo una mezcolanza *interdisciplinaria* tan compleja que resulta muy difícil delimitar ese ecléctico marasmo que acabó siendo el magnetismo.

Las prácticas de Mesmer y las de sus epígonos tuvieron una importancia fundamental en la constitución del *Doppelgänger* como figura literaria. Las posibilidades estéticas del magnetismo animal no tardaron en trasvasarse a la ficción: el magnetizador, generalmente a través de los pases de manos, consigue vencer la voluntad del paciente y hace surgir una suerte de *segundo yo* que hasta el momento había permanecido oculto. Este *cobra* la forma de un doble que ejerce un férreo dominio sobre el original y que acostumbra a encarnar sus instintos más sádicos y perversos. Esta imagen nutrirá el imaginario de los escritores decimonónicos, poblado de magnetizadores e hipnotizadores de aviesas intenciones.[8] Los temores suscitados por esta figura no eran

---

[7] El magnetizador era, por lo general, hombre, y la paciente o sonámbula mujer. Schopenhauer (1997: 73-74) intentó dar una explicación fisiológica a esta convención: dado que el fluido emana desde el polo cerebral del magnetizador al sistema ganglionar abdominal del paciente, y que en el hombre predomina el primero y en la mujer el segundo, el más apto para realizar la magnetización es el hombre.

[8] Es el caso de la vieja Angélica de «La casa vacía» («Das öde Haus», 1817), de Hoffmann; el doctor Templeton en «Un cuento de las Montañas Escabrosas»; o el Svengali de *Trilby* (1894), la popular novela de George

infundados a la luz de los debates de la época: sus artes se consideraban la quintaesencia de la relación de dominio de un individuo respecto de otro, pues suponía la anulación de la voluntad. En la Alemania de principios del siglo XIX adquirió cierta celebridad el caso del pastor Sörgel, autor de un asesinato que fue absuelto por el tribunal basándose en valoraciones psiquiátricas (Jourde y Tortonese, 1996: 50). Estos interrogantes (¿puede el magnetizador empujar a un sujeto inocente a cometer un crimen? ¿El hipnotizado podría asesinar sin ser consciente de ello? ¿El crimen del sonámbulo se debería al influjo del magnetizador o a una pulsión oculta y atribuible al otro yo?) estuvieron muy presentes en la Europa del siglo XIX. Y el doble, en fin, vino a materializar los instintos liberados por el hipnotizador.

Pese a su inexorable deturpación y su caída en el descrédito, el magnetismo no tardó en interpretarse desde otros ámbitos más provechosos. Si en Francia obtuvo gran éxito popular pero nunca llegó a ser aceptado por las sociedades científicas oficiales (a ello contribuyeron el despliegue efectista de los magnetizadores y la proliferación de farsantes), en Alemania, tras la muerte de Mesmer, el movimiento fue bien acogido e incluso se crearon dos cátedras de magnetismo en Berlín y Bonn. Los doctores Eschenmayer, Kieser y Nasse elaboraron entre 1817 y 1823 unos voluminosos archivos sobre magnetismo que hoy, paradójicamente, podrían considerarse un compendio de los temas y motivos utilizados por la literatura fantástica (Malkani, 1998); no en vano la casuística, expuesta a la manera de una selección de cuentos sobrenaturales, sirvió a autores como Schopenhauer para ilustrar sus tesis sobre dicha pseudociencia. Pero el punto de inflexión llega con el escocés James Braid, quien en *The Rationale of Nervous Sleep* (1843) sostiene que el magnetismo no es otra cosa que la sugestión originada por el magnetizador en el paciente. Más adelante, el francés Charcot,

---

du Maurier. Los Bouvard y Pécuchet (1881) de Flaubert, metidos a magnetizadores, son tratados, por el contrario, satíricamente. El expresionismo cinematográfico prolongará el barniz siniestro del magnetizador; prueba de ello son *Das Kabinett des Dr. Caligari* (*El gabinete del doctor Caligari*, 1919), de Robert Wiene, y *Der Student von Prag*.

amparándose en los descubrimientos de Braid, sintetiza la tradición de los hipnotizadores y la de la psiquiatría oficial. En *The Principles of Psychology* (1890), William James ofrece una descripción del tránsito del magnetismo a la hipnosis.[9]

Hay, asimismo, una estrecha relación entre el auge del magnetismo y el creciente interés por los abismos del inconsciente. El mesmerismo, concebido por los románticos como un medio de aproximación a la psique, y considerado hoy el germen de la psicología moderna (Ellenberger, 1976: 137), sentó las bases de la concepción dualista del alma, prolongada y matizada en la segunda mitad del siglo XIX por fenómenos como la hipnosis, el sonambulismo y la personalidad múltiple. Si tradicionalmente se había atribuido todo acontecimiento psíquico en apariencia inexplicable a la acción de unas fuerzas divinas o diabólicas,[10] con la Ilustración surge la voluntad de hallar explicaciones racionales que demuestren la falsedad de la mediación sobrenatural en este tipo de fenómenos. De este modo, mientras que en el siglo XVII la historia de la psicología se compone todavía de una serie de doctrinas filosóficas sobre el alma, el espíritu sistemático del XVIII pone de relieve que necesita unos procedimientos propios. Así, se convierte en una disciplina independiente donde la especulación filosófica cede su lugar al dato empírico, y es entonces cuando, a pesar de la resistencia generalizada a creer en un dominio psíquico inconsciente, el alma amenaza «con revelarse como un ente con propiedades inesperadas e inexploradas. Ya no representaba lo inmediatamente sabido y conocido [...] Su aspecto era extrañamente ambiguo, aparecía como algo conocido por todos y al mismo tiempo desconocido» (Jung, 1964: 111). La curiosidad de los ilustrados por el inconsciente debe enlazarse con su interés por

---

[9] Para un análisis detallado de la medicina psíquica y su relación con la literatura fantástica decimonónica, véase Ponnau (1987).
[10] No obstante, Ellenberger (1976: 156) y Herdman (1990: 7-8) hallan el germen de la preocupación por el inconsciente en el Libro X de las *Confesiones* de San Agustín. William James ya había tratado la experiencia del teólogo como un caso clásico de «personalidad incoherente» o «heterogénea» en *The Variety of Religious Experience* (1902).

la enfermedad mental, la promoción de medidas higiénicas, el progreso de hospitales y sanatorios o la creación de nuevas especialidades médicas, aunque muchas de estas fueran en realidad mejoras titubeantes e incipientes (Munck, 2001: 224-231).

Por otra parte, hay que subrayar que el concepto de inconsciente de los románticos y *Naturphilosophen* es notablemente distinto al que conceptuamos hoy como tal, el mismo que nos ha legado Freud (Burrow, 2001: 225). Los románticos lo conciben como «la raíz misma del ser humano, su punto de inserción en el vasto proceso de la naturaleza. Solo por medio de él nos mantenemos en armonía con los ritmos cósmicos, y fieles a nuestro origen divino» (Béguin, 1954: 108). Está, por tanto, vinculado con el sentido universal que, durante la mítica Edad de Oro, habría permitido al ser humano penetrar en la naturaleza y formar parte del *Anima Mundi* gracias a la inspiración poética y artística, los sueños y el sonambulismo magnético.

Sin embargo, este proceso de ahondamiento en el inconsciente no proporciona la ansiada comunión con la naturaleza: en lugar de consumar la unión con ese conjunto armónico, los románticos descubren su definitiva ruptura con esta. El viaje de inmersión en los misterios del mundo supone una aproximación a las profundidades de su propia psique. El *Doppelgänger* constituye la plasmación de la conciencia de esa división y del enfrentamiento que el individuo se verá obligado a mantener consigo mismo tras la pérdida de la ilusión dorada: «La aventura titánica a la búsqueda de la verdad universal [...] culmina con el retorno al Yo escindido y errante. Al final del gran itinerario, el viajero solo se encuentra a sí mismo: «Uno solo lo logró —escribe Novalis—. Levantó el velo de la diosa de Sais. Pero ¿qué vio? Vio, milagro del milagro, a sí mismo»» (Argullol, 1982: 254).

Johann Georg Hamann, el Oscuro Mago del Norte, había denunciado desde el mismo seno de la cultura ilustrada que esta mutilaba y alienaba al individuo, y ofrecía un endeble sustitutivo de las energías creadoras del ser humano y sus sentidos (Berlin, 2000: 69), y los *Naturphilosophen* (quienes en cierto modo tomarían su testigo) quisieron restaurar la unidad de una ciencia primigenia fundada en la concepción de la naturaleza como un organismo mágico y animado que acogería al ser humano. Sin embargo, tras ese aventurado viaje al sujeto romántico solo le quedará reunir los fragmentos de su maltrecho yo.

Esta revelación acerca de la orfandad y el desvalimiento del individuo confluye, a su vez, con la incipiente configuración moral del inconsciente. No solo se encuentra el individuo con un yo que hasta el momento desconocía, sino que ese yo adquiriere tintes ominosos que pueden abocarlo a la destrucción. El influyente Gotthilf Heinrich von Schubert ya había subrayado que hay que atender a las manifestaciones del inconsciente con precaución, pues «pueden traer hasta nosotros lo mismo las influencias de los buenos espíritus que las de los malos [...], los dos hombres que conviven en nosotros en un equilibrio tan extraño reciben calificativos de valor: están orientados hacia el bien o hacia el mal» (Béguin, 1954: 152-153). La carga semántica más frecuente en el doble decimonónico (el *Doppelgänger* como depositario de los instintos perversos del sujeto, en ocasiones víctima de una maldición familiar o pecado original) está íntimamente relacionada con esta doble dimensión romántica del inconsciente.[11]

Paralelos a las especulaciones que se suceden a lo largo del siglo XIX,[12] proliferan los estudios sobre la personalidad múltiple y el automatismo ambulatorio. En 1859, Paul Briquet asocia el sonambulismo y la doble personalidad con la histeria, línea continuada por Alfred Binet en 1892. Esto supone la ruptura con las antiguas creencias, según las cuales dichos trastornos se debían a una posesión diabólica. Sin entrar en su descripción, menciono los casos de Mary Reynolds, cuya historia documentó Robert Macnish en 1830; Estelle, a la que Antoine Despine intentó despojar de su personalidad sonámbula través del magnetismo en 1836; Félida X, a quien trató Eugène Azam entre 1858 y 1893 (Azam acuñó la expresión *dédoublement de la personnalité*); y Christine Beauchamp, paciente de Morton Prince desde 1898. El propio William James hipnotizó a Ansel Bourne en 1890 para

---

[11] La noción de inconsciente adquiere también relevancia en las reflexiones sobre el acto creativo, como se pone de manifiesto en las disquisiciones de Schelling, Goethe, Schiller o Jean Paul (Abrams, 1975: 372-374).

[12] Hay que destacar los estudios de Gustav von Carus (*Psyche*, 1846), Edgard von Hartmann (*Filosofía del inconsciente*, 1868) y, más adelante, Gustav Le Bon (*Psychologie des foules*, 1895).

entrar en contacto con su segunda personalidad, y ese mismo año Max Dessoir publicaba *Das Doppel-Ich*, donde desarrolló la teoría del dipsiquismo. Dessoir sostenía que la consciencia humana posee un estrato superior y otro inferior. Mediante la hipnosis y el sueño aflora a la superficie esa consciencia inferior, y el fenómeno de doble personalidad no es otra que la culminación de dicho proceso. «Todo el mundo lleva dentro de sí las semillas de una personalidad doble», concluye (*cf.* Ellenberger, 1976: 178). Además, los fenómenos del dipsiquismo y la bilocación seguirán atrayendo, entrado ya el siglo XX, a las asociaciones dedicadas a compilar casos clínicos y sucesos paranormales, como demuestra Bozzano en su *Dei fenomeni di bilocazione* (1934).

Según puede observarse, el surgimiento del *Doppelgänger* es coetáneo a un paulatino desplazamiento de la noción del mal como producto de una acción exterior y demoníaca hacia la misma esencia humana, y paralelo además a la asunción de la complejidad del sujeto y la psique, propiciada por los planteamientos de Fichte y por los hallazgos de Mesmer y sus reinterpretaciones posteriores. Estrechamente vinculadas a estos factores, la desobediencia de los románticos para con las poéticas clasicistas en general, y su atracción por la naciente narrativa fantástica en particular, desempeñan un papel decisivo. El género fantástico no es ajeno a la cultura popular y a las viejas supersticiones y tradiciones en las que los románticos, deseosos de construir una nueva mitología,[13] creen hallar una valiosa información sobre la naturaleza humana.[14] Las imágenes que engrosan ese acervo popular y colectivo hallan su correlato en el concepto de *arquetipo universal* acuñado por Jung (1994: 411) a partir precisamente de la observación de los

[13] Puede contrastarse esta «nueva mitología» formulada por Hegel, Novalis o los Schlegel con la interpretación ilustrada del mito en Jauss (1995).
[14] «Lo fantástico no es más que una de las vías de la imaginación, cuya fenomenología semántica nace a la vez que la mitología de lo religioso, de la psicología normal y patológica, por lo que, de ese modo, no se distingue de las manifestaciones aberrantes de lo imaginario o de sus expresiones codificadas en la tradición popular» (Bessière, 2001: 84). Sobre la relevancia en el Romanticismo de la imaginación creadora, el mito y el símbolo, véase Wellek (1983).

mitos clásicos y los cuentos populares. La fecundidad de esas imágenes (como la sombra) se cifra en su carácter universal, en su pertenencia a un fondo común pero voluble a los cambios sociales e históricos.

En el caso particular del *Doppelgänger*, la clave de la continuidad entre mito etno-religioso y motivo literario se halla en las implicaciones primigenias de la dualidad y en el miedo a la fragmentación, así como en el valor de la imagen duplicada para representar elementos y abstracciones fundamentales.[15] Los estudios de Rohde (1973), Frazier (1981), Vernant (1983), Lecouteux (1999a, 1999b) o Lévy-Bruhl (1985) sobre el valor y el significado en diversas civilizaciones de los gemelos, la sombra, el reflejo, el retrato o las estatuas mortuorias permiten aprehender, asimismo, las conexiones entre estas entidades y el *Doppelgänger* de factura romántica. Al cabo, la formulación según la cual el alma reside en toda representación de la imagen humana goza de alcance universal; por ejemplo, la identidad entre retrato y modelo, «poderosa fuerza que emana de las capas más profundas de la psique» (Kris y Kurz, 1995: 73), constituye una creencia antiquísima que pervive todavía hoy.[16] Por otra parte, la bilocación o facultad de estar en dos sitios a la vez es un fenómeno *documentado* desde antiguo y atribuido, entre otros, a Pitágoras por Martín del Río en su *Magia demoníaca* de 1600 (1991: 355).

El *Doppelgänger* romántico no solo se nutre de arquetipos y de creencias populares latentes en el imaginario colectivo, sino que además recolecta y asimila fuentes escritas muy diversas. En la primera mitad del siglo XIX he documentado dos magníficos ejemplos de esta continuidad: los dobles de Hawthorne y Poe en «La mascarada de Howe» y «William Wilson», cuyo parentesco con las figuras de Ludovico Enio y San Patricio ha estudiado Thorner (1934); y la contemplación del propio entierro, del que me ocuparé pormenorizadamente en las páginas siguientes. En ambos casos, dichas fuentes están asociadas con la vida pecaminosa y la

---

[15] Véanse Keppler (1972: 5), Troubetzkoy (1995: 7), Vilella (1997: 91) y Cotarelo (2005: 45-46).

[16] Los propios Kris y Kurz (1995: 64) ofrecen abundantes anécdotas acerca de la confusión de original y retrato por parte de un tercero. Esta misma circunstancia aparece también en «El expósito», de Kleist.

conversión posterior de un personaje teñido de connotaciones prometeicas.

Es en esta atmósfera romántica donde comienza a forjarse el mito del autor que escribe sobre dobles porque ha experimentado en sus propias carnes desdoblamientos y escisiones, empujado por la insania mental y el consumo de alcohol, opio o éter. Y lo cierto es que la idiosincrasia de algunos de los cultivadores decimonónicos del doble, su personalidad empírica, podría invitar a dejarse seducir por esta idea: Hoffmann anotó en un diario sus alucinaciones autoscópicas y es sabido que Poe murió tras sufrir un coma etílico, que Dostoievski era epiléptico o que Nerval frecuentó el psiquiátrico y acabó ahorcándose; la *leyenda* de este último germinó incluso antes de su muerte, ya que la prensa de la época daba debida cuenta de cada una de sus hospitalizaciones.

El personaje duplicado de los relatos decimonónicos, a semejanza de los rasgos característicos que la tradición y la mistificación han otorgado al escritor romántico, constituye un ser hipersensible, egocéntrico, megalómano y ensimismado, en ocasiones entregado al vicio y la depravación, a menudo dotado de cierto talento para la escritura, la pintura o la música. No resulta difícil, en este sentido, hallar similitudes entre el individuo desdoblado y el retrato tipificado del artista, imbuido del furor divino o demoníaco, situado entre lo sublime y lo abyecto, y dotado de una singular «visión interior». La peripecia del personaje duplicado suele enmarcarse en una estructura que evoca a la de una *Bildungsroman* en negativo, pues subraya su incapacidad para consolidar la esperable madurez. Quizá baste evocar al Dorian Gray de Oscar Wilde para comprender hasta qué punto el doble, aunque sea cosificado en un retrato, puede facilitar a un muchachito en pleno proceso de formación las claves para corromperse y eximirse de la responsabilidad de sus *maldades*.

## II. EN TERRITORIO LEGENDARIO: DE LA VISIÓN DE LAS EXEQUIAS AL ENCUENTRO CON EL PROPIO CADÁVER

## 1. Sobre lo fantástico legendario

El desarrollo del doble en el cuento español del siglo XIX está estrechamente ligado a la evolución de la literatura fantástica. Si según el parecer crítico más extendido lo fantástico fue un género importado que evolucionó en España a remolque de lo que sucedía en otros países europeos, sobre todo Francia, algo similar puede afirmarse, a priori, del *Doppelgänger*.

Se ha querido ver en Hoffmann al autor más determinante en el nacimiento del cuento fantástico español durante el Romanticismo.[1] Fue también el primero en dotar al doble de un significado rico y profundo, y en convertirlo en un motivo de gran repercusión cultural. No ha de extrañarnos la coincidencia: los relatos fantásticos de Hoffmann se caracterizan por un acendrado realismo, por la puesta en escena de un ambiente cotidiano en el que irrumpe súbitamente lo sobrenatural y se suceden los fenómenos vinculados a la alteración de la personalidad. Se trata de un cultivo de lo fantástico que el doble, figura pavorosa por lo que tiene de cotidiano y recurso excepcional para ubicar en un primer plano todo conflicto identitario, ilustra a la perfección.

Sin embargo, sorprende la casi total inexistencia de cuentos fantásticos españoles publicados antes de medio siglo o, si se quiere, con anterioridad a 1868 —año que tradicionalmente ha servido a los historiadores de la literatura para señalar el momento en que la narrativa española evoluciona hacia un modelo

---

[1] «El cuento fantástico español nace como una imitación de los cultivados en otros países, especialmente de los de Hoffmann» (Baquero Goyanes, 1949: 236). Véanse también Romero Tobar (1995a) y Roas (2002a).

realista—, en que el doble aparece en un contexto fantástico moderno o hoffmanniano.² De hecho, pese al tan traído influjo del alemán, son muy pocos los relatos que se adscriben a ese patrón en la primera mitad del siglo XIX: «Yago Yasck» (1836), de Pedro de Madrazo; «La Madona de Pablo Rubens», de Zorrilla; el anónimo «El puñal del capuchino» (1848); y algunos relatos de Antonio Ros de Olano cuya adscripción a lo fantástico es problemática. De ellos, solo el cuento de Zorrilla trata el motivo del doble.³ No por casualidad, los otros dos textos con *Doppelgänger* publicados en la primera mitad del siglo XIX escapan a ese tratamiento moderno de lo sobrenatural representado por Hoffmann; se trata de *El capitán Montoya* y *El estudiante de Salamanca*, cuentos en verso de corte legendario, la modalidad de lo fantástico más cultivada en la España de la época.

A grandes rasgos, los relatos legendarios desarrollan una leyenda tradicional o imitan los procedimientos narrativos populares. La acción se estructura en torno a un fenómeno sobrenatural, supeditado en ocasiones a un mensaje moralizante, y se desarrolla en un espacio no urbano o en ciudades que cuentan con una conocida tradición nigromántica. El cuento suele tener el esquema del relato enmarcado o bien, como es el caso de las narraciones versificadas de Espronceda y Zorrilla, aparece reproducido por una voz que refiere su procedencia tradicional. Lo que sobre todo diferencia estos relatos de lo fantástico moderno

---

² La denominación de *fantástico hoffmanniano*, que tomo de Roas (2002a), designa aquellos relatos que ostentan los rasgos característicos de la producción fantástica de Hoffmann. Con el uso del término no se pretende limitar el desarrollo del género en España a su influencia, pues autores como Charles Nodier, Gautier o Emile Erckmann y Alexandre Chatrian ejercieron un influjo paralelo, asimilando y renovando a su vez la narrativa del alemán.

³ Pese a integrar tópicos como la confusión de identidad y el control de voluntad cuyo tratamiento, en efecto, evoca a Hoffmann, en «Yago Yasck» no hay ningún *Doppelgänger* tal y como se entiende este en el presente libro. Por otra parte, nótese que la cifra de cuentos sobrenaturales publicados en prensa durante la primera mitad del siglo XIX puede variar en función del concepto de fantástico manejado por los investigadores; véanse por ejemplo Trancón Lagunas (1993; 2000) y Roas (2000: 403; 2006: 152-158).

es que a causa de la distancia que imprime la voz narrativa a los hechos «el lector no acaba de 'creerse' la historia que está leyendo [...] y termina consumiéndolo, en principio, del mismo modo que un cuento folclórico (o que la leyenda popular de la que deriva el relato legendario en cuestión)» (Roas, 2000: 396-397). El uso de ciertas fórmulas lingüísticas genera ese distanciamiento, por lo que la ingenuidad inicial del lector se trasmuta en incredulidad cómplice (Díaz Larios, 2001: 20).

El auge del cuento fantástico legendario surgió al calor de la revalorización del pasado nacional y del acervo popular por parte de los románticos. Su desarrollo en España se forjó gracias al ejemplo foráneo: la reivindicación de Walter Scott de la recuperación de lo tradicional frente a lo hoffmanniano y su labor recopiladora de las leyendas escocesas;[4] los *Tales of the Alhambra* (1832) de Washington Irving, traducidos al español en 1833; la balada y el cuento maravilloso alemán; y los cuentos legendarios franceses vertidos en esos años, como los de Nodier. También influyeron en su configuración los elementos macabros y terroríficos procedentes de la novela gótica. Los resortes de lo legendario sirvieron en algunos casos para conjurar la amenaza de lo sobrenatural, ubicándolo en un contexto lejano al lector, y en otros para vehicular un mensaje moral. En muchas de estas narraciones se pretendía desterrar el efecto de miedo y restarle virulencia a lo desconocido, cuando no rechazarlo tajantemente e instalarse en un reconfortante pintoresquismo muy del gusto de la época.

Dado ese afán de recuperar leyendas y tradiciones provenientes del acervo nacional, no es extraño que tanto Espronceda como Zorrilla recurrieran a un *topos* sobradamente conocido en el imaginario español: la asistencia del individuo a sus propios funerales. Ambos se inspiraron sobre todo en una obra barroca de notoria fama en los siglos XVIII y XIX, las *Soledades de*

---

[4] Las críticas de Scott a la obra (y persona) de Hoffmann se concretaron en «On the Supernatural in Fictious Composition, and particulary on the Works of Ernest Theodore Hoffmann» (1827), traducido al español como «Ensayo sobre lo maravilloso en las novelas o romances» en *Nueva colección de novelas de Sir Walter Scott*, Jordán, Madrid, 1830, vol. 3, pp. 1-48. Es la primera mención a Hoffmann documentada en España.

*la vida y desengaños del mundo*, de Cristóbal Lozano, y en sus sucesivas reelaboraciones populares. Espronceda y Zorrilla no fueron los únicos en apropiarse de la escena de las exequias, pues antes lo habían hecho, con fines muy diversos, José Joaquín de Mora, José García de Villalta o Manuel Bretón de los Herreros. Pero si bien estas elaboraciones solo podrían situarse con cierta dificultad en la órbita o campo temático del doble, *El capitán Montoya* y *El estudiante de Salamanca* se sirven explícitamente, como veremos a continuación, del motivo. [5]

---

[5] Dado el tratamiento específico que requiere el estudio de la materia folclórica, no me detendré en los cuentos folclóricos que concurren con la tradición del doble. Se trata de «Los caballeros del Pez (Cuento popular del repertorio antiguo difundido por…)», de Fernán Caballero, publicado en 1850 en el *Semanario Pintoresco Español* e incluido posteriormente en el volumen *Cuentos, oraciones, adivinas y refranes populares e infantiles* (1877), y de «Los hermanos gemelos», del general Romualdo Nogués y Milagro, aparecido en *Cuentos para gente menuda* (1886). Los dos relatos constituyen versiones del cuento-tipo 303 catalogado por Aarne-Thompson y titulado «Los gemelos» (Espinosa, 1947: 9-26). De todo ello, en fin, da cuenta el detallado análisis de Amores (1993, 2001). El artículo de Pedrosa (2006) no aporta nada nuevo a la presencia del doble en el cuento folclórico.

## 2. La génesis: el estudiante Lisardo

Antonio de Torquemada fue el primero en dar forma literaria a la superstición generada en torno a la contemplación de las propias exequias. En su miscelánea *Jardín de flores curiosas* (1570), junto a anécdotas sobre espectros y aparecidos, partos descomunales, seres imposibles o consejos botánicos y medicinales, el autor pone en boca del personaje de Antonio la historia de un caballero español que, enredado en amores con una monja, fue despedazado por dos mastines tras presenciar sus funerales fantasmagóricos (Torquemada, 1982: 272-275). Said Armesto enlaza la aparición de esta escena en el relato de Torquemada con una añeja superstición registrada por fray Lope Barrientos que advertía de la inconveniencia de celebrar misas de réquiem por los vivos, costumbre al parecer antigua en España, para acelerar su muerte: «No sea osado ningún sacerdote de celebrar misa de difuntos por los vivos que mal quieren, porque mueran en breve, ni fagan cama en medio de la iglesia y oficios de muertos para que los tales homes mueran aína» (*cf.* 1946: 175). Cristóbal Bravo, poeta ciego de Córdoba, versificaría el episodio del *Jardín* en un opúsculo publicado en Toledo el año 1572.[1]

La mayoría de los elementos de la leyenda de Torquemada aparecerán en posteriores reelaboraciones del episodio: el romance sacrílego con la monja, la ambientación nocturna, la naturaleza preternatural de los frailes que oran por el muerto —en este caso «fantasmas», en versiones posteriores almas del

---

[1] Véase Rodríguez-Moñino (1970: 163, 1976: 257-258).

Purgatorio—, las preguntas del caballero sobre la identidad del difunto y la contestación en la que, para su asombro, se da su nombre. También será habitual que la reacción del protagonista —aquí negativa, en otras ocasiones complaciente con la moral cristiana— se conciba como una respuesta divina a su incapacidad para arrepentirse de sus pecados,[2] o bien como un premio a su voluntad de redimirse.

El caballero español cuya identidad oculta Antonio porque es un hombre «muy rico y muy principal» (otro tanto hace con el pueblo en el que acaece el suceso) acabará adquiriendo una identidad propia. Cristóbal Lozano, en *Soledades de la vida y desengaños del mundo* (1658), le da nombre y dedicación al individuo que presencia sus funerales, el estudiante de Leyes Lisardo, e incluso sitúa sus peripecias en un enclave determinado, Salamanca, cuna europea de la sabiduría académica y, según ciertas tradiciones, centro nigromántico desde la fundación en el siglo XIII de su universidad. La figura del estudiante salmantino

> se convirtió muy pronto en una criatura legendaria, que recibió las aportaciones imaginativas de una larga herencia folklórica y literaria y que fue acumulando heterogéneas adherencias semánticas, que acabarían creando un signo lingüístico —«el estudiante de Salamanca»—, que expresaba una compleja realidad humana, hecha de juventud, rebeldía permanente, audacia temeraria, misteriosas proclividades ultratelúricas y, por supuesto, irreprimible afición al trato femenino, como una de sus más perversas inclinaciones, junto al hábito de las tabernas y la lujuriosa encadenación al juego (Egido, 1988: 222).

Las *Soledades* no es, como se ha dicho tradicionalmente, una recopilación de novelas cortas, sino una novela barroca centrada en las desventuras de Lisardo y Teodora que integra, a la manera del *Quijote*, otras dos historias, las de los penitentes Egino

---

[2] Según Luis, el interlocutor de Antonio en el *Jardín de flores curiosas*, «Ese pagó lo que merecía su pecado». En su opinión fue el mismo Dios quien, ofendido por los amoríos con la monja, soltó a dos demonios metamorfoseados en perros.

y Enrico. Se compone de cuatro partes que alternan la prosa (predominante) con el verso, exceptuando la Soledad Segunda, completamente versificada.[3]

La Soledad Primera comienza *in medias res*, en la sierra de Guadalupe. El monje Enrico se dirige a una alquería para ver a su hija Leonor y por el camino traba amistad con un pastor. Una noche, ambos se encuentran con una joven que llora ante un cadáver. Esta, llamada Teodora y nacida en Salamanca, les explica su historia, que arranca cuando, a punto de ingresar en un convento, se enamora de un amigo de su hermano Julio, el estudiante de Leyes Lisardo, «mozo, galán y dispuesto, entendido lo que bastaba, valiente más que otro alguno» (p. 17). Durante seis meses intercambian billetes amorosos, hasta que Teodora entra en el convento. Resiste la tentación de ver a Lisardo, pero ocho meses después Camacho, el criado del estudiante, le explica que a su amo le aguarda una dama en Córdoba para casarse. Celosa, Teodora concierta una cita en su celda. La noche del encuentro, al filo de las dos de la madrugada, oye voces fúnebres que cantan un responso y cree que se trata de su galán. Sin embargo, como este no aparece le acusa de traidor ante Julio, quien sale hacia Córdoba para darle muerte. Poco después, Camacho le entrega a Teodora una carta de Lisardo en la que el estudiante refiere una visión que le movió al arrepentimiento: «Si te ha alcanzado parte de mis exequias, yo sé que estarás muy otra: si no has visto nada, olvida el amor terreno, y date de veras al amor de Dios, que están

---

[3] El título completo de la primera edición, hoy perdida, es *Los monjes de Guadalupe. Soledades de la vida y desengaños del mundo. Novelas y comedias ejemplares* (la referencia a Guadalupe, que en ediciones sucesivas se eliminará, se debe al lugar en que se sitúa la acción parcialmente). En la portada, además, aparecía el nombre de Gaspar Lozano, sobrino de Cristóbal Lozano al que este cedió la autoría por tratarse de una obra discordante con su condición sacerdotal. A partir de 1672 se publican las *Soledades* con el nombre de su verdadero autor, aunque todavía en el siglo XIX se percibe cierta confusión al respecto; en esta edición, además, se suprimen las comedias y se agregan *Las Serafinas* y las *Persecuciones de Lucinda*. Cito por el facsímil de la edición de 1662 editado en 1998, aunque adapto la ortografía y la puntuación a los usos modernos.

nuestras almas muy a pique de perderse».⁴ Teodora resuelve encontrar a Lisardo. Es así como llega a la sierra, donde encuentra un cadáver desfigurado que identifica, por sus ropajes, con el estudiante. Enrico, después de enterrar al finado, la lleva a la alquería.

En la Soledad Segunda, Lozano hace uso de la ironía dramática: el lector descubre que Lisardo no ha muerto, sino que, bien al contrario, está vivo y vaga por la sierra de Guadalupe. Días antes cambió sus vestiduras con un peregrino, de ahí la confusión de Teodora. Cuando Lisardo, desesperado, está a punto de dar fin a su vida en una cueva, conoce a Egino, quien le cuenta cómo al intentar abusar sexualmente de su madrastra causó su muerte y la de su padre.⁵ En absoluto sorprendido, pues piensa que sus crímenes son mucho peores, Lisardo se despide del penitente.

La Soledad Tercera está consagrada a Enrico, quien, tras dejar a Teodora en la alquería, topa casualmente con Lisardo y, cómo no, decide hablarle de su vida. Casado con Leonor, hubo de abandonar Ávila, su tierra natal, durante tres años. Al volver, recuperó a su amada, no sin antes dar muerte a doña Mencía, la tía de la joven, y a don Vicente, el viejo con el que aquella le obligó a casarse. Por circunstancias azarosas, fue condenado al garrote, poco después de que Leonor falleciera. Pero un amigo sobornó al verdugo y Enrico se fue al monte, donde ha permanecido dieciséis años entregado a la penitencia, los seis últimos en compañía de su hija. Lo más curioso de esta Soledad Tercera es la integración de lo maravilloso cristiano en la acción.⁶ Tras volver a Ávila y hallar a Leonor durmiendo con otro hombre (el viejo, don Vicente), decide apuñalarla. Pero ella suspira en sueños, cae una vela y Enrico ve la figura de una «muerte» (una calavera) cuyo pie reza: «Cual me veo te has de ver, / mira qué quieres hacer» (p. 84). Enrico se guarda

---

⁴ Este fragmento aparece en la p. 46, que en realidad tendría que ser la 40. Se trata de una errata en la edición de 1662 reproducida por el facsímil.
⁵ La historia de Egino se asemeja a la de «El expósito», de Kleist, y a la peripecia del capuchino Medardo en el castillo del barón F. (*Los elixires del diablo*). En los tres casos, los protagonistas se encaprichan de sus madrastras y, al empecinarse en mantener relaciones con ellas, provocan una desgracia familiar.
⁶ En lo maravilloso cristiano, derivado de la hagiografía, lo sobrenatural se asume como una manifestación de la bondad divina (Reisz, 2001: 117).

de cometer el crimen, pues, a su entender, «el quejido de Leonor, y el derribarse la vela, era celestial aviso que impedía mi venganza» (p. 85). El otro fenómeno maravilloso tiene lugar tras el falso ajusticiamiento de Enrico; este capítulo se caracteriza por una atmósfera escatológica, ya que el joven no sabe, como tampoco el lector, que en realidad está vivo. Tras *resucitar*, pasea por una estancia llena de huesos hasta que topa con el ataúd de su esposa muerta y oye una voz que le dice: «Enrico, yo soy Leonor, que descanso; haz penitencia, pues te has librado de la muerte» (p. 97).

Por fin, en la Soledad Cuarta aparece Lisardo en la alquería y narra también su historia. Cuenta cómo tras matar a Isabela, su esposa infiel, se instaló en Salamanca a la espera de reunirse con su verdadera amada, Ángela. Pero en la ciudad estudiantil se enamoró de Teodora, destinada a la vida religiosa. Una noche, tras visitarla en su habitación, confuso al no hallar la salida de la casa, oyó ruido de armas y una voz: «*Abrid y matadle*» (p. 151). Apareció entonces un embozado al que decidió seguir, y, al llegar a las afueras de la ciudad, el desconocido le dijo: «Lisardo, aquí han de matar a un hombre; repara en lo que haces, y mira cómo vives» (p. 152).

Meses después, Teodora lo citó en su celda. Por la noche, de camino al convento, Lisardo reconoció el trayecto que había hecho con el embozado:

> Llegué a las últimas calles, y las mismas, si os acordáis que os dije, me hizo atravesar aquella embozada sombra, que al principio de mis amores, me pronosticó ruinas con firmes desengaños, y apenas aquí llego, cuando inopinadamente oigo un confuso ruido de espadas, y broqueles, y siento como una tropa que iba siguiendo mis pisadas; alargué más el paso [...]; mas poco aprovechó mi diligencia, pues corriendo tras mí me iban ya al alcance, y me alcanzaran sin duda, si con alguna advertencia al revolver de una esquina no me encubriera entre unos corrales, y al emparejar con ellos oigo que dijo uno en alta voz: «Lisardo es: matadle», y repitiendo todos «¡Muera, muera!», movieron un tropel de cuchilladas; y a poco rato, escuchando una voz, que lastimada y triste dijo solamente: «Ay, que me han muerto», escaparon todos corriendo a

toda prisa, dejando la calle en aquel sordo silencio que antes estaba (p. 165).

El estudiante, aterrorizado, creyó que era él a quien acababan de dar muerte. Volvió sobre sus pasos y, tropezando con un bulto, se halló «tendido sobre un difunto cuerpo, frío cadáver, que en sangre revolcado provocara a dolor al pecho más animoso» (p. 166). Justo cuando estaba a punto de descubrir el rostro del finado, el reloj dio doce campanadas y se oyeron unas «funerales voces, que en canto triste daban a entender ser entierro de algún muerto» (p. 167). Lisardo vio una comitiva de religiosos que, cargando con un difunto, entró en la iglesia del convento, dieron comienzo las exequias. Lisardo preguntó a un cantor quién era el finado: «Este es Lisardo el estudiante», le respondió el cantor, «Lisardo el de Córdoba, que vos conocéis como a vos mismo» (p. 168). Asustado, comenzó a palparse y a mirarse a la luz de las candelas para cerciorarse de que conservaba su cuerpo, y preguntó lo mismo a otro de los cantores, que le dio idéntica respuesta. Ante su incredulidad, el oficiante dijo:

> —Caballero, todos los que estamos presentes somos almas, que ayudadas con las oraciones y limosnas de Lisardo salimos del Purgatorio, a cuyo favor reconocidas venimos a enterrarle, y a hacer por él aquestas exequias, porque está su alma en duda de salvación. Mas pues vos nos impedís diciendo que no es muerto, cesará el oficio y vos lo perderéis.
> Esto dijo, y al punto matándose las luces, cesando los clamores, y desapareciendo todos, caí en tierra desmayado, al ay de un triste quejido, que no fuera valor en lances tales alentarse la vida escuchando divinas amenazas, que al más bárbaro pecho le postran, y le humillan (p. 169).

Lisardo despertó solo en la iglesia, completamente a oscuras, y a las dos de la mañana (poco después de que, recordemos, Teodora oyera el responso en la Soledad Primera), abandonó el convento y buscó a Camacho, a quien dijo: «Ya es muerto Lisardo, yo propio le vi matar, yo propio acompañé su entierro, yo propio he asistido a sus exequias. Ya no hay Lisardo, Camacho amigo; ya desde ahora ni me verán más tus ojos; ya para salvarme me parto a hacer penitencia» (p. 170). El estudiante partió sus posesiones entre los criados, escribió una carta a Teodora y se fue a la sierra de Guadalupe, dispuesto a iniciar una nueva vida liberado de su lujuria y despojado de sus bienes.

Tras concluir Lisardo su historia, todos los personajes implicados en la acción, desde Julio hasta Ángela, se encuentran en la alquería. No obstante, el final dista mucho del típico en la novela cortesana propia del siglo XVII. La macabra experiencia de Lisardo, sumada a los ejemplos de Egino y Enrico, mueven a la pareja protagonista a olvidarse de sus amoríos y consagrarse a la vida piadosa. Es más, la obra concluye con una suerte de apoteosis piadosa: no solo toman los hábitos Lisardo y Teodora, también lo hacen Ángela, las hijas del dueño de la alquería, Camacho y el resto de los criados, dispuestos a secundar a sus amos. Así, las *Soledades* refuerzan su lección moral —los parlamentos de los personajes suelen iniciarse con un propósito aleccionador— y difunden un mensaje pesimista dirigido a evidenciar la inútil búsqueda de la felicidad en el amor, rasgos ambos comunes de la prosa barroca tardía (Gidrewicz, 2001: 614-622). El principio *prodesse et delectare*, consustancial a la novela barroca, recorre de principio a fin las *Soledades* (Liverani, 2000: 153-165), un carácter ejemplar del que ya había dado cuenta el censor fray Benito Ribas en 1662: el mérito de Lozano consiste en «haber reducido estas ficciones a casos manuales, que suelen suceder en nuestras tierras y entre nuestras gentes. Pues no es dudable que los ejemplos domésticos y propios mueven más que los extraños y extranjeros» (*cf.* Entrambasaguas, 1973: 322).

Probablemente Cristóbal Lozano se hizo eco de una leyenda que era ya muy conocida. No en vano, la anécdota de los funerales se había trasvasado antes al teatro: aparece, por ejemplo, en *El vaso de elección, San Pablo*, de Lope de Vega; *El Niño Diablo*, atribuida hoy a Luis Vélez de Guevara;[7] o *El rayo y terror de Italia*, de Pedro Rosete Niño. De la fama de la leyenda da

---

[7] Aunque hay quien asigna esta obra a Lope de Vega (Entrambasaguas, 1973: 332), Morley y Bruerton (1968: 520-521) la atribuyen al autor de *El diablo cojuelo*.

fe ya en el siglo XIX Agustín Durán; en su *Romancero general o colección de romances castellanos anteriores al siglo XVIII*, que había comenzado a recopilar en 1828, recoge dos romances titulados «Lisardo el estudiante de Córdoba» y afirma de la «novela», que él atribuye a Gaspar Lozano:

> Aceptada por un siglo creyente, se hizo tan popular que apenas había un español que no la supiese de memoria, y que no se apoderase de ella para leerla en el libro o en los romances. Todavía he visto en las villas y aldeas erizarse los cabellos a las gentes sencillas cuando consideraban a Lisardo el estudiante presenciando en vida sus propios funerales, con que las ánimas del Purgatorio le pagaban su devoción a ellas, procurando convertirle a Dios y reducirle a la virtud (Durán, 1945: 206).

Los romances, inspirados en las *Soledades*, se divulgaron poco después de su publicación en 1658. En los poemas las exequias se erigen en motivo central, pues quedan suprimidas las historias adyacentes, se esboza un retrato mucho más plano y maniqueo de los protagonistas, y se angosta el tiempo de la acción. Las coplas están puestas en boca del protagonista (el destinatario es su amigo Carlos), un joven cordobés que, como el de Lozano, estudia Leyes en Salamanca y se enamora de Teodora, destinada a la vida religiosa. Se reiteran la carrera en pos del embozado hasta las afueras de la ciudad y el consejo de enmienda. En el segundo romance, cuya acción arranca cuatro meses después, Lisardo explica cómo Teodora, tentada por el demonio de la lascivia, le propuso sacarla del convento. La iniciativa femenina y sus implicaciones suponen un cambio notable con respecto a Lozano, si bien la escena de los funerales se construye según el patrón de las *Soledades*: Lisardo presencia su asesinato y sigue al cortejo fúnebre al interior de la iglesia. Pregunta en dos ocasiones por la identidad del muerto y en ambas se menciona su nombre. Cuando el oficiante le hace saber que los asistentes son almas del Purgatorio que, agradecidas a Lisardo por sus limosnas, han acudido allí para enterrarle, se desmaya. Al despertar, reparte sus riquezas y se retira a la vida monacal.

Las diferencias entre la anécdota de Torquemada y las historias sobre Lisardo son obvias. Al margen de su grado de elaboración (mucho más sofisticado en las *Soledades*), el terrible castigo del *Jardín* se trueca en arrepentimiento ejemplar. Como ha notado Said Armesto (1946: 190), el celo piadoso de la época pudo ver en el entierro no solo un pronóstico de muerte, sino también «un pretexto para poner ante las almas contumaces la visión de la otra vida, el *memento mori* de las meditaciones cristianas, y provocar así su conversión».

En cuanto a Lozano, sus libros gozaron de gran éxito y se reimprimieron repetidamente durante el Siglo de Oro y la primera mitad del XVIII.[8] Más adelante, las duras críticas de Leandro Fernández de Moratín, Tomás de Iriarte o Alberto Lista no impidieron que sus obras continuaran generando secuelas. Por ejemplo, a principios del siglo XIX apareció la refundición anónima *Historia de Lisardo, el estudiante de Córdoba, y de la hermosa Teodora, con los trágicos sucesos del ermitaño Enrico*, impresa en Córdoba y fechada en el catálogo de la Biblioteca Nacional hacia 1808.

---

[8] Las *Soledades* se reimprimieron en doce ocasiones a lo largo del siglo XVIII: 1712, 1713, 1716, 1722 (dos), 1726, 1733, 1741, 1748, 1759, 1792, h. 1798 (Fernández Insuela, 1993: 70).

## 3. Las reelaboraciones pseudofantásticas y paródicas

La leyenda de Lisardo tuvo una notable repercusión entre los románticos españoles. Ya José Joaquín de Mora y José García de Villalta se sirvieron de la visión del propio entierro en «El abogado de Cuenca» (1826) y *El golpe en vago* (1835).

El relato de José Joaquín de Mora apareció en el tercer volumen de los *No me olvides*, los almanaques inspirados en los *Forget me not* londinenses de Ackermann.[1] Aunque algunos de los cuentos de esta publicación son traducciones o adaptaciones de, sobre todo, composiciones inglesas,[2] este no parece ser el caso de «El abogado de Cuenca»: lo más probable es que Mora se inspirara en la leyenda del estudiante Lisardo para elaborar su cuento. Según Lloréns (1968: 247), la carga moral del almanaque de Ackermann se agudiza en el español, tendencia muy perceptible aquí:

> En «El abogado de Cuenca», una de sus narraciones del *No me olvides* de 1826, la sombría figura del personaje principal, el fondo histórico en que se le sitúa, el episodio del disoluto que presencia con horror sus propias honras fúnebres en las altas horas de la noche, en una oscura iglesia en medio de vacilantes luminarias y fúnebres

---

[1] José Joaquín Mora, «El abogado de Cuenca», *No me olvides: recuerdo de amistad para el año 1826*, Ackermann, Londres, 1826, pp. 131-145.
[2] Así reza en letras mayúsculas en el volumen de 1826: «No me olvides: colección de producciones en prosa y verso, originales y traducidas por José Joaquín de Mora».

cánticos, tienen indudable aire romántico: pero todo ello ha sido preparado de antemano con el fin de lograr la regeneración moral del protagonista.

La acción se sitúa en tiempos de Felipe II —monarca al que el narrador, en consonancia con la leyenda negra, acusa de implantar la impiedad, la superstición y el fanatismo en España— y en Cuenca, donde vive un apuesto abogado llamado Baltazar «cuyo carácter e historia ofrecían circunstancias tan extraordinarias, que el vulgo lo consideraba como un ser diferente de los demás de su especie, y ligado con vínculos invisibles con el mundo de las criaturas sobrenaturales» (pp. 132-133). El abogado es hombre poco compasivo, temerario, mujeriego —«Los maridos lo miraban con horror: las madres se santiguaban al oír su nombre» (p. 136)— y amigo de las correrías nocturnas, pero también muy supersticioso.

Una noche, tras una de sus aventuras amorosas, oye cantar a unos frailes en las inmediaciones de un convento. La curiosidad supera al temor y entra en el lugar, donde se celebra una misa fúnebre nocturna. Ante el féretro cubierto con un paño negro, siente por vez primera miedo a la muerte, y no puede evitar preguntar por la identidad del finado. Como los frailes no le contestan, interroga a un criado que le dice: «es don Baltazar… ese abogado que ha hecho tanto ruido en Cuenca» (p. 140). Trastornado, el abogado abandona la iglesia y permanece bajo un árbol hasta que el frío y la lluvia le sacan de su ensimismamiento y regresa a la iglesia. El lugar está vacío y el portero se burla de él, creyéndole borracho, de modo que vuelve a su casa, confundido.

El narrador añade entonces una explicación que resquebraja la atmósfera macabra generada por la escena de las exequias: estas forman parte de una farsa preparada por Beatriz, esposa del abogado, quien ingresó en un convento tras sufrir el maltrato de este. Baltazar acude a pedir consejo sobre su funesta experiencia a uno de los principales priores de Cuenca y este, conchabado con Beatriz, le dice que los funerales bien pudieron ser un aviso divino y le invita a revisar su conciencia. Las palabras del prior, sumadas a una carta de su esposa, mueven a Baltazar al arrepentimiento. Solo años después, ya en la senectud, le es revelada la verdad sobre la aventura nocturna: «y no pudo menos de dar sinceras gracias a los que lo habían arrancado al abismo al que iba a precipitarse» (p. 145).

El tono moral de la leyenda del estudiante Lisardo pudo inspirar, en efecto, a Mora. Otros detalles (Beatriz vive en un convento, la secuencia cronológica de los sucesos) corroboran esa filiación. Sin embargo, algo diferencia la ejemplaridad de las representaciones literarias de la leyenda de Lisardo de la del cuento de Mora: en «El abogado de Cuenca» al afán ejemplarizante se le une muy estrechamente el rechazo del género fantástico; si en las *Soledades* lo sobrenatural se atribuye a la intervención divina, aquí el efecto fantástico se disipa en aras de una explicación racional, se convierte en un truco concebido para aprovecharse del carácter supersticioso, se sobreentiende que ridículo, de Baltazar.[3] Se trata, por tanto, de un cuento que cabe identificar con lo pseudofantástico y, más concretamente, con las narraciones acordes con los principios del pensamiento ilustrado, refractario tanto a la superstición como a las expansiones sobrenaturales y fabulosas.[4]

El sevillano José García de Villalta, emigrado como José Joaquín de Mora a Inglaterra tras el breve respiro que supuso el Trienio Liberal, regresó a España en 1833, donde se consagró a la política, el periodismo y la traducción, y dirigió, en 1837, *El Español*. Su obra *El golpe en vago*, subtitulada *Cuento de la 18ª centuria*, quizá escrita originariamente en inglés (*The dons of the last century*) y luego traducida al español, es una novela histórica —la acción se

---

[3] El autor ya había mostrado su contrariedad ante el género fantástico en dos artículos aparecidos en *Crónica Literaria y Científica de Madrid* (11 de septiembre de 1818 y 16 de noviembre de 1819).
[4] «El abogado de Cuenca», por otra parte, no llegó a la Península hasta 1847 (Monguió, 1967: 351, 356-357): *El gallo y la perla, novela por don José Joaquín de Mora. Elodia y Adolfo, novela por don Baltasar Andueza y Espinosa. El Abogado de Cuenca, por don José Joaquín de Mora. La Audiencia y la visita, por el mismo*, Imprenta de Agustín Espinosa y Cía., Biblioteca del Heraldo, Madrid, 1847, vol. III. También se reprodujo el cuento en *El abogado de Cuenca, La audiencia y la visita, Florida la Cava*, Madrid, 1852.

desarrolla en tiempos de Carlos III— que bebe del gótico inglés.[5] La escena del entierro aparece en el segundo capítulo, libro III, de la novela: el hidalgo Carlos Garci-Fernández entra en la catedral de Córdoba (ciudad de la que, por cierto, es originario Lisardo), donde presencia un oficio de difuntos. Si primero imagina «dos o tres veces que eran por él las exequias, y que había oído su propio nombre en boca de los clérigos que oficiaban»,[6] un corista no tarda en confirmarle esa impresión. Terminada la ceremonia, sigue a uno de los oficiantes, un embozado, hasta las afueras de la ciudad: «El guía alígero de Carlos atravesó la iglesia, las calles y la ciudad con rapidez inconcebible. Llegó a los campos sombríos y silenciosos. La luna no los alumbraba aquella noche» (p. 976). Frente a un rústico altar de piedra, descubre que el embozado es su amigo Alberto y que el funeral era el de su propio padre, con el que compartía, de ahí la confusión, nombre y apellidos. Lo aparentemente fantástico no tarda, así pues, en ser racionalizado.

A pesar del prosaísmo con el que se resuelve la escena, resulta curioso que esta aparezca en la novela más famosa del hombre que, en 1837, llevó por vez primera a Zorrilla a casa de Espronceda, ya que ambos escritores tratarían poco después y con mayor fortuna el motivo de las exequias.[7] Más que para sustentar la hipótesis de una influencia directa por parte de Villalta en Zorrilla o en Espronceda, la escena de la presentación ilustraría simbólicamente el desarrollo diverso que mereció el motivo por parte de los románticos españoles y constataría la comunidad de intereses literarios que compartieron todos ellos.

Con anterioridad a Espronceda y Zorrilla, Manuel Bretón de los Herreros utilizó el mismo motivo en el drama *Muérete ¡y verás!* La obra se estrenó en el Teatro del Príncipe (Madrid) el 27 de abril de 1837 con gran éxito de público y críticas elogiosas en *El Eco del*

---

[5] Véanse Buendía (1963:887), Torres Pintueles (1965), Ortiz Armengol (1969: 75) y Carnero (1973).
[6] José García de Villalta, *El golpe en vago. Cuento de la 18ª centuria*, en Felicidad Buendía, ed., *Antología de la novela histórica española (1830-1844)*, Aguilar, Madrid, 1963, p. 975.
[7] El propio Zorrilla narra la escena de la presentación en *Recuerdos del tiempo viejo* (1943b: 1750-1751).

*Comercio*, el *Semanario Pintoresco Español* o *El Español*. La obra se estructura en cuatro actos («La despedida», «La muerte», «El entierro», «La resurrección»), y su acción puede resumirse en pocas líneas. Pablo se compromete con Jacinta, pero antes de casarse ha de partir con su amigo Matías a la guerra; ambos combaten en las filas de Isabel II contra los carlistas. Solo regresa del frente Matías, que anuncia la muerte de Pablo. Las reacciones de sus amigos son variadas: Jacinta se aflige y su hermana Isabel, enamorada en secreto de Pablo, siente un terrible dolor, mientras que Matías asegura que el moribundo le pidió que se ocupase de su prometida. Pero Pablo, en realidad, no ha muerto: regresa, deseoso de ver a Jacinta, embozado para sorprenderla. Las campanas de la iglesia anuncian un entierro y, cuando el joven pregunta por la identidad del difunto, el barbero le aclara que se trata de Pablo Yagüe, él mismo. Se entera, además, de que a la vez se celebra el convite de la boda de Jacinta y Matías. De incógnito, observa cómo todos aquellos a los que consideraba sus amigos muestran indiferencia, cuando no desdén, hacia él, excepto Isabel. Pablo se presenta en la celebración cubierto con un manto blanco y alumbrado espectralmente por un resplandor rojizo. Jacinta le pide perdón y Matías desafía a Pablo, quien rechaza el duelo y anuncia su inminente boda con Isabel.

La obra de Bretón ha despertado el interés de la crítica por su discutida naturaleza romántica y su relación paródica con el drama de Juan Eugenio Hartzenbusch *Los amantes de Teruel*, que se había estrenado tres meses antes y había gozado de dos reposiciones en febrero. Ya la reseña de *El Eco del Comercio* incidía en este primer aspecto y aludía a la obra de Bretón como «comedia romántica» (*cf.* Caldera y Calderone, 1988: 479). Pero lo cierto es que Bretón cultiva la comedia romántica haciendo de sus temas y motivos habituales un productivo objeto de parodia y sátira (Escobar, 1995; Navas Ruiz, 1998; Peláez Pérez, 2005). Por ejemplo, en 1845 estrena la comedia *Frenología y magnetismo* con el fin, según su propia confesión, de ridiculizar a los aficionados atrevidos e ignorantes que, después de que el frenólogo y magnetizador catalán Mariano Cubí visitara la corte, se apresuraron a imitarlo.

La parodia de *Los amantes de Teruel* no se desarrolla en términos humorísticos: consiste en «una clase de transcodificación a un nivel diferente de dramaticidad» (Caldera y Calderone, 1988: 480), pues Bretón traslada algunos elementos de la tragedia de Diego Mansilla e Isabel Segura a su época y convierte a los personajes en burgueses arquetípicos. El autor se apropia del discurso romántico de Hartzenbusch para invertir su significado y mostrar las posibilidades más prosaicas del drama romántico por antonomasia, y utiliza además la ironía dramática, ya que hace al espectador partícipe de los hechos antes que a los propios personajes. Este recurso merma el efecto sorpresivo y siniestro que suele encerrar la plasmación literaria de la asistencia a las propias exequias: las dudas de Pablo al oír su nombre no son compartidas por el espectador, quien ya sabe lo que está sucediendo.

Aun así, la utilización de las exequias contribuye en cierto modo a crear una atmósfera romántica. La escena en que Pablo es acogido, a su regreso, con un largo repicar de campanas que tocan a muerto se ha considerado un precedente de *El estudiante de Salamanca* y *Don Juan Tenorio* (Caldera y Calderone, 1988: 480). Dado que el motivo no aparece en *Los amantes de Teruel*, hay que rastrear sus antecedentes en la tradición popular española, la historia del estudiante Lisardo y, quizá, la leyenda de don Miguel de Mañara, de la que me ocuparé más adelante.

La consciencia de Pablo Yagüe de estar viviendo sus funerales tiene también una cierta carga paródica, pues Bretón de los Herreros se apodera, de modo muy similar a lo que hace con el drama de Hartzenbusch, de una vieja tradición para otorgarle un nuevo significado dramático. No se trata aquí de aleccionar o castigar a Pablo Yagüe, un joven de conducta intachable; el recurso sirve para que este se percate de quién le quiere bien y quién le quiere mal, tal y como anuncia el título de la obra y rubrica la conclusión:

> ANTONIO. Para aprender a vivir…
> ELÍAS. No hay cosa como morir…
> PABLO. Y resucitar después.[8]

---

[8] Manuel Bretón de los Herreros, *Muérete ¡y verás! El pelo de la dehesa*, ed. de Narciso Alonso Cortés, Espasa Calpe, Madrid, 1969, p. 123.

## 4. La irrupción del doble

En *El estudiante de Salamanca*, publicado en 1840 con el subtítulo de *Cuento*,[1] Espronceda funde la leyenda de Lisardo con la tradición literaria de don Juan; no en vano, don Félix de Montemar, descrito como un «Nuevo don Juan de Marana» en la primera versión (1837) y como un «Segundo don Juan Tenorio» en la segunda (1840),[2] también asiste a sus propios funerales. La escena tiene lugar en la Cuarta Parte (vv. 1064-1145). El protagonista, en su vertiginosa carrera nocturna tras la misteriosa figura vestida de blanco que poco antes le había invitado a seguirla (doña Elvira), oye crujir de cadenas, repiques de campanas y pasos. No tarda en divisar unos bultos enlutados que cargan a hombros un féretro con dos cadáveres. Con arrojo, don Félix se acerca al «lúgubre entierro» y pregunta quiénes son los muertos. Pero antes de recibir respuesta alcanza a ver el contenido del féretro:

> Mas cuál su sorpresa, su asombro cuál fuera,
> cuando horrorizado con espanto ve

[1] El uso de *cuento* fue habitual en el Romanticismo para designar toda narración fantástica o legendaria, infantil o popular, en verso o en prosa. Hasta bien entrado el siglo XIX todavía se identificaba con las narraciones de ínfimo valor literario o con aquellas que entrañan un significado *falso*. Acerca de la consideración del género en las poéticas, véase Ezama (1995) y Rodríguez Gutiérrez (2004); sobre el cuento en verso, Baquero Goyanes (1949: 27-31), Romero Tobar (1994: 238), Díaz Larios (2001) y Gutiérrez Díaz-Bernardo (2003: 62-63); del cuento fantástico se ha ocupado sobre todo Roas (2006: 116-121).
[2] Acerca del proceso de composición de *El estudiante de Salamanca*, véase Marrast (1989).

> que el uno don Diego de Pastrana era,
> y el otro, ¡Dios Santo!, y el otro ¡era él!…
>
> Él mismo, su imagen, su misma figura,
> su mismo semblante, que él mismo era en fin;
> y duda, y se palpa y fría pavura
> un punto en sus venas sintió discurrir.
>
> Al fin era hombre, y un punto temblaron
> los nervios del hombre, y un punto temió;
> mas pronto su antiguo vigor recobraron,
> pronto su fiereza volvió al corazón.[3]

A diferencia de lo que sucede en los textos ya comentados, don Félix reconoce a su doble muerto antes de recibir respuesta alguna. Pero cuando formula la pregunta de rigor y un encapuchado cita «Al estudiante endiablado / don Félix de Montemar», el pavor que le había causado la visión de su cadáver se transforma en incredulidad; en este caso, el impacto visual supera al de la palabra. Aun así, no deja de ser significativo que la primera escena que provoca escalofríos en Montemar, la imagen que le hace dudar realmente de sus sentidos —antes había atribuido sus visiones a la acción del Diablo o al abuso del vino,[4] mientras que ahora palpa su cuerpo, estupefacto frente al semblante lívido del cadáver—, sea la contemplación del doble muerto. Ni siquiera la boda posterior con la difunta Elvira le hace abandonar su actitud burlona, aunque el pútrido abrazo de la dama le conduzca al desfallecimiento.

Asimismo, como es también habitual en la tradición de Lisardo, algunas señales anuncian la inminencia de los funerales con anterioridad a que estos se materialicen. El estudiante sigue a

---

[3] José de Espronceda, *El estudiante de Salamanca*, en *«El estudiante de Salamanca» y otros grandes éxitos*, ed. de Rebeca Martín, Alba Editorial Barcelona, 2022, vv. 1104-1115.

[4] «—¡Vive Dios! —dice entre sí—, / o Satanás se chancea /, o no debo estar en mí, / o el málaga que bebí / en mi cabeza aún humea» (vv. 1034-1038). Acerca de la transformación del protagonista, véase Paulino (1982).

la mujer de blanco hasta las afueras de una Salamanca nocturnal y fantástica en la que las torres se desprenden de sus bases y comienzan a caminar, un sepulcral espacio en que los espectros danzan y «las campanas sacudidas / misteriosos dobles dan» (vv. 984-985). El momento en que los fantasmas saludan a don Félix y este oye pronunciar su nombre anticipa la escena de las exequias, que tendrá lugar ya en la ciudad de Salamanca.

La escena, según afirma Marrast (1989: 137) en oposición a Torres Pintueles (1965), no tiene una especial relevancia en el conjunto del poema, simplemente es un motivo secundario. Sin embargo, resulta curioso el hecho de que, a diferencia de lo que ocurre en los romances y en Torquemada y Lozano, el protagonista se contemple muerto. Tanto el seductor del *Jardín de flores curiosas* como Lisardo oyen asociar su nombre con el del hombre que yace en el féretro, y el estudiante incluso presencia su asesinato, pero en ningún caso llegan a ver el rostro del cadáver. Quizá la afirmación de Marrast a propósito de la irrelevancia de la escena tenga que ver con el hecho de que esta no provoca el arrepentimiento de Montemar ni constituye el desencadenante decisivo de un final trágico. Sin embargo, precisamente en la subversión de su función tradicional radica el interés de los versos de Espronceda: la habitual carga moral y didáctica —el castigo divino que sufre el caballero de Torquemada, la conversión religiosa de Lisardo— desaparece aquí a favor de un tratamiento puramente fantástico, amplificado por el golpe de efecto de la contemplación del propio cadáver.

La rebeldía y la naturaleza titánica de don Félix de Montemar, su negativa a doblegarse ante las normas que el entorno le impone, hacen de él un personaje característico de la literatura romántica (Salinas, 1961). El cara a cara de Montemar y su yo muerto contribuye a definir al protagonista como un individuo de cierta complejidad psicológica que no solo se amedrenta ante el doble que le anuncia la muerte, sino que además siente nacer en él la duda ontológica, algo que se pone de manifiesto cuando palpa su propio cuerpo.

Las fuentes en las que se inspiró Espronceda para elaborar *El estudiante de Salamanca* y, en concreto, los versos que aquí nos ocupan han dado lugar a diversas especulaciones. Es indiscutible que la figura del Tenorio le sirvió de modelo para configurar a un don Félix de Montemar seductor, osado y satánico, y que las exequias tienen su antecedente más próximo en el Lisardo de Lozano. Aunque el temible Montemar poco o nada tiene que ver con el estudiante loco de amor por Teodora, las *Soledades* gozaron de gran éxito entre los románticos, de modo que Espronceda bien pudo entresacar el motivo de esta obra.[5] Por el contrario, el ascendiente de *El golpe en vago* en *El estudiante de Salamanca* es poco probable. Pese a que pueda parecer sospechoso que el epígrafe que encabeza la novela de Villalta le sirva a Espronceda para poner el broche final a su poema —«Y si, lector, dijerdes ser comento, / como me lo contaron te lo cuento»—, esta era una fórmula muy socorrida en la literatura romántica.[6] En realidad, la presencia de las exequias en ambos autores no muestra otra cosa que una coincidencia en sus gustos o lecturas, y si además tenemos presente la noticia de Agustín Durán en su *Romancero* concluiremos que la escena tenía que ser por aquel entonces popularísima. No obstante, el hecho de que en 1837 Espronceda calificara a su personaje de «Nuevo don Juan de Marana» (v. 100) invita a pensar en el uso de otras fuentes.

Ese don Juan de Marana no es otro que el híbrido de don Juan Tenorio y don Miguel de Mañara forjado en la literatura francesa, concretamente en «Las Ánimas del Purgatorio» («Les Âmes du Purgatoire», *Revue des Deux Mondes*, 15 de agosto de 1834), la deliciosa *nouvelle* de Prosper Mérimée que unió por vez

---

[5] Según Entrambasaguas (1973: 333), Espronceda aprovechó la obra de Lozano para *El estudiante de Salamanca*, «pero tuvo el acierto de despojar a la protagonista del manoseado carácter de religiosa que en los demás casos se había dado y de aumentar nuevos e interesantes episodios (..). Debió utilizar como fuente no solo las *Soledades*, sino también su derivación en verso: los romances, que le impulsaron probablemente a darle forma poética, en vez de escribirlo en prosa, y le sugirieron el título». Véase también Baquero Goyanes (1984).

[6] Por ejemplo, el segundo verso lo utiliza Eugenio de Ochoa en «Luisa» (*El Artista*, 28, 12 de julio de 1835) y en su versión definitiva «Hilda, cuento fantástico» (*Miscelánea de literatura, viajes y novelas*, París, 1867). También la retoma el mismo Espronceda en *El Diablo Mundo* (v. 3117). La fórmula procede del poema épico de finales del siglo XVI *Elegías de varones ilustres de Indias*, de Juan de Castellanos.

primera los destinos del Burlador y del individuo que presencia su funeral. Esta no se tradujo al español hasta 1868 («Las Almas del Purgatorio», folletín de *Las Novedades*, por José Plácido Sansón), pero la publicación en la que había aparecido, *Revue des Deux Mondes*, era sobradamente conocida en España. La obra de Mérimée se difundió con éxito en Francia —Gautier evoca en su *Voyage a Espagne* (1842-1843) una visita al Hospital de la Caridad que emprendió movido por los comentarios de Mérimée— y supuso un primer paso en la recuperación de la leyenda de Mañara, como veremos más adelante. También Alexandre Dumas recreó a su propio don Juan de Marana en *Juan de Marana ou la chute d'un ange*, drama sin duda conocido por Espronceda porque el poeta guardaba un ejemplar galo fechado en 1836, año de su publicación en Francia;[7] sin embargo, Dumas prescinde de las exequias y, por ello, no me detendré aquí en su obra.[8] Asimismo, los apellidos de los héroes de Mérimée y Dumas ponen de manifiesto que la metátesis de *Mañara* por *Maraña* o *Marana*, imitada por Espronceda en su cuento, fue habitual entre los autores franceses.[9]

---

[7] El dato lo proporciona Marrast (1966: 45, 51). La primera traducción al español del *Don Juan* de Dumas, «ampliamente inspirado» en «Las Ánimas del Purgatorio» de Mérimée (Marrast, 1989: 612), la publicó en Tarragona la imprenta Chuliá el mismo año de 1836.
[8] Curiosamente, Dumas sí se servirá de ellas en «Les gentilshommes de Sierra Morena» (*Les Mille et un Fantômes*, 1849). El cuento, ubicado en la España de 1492, reproduce algunos de los tópicos del mito de don Juan. Tras oír de diferentes bocas la noticia de su muerte, don Bernardo de Zúñiga es atacado, a las puertas del castillo donde se halla su cadáver, por dos perros negros, como el caballero de Torquemada. Los presentes solo ven a dos perros que parecen pelearse, lo que certifica que don Bernardo está muerto. El motivo de las exequias también lo trata libremente Stendhal en «San Francesco a Ripa», publicado póstumamente en 1852 (*Crónicas italianas*). A diferencia de la mayoría de las *Crónicas*, Stendhal no extrajo la anécdota de un legajo: se trata de una ficción pura ubicada en la Roma de 1726. Como en «El abogado de Cuenca», la escena de las exequias obedece a un escarmiento, si bien en «San Francesco a Ripa» media, además, un intento de asesinato.
[9] La traducción de «Les Âmes du Purgatoire», debida a Badiola Dorronsoro (2003), opera un cambio poco respetuoso con el original: mientras que Mérimée escribe en la versión definitiva «don Juan de

De este modo, si Espronceda parece ser el primero en fundir el mito de don Juan con las leyendas de Lisardo y Mañara en el contexto de la literatura española, Prosper Mérimée se le adelanta, al menos en lo que respecta a Mañara, en el ámbito francés. El *Jardín de flores curiosas* se había traducido al francés en 1582 como *L'Hexameron* de la mano de Gabriel Chappuys, y *Soledades de la vida y desengaños del mundo*, dado su notable éxito en España, quizá se divulgara en Francia tempranamente.[10] Sin embargo, no es aquí donde hay que buscar las principales fuentes de «Las Ánimas del Purgatorio», sino, como ya he apuntado, en el mito de don Juan y en la leyenda de Miguel de Mañara.[11] Es el mismo narrador quien, al distinguir dos personajes distintos en la tradición de don Juan, nos da una pista sobre su fuente de inspiración: por un lado, el Tenorio a quien se llevó el convidado de piedra y, por otro, don Juan de Maraña, «cuyo final fue totalmente distinto» (p. 36).

En el primer caso es fácil identificar al Burlador de Tirso de Molina que, desde su aparición en 1616, tanta repercusión tuvo en el mundo de las artes (si bien antes ya circulaban por toda Europa *moralias*, consejas y romances sobre don Juan). En el segundo, Mérimée entra en el ámbito de la mistificación al hibridar la tradición del Tenorio con la de don Miguel de Mañara, cuyo nombre de pila cambia por el del célebre seductor. Curiosamente, Mérimée se sirve del motivo de las exequias con mayor fidelidad a

---

Maraña» (antes había optado por «Marana»), aquí se adopta «Mañara». Por otra parte, Ramos González (1982: 454-455) afirma que Mérimée pudo jugar con la metátesis para «insinuar la parte de inexactitud que encierra su pretendida historia de don Juan de Mañara, que tampoco se llamaba don Juan, sino Miguel».

[10] Se trata de una suposición, pues no he podido dar con ninguna traducción al francés de la leyenda de Lisardo. Entrambasaguas (1973: 322) cita una versión anónima de 1739 (La Haya) de dos novelas de Lozano, *Todo es trazas* y *Buscar su propia desdicha*, en el volumen *Lectures amusantes au les délassements de l'esprit*.

[11] Ramos González (1982: 538-540) apela a un argumento endeble para demostrar que Mérimée se inspiró en la obra de Lozano: el nombre de pila de uno de los personajes de «Las Ánimas del Purgatorio», Cristóbal. Por su parte, Mendoza Díaz-Maroto (1998: XXX) afirma que la *nouvelle* de Mérimée «deriva» de Lozano, aunque no documenta su aseveración.

la tradición moralizante española de la que mostrará Espronceda, pues su protagonista se entrega a la vida monástica y a una durísima penitencia tras presenciar su funeral, aunque (otra muestra más de fidelidad con el repertorio hispánico) no llega a verse a sí mismo muerto.

Mérimée descubrió la figura de Mañara en septiembre de 1830, durante uno de sus viajes a España. Se trata de un personaje histórico (Sevilla, 1627-1679) que fundó el Hospital de la Caridad de Sevilla —en su capilla se pueden ver hoy la lápida de Mañara y los famosos cuadros barrocos de Valdés Leal— y fue considerado un modelo de santidad por su dedicación a los pobres y necesitados. ¿Cómo pudo un beato inspirar a Mérimée su don Juan? Lo cierto es que el mismo Mañara llegó a atribuirse terribles pecados en su *Discurso de la verdad* (1671), confesando que durante un tiempo fue servidor de Babilonia y Satanás:

> Y yo que escribo esto [...] más de treinta años dejé el monte santo de Jesucristo, y serví loco y ciego a Babilonia y sus vicios, bebí del sucio cáliz de sus deleites, e ingrato a mi Señor serví a su enemiga, no hartándome de beber en los sucios charcos de sus abominaciones: de lo cual me pesa y pido a aquella altísima e imperial bondad perdón de mis pecados.[12]

Esa reivindicación de la propia maldad que, en el marco de la literatura mística, no era más que un tópico, se magnificó hasta forjar una leyenda macabra que fundiría a Mañara con el arquetipo donjuanesco. En su *Breve relación de la muerte, vida y virtudes del venerable caballero don Miguel Mañara* (1679), el jesuita Juan de Cárdenas cuenta lo siguiente:

> En su mocedad, antes que se hubiera recogido a la vida ajustada, le sucedió que yendo una noche por la calle que llaman del Ataúd en esta ciudad de Sevilla, sintió que le dieron un golpe en el celebro tan recio, que lo derribó en tierra. Y al mismo punto oyó una voz, que dijo: «Traigan el

---

[12] Miguel de Mañara, *Discurso de la verdad*, Tomás López de Haro, Sevilla, 1679, capítulo XXII.

ataúd, que ya está muerto». Levantose turbado y fuera de sí: con que no se atrevió a proseguir su camino, y volvió atrás. Y después supo que en la casa adonde iba estaban aguardándole para matarle. Con que reconoció que el golpe había sido de la mano de Dios, y que el aviso había sido del cielo.[13]

En la primera mitad del siglo XVIII otras anécdotas siniestras se agregaron a la fábula edificante de la calle del Ataúd, anécdotas de las que da fe el francés Antoine de Latour. Aunque *Don Miguel de Mañara. Sa vie, son discours sur la verité, son testament, sa profession de foi* data de 1857,[14] las anécdotas que recoge Latour venían difundiéndose tiempo atrás, y que algunos de los sucesos espeluznantes que se contaban sobre Mañara «habían corrido por las fábulas del mundo mucho antes» (Granero, 1981: 3). En su biografía, donde Latour muestra especial interés por disociar la historia de Mañara de la del Tenorio en clara oposición a las licencias que se había tomado Mérimée,[15] explica que un día

---

[13] Cito de la relación reimpresa en Sevilla en 1732, aunque adapto la ortografía y la puntuación a los usos modernos. La anécdota aparece en el capítulo XIV, «Cómo lo libró el Señor con especial providencia de muchos peligros de la vida». Esta biografía tiene las hechuras de un panegírico y el padre Cárdenas subraya ante todo las bondades de Mañara.

[14] Antoine Latour, *Don Miguel de Mañara. Sa vie, son discours sur la verité, son testament, sa profession de foi*, Michel Lévy Frères, París, 1857, vertida al español por Pedro Galonié, *Vida de don Miguel de Mañara. Su vida, su discurso de la verdad, su testamento y profesión de fe*, Imprenta y Litografía de Enrique Bellido, Sevilla, 1862.

[15] «Los que no se cuidan de confrontar las fechas han confundido a menudo a don Juan Tenorio con don Miguel de Mañara. Para evitar esta grave equivocación, bastaba observar que el último no había nacido aún cuando Tirso de Molina, autor del primer *Convidado de piedra*, regresando del Santo Domingo a España, pasó por Sevilla donde hubo de saber por la tradición popular el trágico fin de don Juan. // Don Juan Tenorio y don Miguel de Mañara son por consiguiente dos personajes enteramente distintos. Del primero solo sabemos lo que cuentan la tradición y la poesía. El segundo casi existía ayer: la fecha de su nacimiento y la de su muerte son conocidas, y la historia de su vida nos ha sido transmitida con todos sus detalles por aquellos mismos que su penitencia ha edificado» (Latour, 1862: 7-8).

Mañara siguió a una mujer hasta la catedral; allí, esta se giró mostrándole el rostro de un esqueleto (Latour, 1862: 17-18). En otra ocasión, al cruzar de noche una calle retirada, Mañara vio cómo una hermosa muchacha le arrojaba una escalera desde un balcón, y al entrar en la estancia, «desierta y colgada de negro», se encontró «sobre el suelo, entre cuatro cirios encendidos, un esqueleto tendido» (1862: 18-19). En tercer lugar, Latour añade al suceso de la calle del Ataúd una explicación asociada con la calavera de la legendaria judía Susana en la que abundaré más adelante. Y, por último, da fe de cómo una noche Mañara asistió a su propio entierro. Aunque «la narración que he leído en los libros» concluye con don Miguel oyendo por tres veces su nombre en la iglesia, Latour sostiene que «el mismo suceso me ha sido referido en Sevilla de otra manera».

> Se siente próximo a desfallecer; mas, rebelándose contra su propio terror, se endereza con arrogancia, va en derechura al catafalco, separa bruscamente el paño mortuorio, y mira; no lo han engañado los sacerdotes, se ha reconocido a sí mismo en el cadáver. Esta vez todo su valor le abandona y cae desmayado sobre el pavimento. Por la mañana del día siguiente el sacristán quedó muy sorprendido al encontrar tendido en aquel sitio al señor don Miguel de Mañara (Latour, 1862: 22-23).

Dado que Espronceda se sirvió de algunos detalles de la tradición de Mañara en *El estudiante de Salamanca*, no parece descabellado aventurar que conocía la obra de Mérimée (Marrast, 1989: 605). No son pocos los rasgos que hermanan al don Juan de Mérimée y a don Félix de Montemar: el carácter aventurero, la blasfemia, el cinismo y el acto de jugarse a las cartas a las amantes (Maraña cambia a doña Teresa por doña Fausta y Montemar apuesta sin remordimientos el retrato de doña Elvira). Está también el espacio común; Maraña se traslada desde su Sevilla natal a una Salamanca que, por obra de los estudiantes, se ha convertido en un lugar de recreo, aunque este dato no es relevante: Espronceda pudo situar la acción de su cuento en Salamanca inspirado por la leyenda de Lisardo o bien por la reputación de la ciudad salmantina, asociada a las diversiones estudiantiles (las mujeres, el juego, el alcohol).

Por otra parte, un detalle más corrobora que Espronceda aprovechó la leyenda de Miguel de Mañara: la mención a la calle del Ataúd (vv. 65 y 698). Y aunque, claro está, pudo saber del sevillano a través de romances y pliegos de cordel, la variante del verso 100 demuestra que inicialmente entroncó a don Félix de Montemar ya no con el Mañara andaluz, sino con el Marana de factura francesa. Según he apuntado, Mérimée comenzó llamando a su personaje *Marana* y en algún momento no determinado optó por *Maraña*. En cualquier caso, es concluyente que en 1837 Espronceda escriba *Marana*, con metátesis y sin tilde, y no, como sería de esperar, *Mañara*.[16]

Robert Marrast explica la rectificación de este verso 100 aduciendo la voluntad de Espronceda de inscribir a su personaje en el acervo nacional: «nuestro poeta vinculaba más estrechamente al protagonista de su cuento a la tradición española, tan libremente interpretada por Mérimée y Dumas que mezclaban las aventuras del Burlador y de Lisardo con las atribuidas a Miguel de Mañara» (Marrast, 1989: 613). Sin embargo, quizá la modificación se debiera más a una precaución para evitar posibles acusaciones de falta de originalidad que al afán de deshacerse de la *mistificación* francesa, ya que el propio Espronceda mezcla e hibrida sin remilgos los ingredientes que cree oportunos: en escenas como el de las exequias y detalles como la calle del Ataúd, ¿acaso no mezcla libremente las peripecias de don Juan con las de Lisardo y las que la leyenda le atribuye a Mañara? ¿No adapta todo ese material a sus propios intereses estéticos, sin discriminar su procedencia? La ubicación de la calle del Ataúd en Salamanca cuando la tradición la sitúa en Sevilla es, creo, significativa.[17] Asimismo, el hecho de que Espronceda equipare a

---

[16] La asociación de Montemar con el Marana francés ya la señaló Diego Coello y Quesada en «Poesías de don José de Espronceda», *El Corresponsal*, 27 de mayo de 1840.

[17] Sobre la «llamada calle del Ataúd», en el barrio sevillano de los judíos, indica Latour que «hace unos veinte años ha dejado de existir» (1862: 19). El biógrafo especula con la posibilidad de que el nombre de este (más que calle) callejón tuviera que ver con su forma.

su Montemar con el Tenorio sin que en *El estudiante de Salamanca* haya Comendador ni estatua, elementos imprescindibles en la tradición donjuanesca, es también sintomático de la absoluta libertad con que elaboró su cuento.

Si *El estudiante de Salamanca* encarna la primera expresión española del titanismo romántico, *El capitán Montoya* bien podría ser el paradigma de esa «poesía edificante, ejemplarizante y ortodoxa», la poesía de «los valores esenciales», superficial y verbalista, que dio fama a su autor, José Zorrilla, y que tan ajena es al espíritu de rebeldía que suele asociarse con la literatura romántica (Marrast, 1989: 597). No en vano, el autor de *Don Juan Tenorio* encarnaba la imagen del *otro* Romanticismo, el Romanticismo histórico, conservador, religioso y monárquico que convivió con el de talante más subversivo y progresista.[18]

Zorrilla es un autor destacable en la historia del doble porque cultivó, en un breve margen de tiempo, sus dos vertientes fundamentales en la literatura española del siglo XIX: la vertiente más rabiosamente moderna en «La Madona de Rubens», y la legendaria, cifrada en la contemplación de las propias exequias. En *El capitán Montoya* este motivo adquiere una importancia capital, pues, al igual que en la tradición de Lisardo, desencadena el arrepentimiento del protagonista. Pese a que el cuento en verso de Zorrilla está más cerca del mensaje moral de Lozano e incluso de Mérimée que de Espronceda, su fecha de publicación, coetánea a la de *El estudiante de Salamanca*, ha provocado alguna que otra especulación sobre el influjo mutuo que pudo haber entre ambos autores.

*El capitán Montoya* apareció en el tomo VIII de las *Poesías* de Zorrilla en 1840. Por la época en que Zorrilla preparaba su libro (finales de 1839), frecuentaba la compañía de Espronceda. Esto habría dado pie a la invención de una suerte de leyenda «no averiguada» según la cual los dos poetas acordaron componer sendos poemas sobre el hombre que asiste a su propio entierro, si bien el hecho de que por aquel entonces Espronceda estuviera

---

[18] Puede verse al respecto Schurlknight (1996), aunque se ocupa básicamente de la comparación entre *El estudiante de Salamanca* y el *Don Juan* de Zorrilla.

concluyendo el suyo da al traste con esa suposición. En un viaje a Granada en julio de 1839, acompañado de Miguel de los Santos Álvarez, Espronceda leyó en el Liceo Artístico un fragmento de *El estudiante de Salamanca*, lo que indicaría que en ese momento estaba volcado en la conclusión del poema (Picoche, 1992: 17-18). Pese al atractivo de esta posibilidad, la crítica es unánime: no hubo acuerdo ni emulación, sino simple coincidencia. En cualquier caso, otra evidencia invita a descartar la posibilidad de que hubiera algún acuerdo de ese tipo: mientras que en Espronceda el motivo apenas si ocupa un centenar de versos, en Zorrilla adquiere una relevancia fundamental y se desarrolla a lo largo de una parte completa de la obra.

También *El capitán Montoya* participa de esa naturaleza legendaria y popular tan cara a los románticos. En la «Dedicatoria a Juan Eugenio Hartzenbusch» que encabeza el volumen de las *Poesías*, el autor dice de su cuento: «El pueblo me lo contó / sin notas ni aclaraciones: / con sus mismas expresiones / se lo cuento al pueblo yo».[19] Y el narrador, en una dirección similar, se definirá como un «trovador vagabundo» (v. 1522) que entresaca su historia de las habladurías de la gente. El poema, al margen de lo que tienen de tópico estos versos, ostenta un fuerte componente popular; no en vano la leyenda del estudiante Lisardo, una de sus fuentes, se había divulgado a través de romances y pliegos de cordel. Zorrilla, por otro lado, no solo era lector de Durán, sino también admirador de las obras de Cristóbal Lozano. Si Entrambasaguas afirmaba rotundamente que el autor del Barroco sirvió de inspiración a Espronceda pero sobre todo a Zorrilla, que le explotó sin piedad, Liverani suaviza la imagen de la *explotación* y el *saqueo* y apunta que Lozano representó para Zorrilla «nada más que un pozo de donde sacar pretextos para sus composiciones [...]; pero, a diferencia de Lozano, para quien la verosimilitud histórica garantiza la ejemplaridad, Zorrilla, más que educar a su público, se preocupa de complacerle» (Liverani, 1995: 383). Aun así, a nadie escapa la fuerte moralina que encierra la obra de Zorrilla, relato al fin y al cabo de la conversión de un seductor arrepentido.

[19] José Zorrilla, *El capitán Montoya*, ed. de Jean-Louis Picoche, Taurus, Madrid, 1992 (publicado junto con *Don Juan Tenorio*), vv. 85-88.

En el Toledo del siglo XVI, el capitán don César Gil de Montoya seduce a una monja, doña Inés de Alvarado, con la ayuda de su criado Ginés. La joven, que carece de vocación religiosa, fue encerrada allí por su familia en contra de su voluntad. Poco después, durante una noche de octubre, el capitán salva a una dama del ataque de unos enigmáticos individuos, y el padre, agradecido, le ofrece la mano de su hija. Este no es otro que don Fadrique, duque de Toledo. El capitán, cuya etopeya se nos ofrece en la parte IV, es un hombre rico, mujeriego, jugador, bebedor e impío, pero aun así se compromete con doña Diana. Si lo hace es para mostrarse más osado aún, ya que en su voluntad no está el renunciar a la seducción de doña Inés.

En la parte VIII («Aventura inexplicable»), el capitán se dispone a raptar a doña Inés, pero para su sorpresa se encuentra con la celebración de una misa nocturna en la iglesia del convento. Las oraciones que los monjes desgranan ante un negro túmulo (el cadáver que lo ocupa «se ve que de noble viste», v. 1060) se convierten paulatinamente en maldiciones, salmodias siniestras, lamentos desesperados y macabros exorcismos. Don César, atónito, formula tres veces la pregunta de rigor. En el primer caso, un enlutado profiere su nombre; en el segundo, es un hombre cuyo rostro tiene un gesto de «aterradora hediondez» quien le responde; por último, un noble varón da la misma contestación. Al acercarse al féretro tiene lugar la anagnórisis; reproduzco esta escena en su totalidad (vv. 1173-1198) porque me parece muy significativa:

> Miró y remiró y palpó
> con afán hondo y prolijo,
> y al fin consternado dijo:
> «¡Cielo santo, y quién soy yo!»
>
> ———
>
> Miró la visión horrenda
> una y otra vez,
> y nunca más que a sí mismo
> en aquel féretro ve.
> Aquel es su mismo entierro,
> su mismo semblante aquel:

no puede quedarle duda,
su mismo cadáver es.
En vano se tienta ansioso;
los ojos cierra por ver
si la ilusión se deshace,
si obra de sus ojos fue.
Ase su doble figura,
la agita, ansiando creer
que es máscara puesta en otro
que se le parece a él.
Vuelve y revuelve el cadáver
y le torna a revolver;
cree que sueña, y se sacude
porque despertarse cree,
y tiende el triste los ojos
desencajados doquier.

La escena barroca de la contemplación de las exequias se transforma aquí en el encuentro romántico del individuo con su *Doppelgänger*. Respetuoso con la tradición, Zorrilla se ciñe a la secuencia temporal acostumbrada, pues el capitán pregunta primero por la identidad del muerto y se enfrenta a la evidencia después. El capitán Montoya duda de sus sentidos, contempla la posibilidad del engaño, sacude a «su doble figura» para espantar la macabra visión que, sin embargo, puede palpar. La duda ontológica, el interrogante sobre su auténtico estado (la vida, la muerte) también está, como en Espronceda, presente.

La probable huella de Mérimée en la elaboración de la escena se pone de manifiesto en las otras apariciones con las que ha de medirse el capitán Montoya. Si en «Las Ánimas del Purgatorio» don Juan de Maraña ve los cadáveres de Don García y el capitán Gomara, aquí son las figuras enlutadas de don Fadrique y doña Diana las que sirven de admonición al protagonista. Como no reconocen al capitán, este se dirige nuevamente a su doble muerto para interrogarle a propósito de su identidad: «¿No hay quien sepa aquí quién soy? / ¿No hay a salvarme poder?» (vv. 1217-1218). A continuación, oye la voz espectral de doña Inés invitándole a sacarla del convento, pero él no puede más que contestar: «Aparta, aparta, / ¿que soy cadáver no ves?» (vv. 1231-1232). Tras el habitual desmayo, al capitán solo le queda renunciar a su vida pecaminosa y hacer penitencia.[20]

La visión del propio cadáver no constituye solo una mera causa de arrepentimiento: se convierte en el secreto que, como una penitencia más, el protagonista arrastrará hasta el final de sus días, entre otras cosas por la certeza de que nadie dará crédito a su historia. Cuando, ya en la parte IX, el capitán le anuncia a don Fadrique que ha decidido romper el compromiso con su hija, se apoya precisamente en ese secreto inconfesable para justificar su decisión:

> Todo es inútil, denuestos,
> súplicas, amagos, ayes;
> el mundo entero no puede
> a que os diga obligarme.
> Un secreto es que conmigo
> quiero que al sepulcro baje,
> y no ha de saberlo nunca,
> desde el sol abajo, nadie.
> Si es sueño o delirio mío,
> quiero de él aprovecharme;
> si es un aviso del cielo,
> es imposible excusarle
> (vv. 1361-1372).

En la última parte del poema (X, «Hechos y conjeturas»), el narrador da fe de las diversas especulaciones que originó en Toledo la desaparición del capitán Montoya. Solo una de ellas, especifica, guarda visos de autenticidad: diez años después de los hechos, don Fadrique, a las puertas de la muerte, pidió el consuelo de un capuchino, que resultó ser el capitán Montoya, llamado en su nueva vida fray Diego de Simancas. Es entonces cuando le revela al duque su secreto. Por si al lector todavía no le ha quedado claro que la visión de las exequias fue una admonición divina, el moribundo lo refrenda: «Y al fin de la confesión, / henchido el

---

[20] Otro ejemplo de la posible impronta de Mérimée es la intervención, menos representativa en el caso de Zorrilla, del hermano de la monja, que luego adquirirá mayor protagonismo en *Don Juan Tenorio* (1844).

duque de fe, / díjole: "A aquella visión / debéis vuestra salvación, /que aviso del cielo fue"» (vv. 1602-1606).

En la «Nota de conclusión» que cierra el poema, el narrador da noticias de la muerte de la monja Inés y de la suerte de Ginés, quien, casado con una dama rica, ha de aceptar, según insinúan las malas lenguas, la paternidad de un hijo ilegítimo. Este final añade al poema una desafortunada nota humorística —de «chuscada» la califica Alonso Cortés (1943: 239)— difícilmente conciliable, por añadidura, con la moralina que encierra la peripecia del hombre que vio a su propio cadáver.

En cualquier caso, según apunta Zorrilla en el prólogo a la edición de 1884, la obra le deparó grandes satisfacciones. En primer lugar,

> Es esta leyenda la que dio más rápido impulso a mi reputación de narrador legendario: de la que más reimpresiones se hicieron [...], la que a destajo publiqué en los tres primeros años de mi aparición en la arena literaria, y la que, fuera de *Margarita la tornera*, fue mejor aceptada y más dineros produjo a todos, menos a su autor (Zorrilla, 1992: 92).

Al parecer, el autor leyó en el Liceo *El capitán Montoya*, «que entusiasmó a los románticos de entonces, que me captó un poco de benevolencia por parte de Lista y Nicasio Gallego, quienes hasta entonces me habían mirado de reojo como a un palabrero sin sustancia y un versificador sin conciencia» (Zorrilla, 1992: 94). Tanto complació a Zorrilla la actitud de «aquellos dos sabios maestros y valientes mantenedores del clasicismo» que decidió pagar él mismo la edición del poema. Antonio Ferrer del Río llevó la obra a Cuba y México, donde gozó de gran éxito; en dos años, según Zorrilla, se vendieron cuatro ediciones, pero el autor acabó enemistándose con Ferrer del Río porque no recibió compensación económica alguna.

El prólogo de 1884 es también valioso porque en él Zorrilla revela el valor de *El capitán Montoya* en toda su obra (lo considera un embrión del drama que más fama le deparó) y las fuentes en las que, según él, se inspiró:

Tales fueron el origen y la razón de la popularidad de mi *Capitán Montoya*, que no es más que un embrión del don Juan, y una variación de la leyenda de don Miguel de Mañara, de la cual sin duda no conocía yo entonces los pormenores.
Tengo para mí que el asunto de don Miguel de Mañara es mejor que el de mi *Capitán Montoya*; que hubiera yo hecho mejor en escribir aquella leyenda que esta; pero tal como es, creo también, y perdóneseme la vanidad, que mi *Capitán Montoya* es un trabajo que no me deshonra (Zorrilla, 1992: 95-96).

Hay que leer con precaución, sin embargo, las palabras de Zorrilla: pese a que, en efecto, el capitán Montoya bebe del arquetipo donjuanesco y su peripecia evoca a la de don Miguel de Mañara, no cita a Cristóbal Lozano, que indudablemente le sirvió de inspiración,[21] ni tampoco «Las Ánimas del Purgatorio» de Mérimée. Quizá si Zorrilla no mencionó a Lozano fue porque su ascendencia en la elección del motivo era tan obvia que no deseaba enfatizarla, y evitó dar el nombre de Mérimée por cierto tradicionalismo que hurgaba en los usos y valores de las tradiciones de la cultura popular, un tradicionalismo no solo estético sino también patriótico, en cuya raíz latía la voluntad de desvincularse de la literatura extranjera, en especial la francesa, algo que, en puridad, nada tenía de raro en aquella época.[22]

---

[21] Si en *Recuerdos del tiempo viejo* afirma que pretende exaltar al pueblo español, «sus leyendas y tradiciones», no menos cierto es que «el programa de trabajo del poeta tomó impulso en las imágenes timéricas depositadas en su memoria por las tramas culturales que él y sus coetáneos habían recibido de las viejas lecturas barrocas» (Romero Tobar, 1995b: 168); no en vano, «el imaginario colectivo de la tradición barroca es el reservorio de temas y motivos, de pulsiones y sentimientos sobre el que nuestro poeta teje el discurrir de su imaginación» (Romero Tobar, 1995b: 183). Liverani (2000: 55) recuerda que «Zorrilla fu estremamente parco nel precisare le fonti da lui utilizzate».
[22] En su *Don Juan Tenorio*, Zorrilla recuperará la escena de las exequias, que aquí no culmina con el hallazgo del doble. Zorrilla adapta los funerales a lo maravilloso cristiano, categoría que, según veremos más adelante, reivindica como alternativa a lo fantástico hoffmanniano.

*El estudiante de Salamanca* y *El capitán Montoya* ofrecen un tratamiento de la escena de las exequias que, pese al sustrato popular común, singulariza a ambas obras de las anteriores formulaciones. Por ejemplo, la anécdota del caballero de Torquemada aparecía en un género, el de la miscelánea renacentista, muy alejado del universo literario sobrenatural del siglo XIX. El *Jardín*, cuyos procedimientos oscilan entre el enciclopedismo medieval y el incipiente pensamiento científico renacentista, se caracteriza sobre todo por su esfuerzo racionalizador: el autor pretende hallar una explicación para aquellos materiales heredados de sistemas culturales precedentes que no encajan en la nueva imagen epistemológica del mundo (Blasco, 1994). Así, Torquemada acepta lo extraordinario porque, pese a que hasta el momento no ha sido explicado, es susceptible de serlo: «ninguna cosa hay encubierta que no venga a ser revelada» (Torquemada, 1982: 397). La *auctoritas*, la potencia capaz de darle un sentido a lo extraordinario, es Dios. De ahí que Luis atribuya a la justicia divina la muerte del caballero que presenció sus funerales.[23]

Cierto es que el despliegue de fenómenos sobrenaturales de *El estudiante de Salamanca* excede en mucho el capítulo de las exequias de la leyenda de Zorrilla y que *El capitán Montoya* está imbuido de un carácter religioso y un afán moralizante que lo emparentan con lo maravilloso cristiano. Pero no menos cierto resulta que, aunque don César acaba atribuyendo su experiencia a la bondadosa intervención de Dios, mientras la escena tiene lugar su reacción es la propia del protagonista de un relato fantástico, confuso y aterrorizado ante un fenómeno incomprensible que hace tambalear los cimientos de su mundo. La leyenda es, en definitiva, una ilustración del procedimiento híbrido con el que Zorrilla maneja lo fantástico: impregna la peripecia de su capitán Montoya de un sentido religioso y moral a la vez que explota las posibilidades fantásticas de la escena de las exequias, enajenando al protagonista y haciéndole dudar de su identidad.

---

[23] Como nota Alonso Palomar (1994: 119), durante el Renacentismo, pese al afán de racionalizar lo aparentemente inexplicable, «el esquema básico del universo está, todavía, dirigido por reglas deudoras, en muchos aspectos, de la magia».

Como Zorrilla, Espronceda introduce una suerte de distanciamiento narrativo ya en el segundo verso de *El estudiante de Salamanca* («antiguas historias cuentan»), y sobre todo en la última estrofa, donde reproduce la versión popular de los hechos y da fe de los rumores que rodean la muerte de Montemar, rubricando su carácter legendario. A diferencia de Zorrilla, no solo rehúye la intervención divina sino que, en un giro más complejo, evita hacer de su cuento fantástico una suerte de historia edificante. Según ha observado Marrast, la sabiduría popular, en consonancia con las leyendas tradicionales y el maniqueísmo de raíz cristiana, concluye que a Montemar se lo llevó el Diablo vestido de mujer (una lectura cercana a la de Luis en el *Jardín* sobre los perros que despedazaron al caballero). La muerte, sin embargo, entraña un significado opuesto: el protagonista no solo se ha negado a seguir el camino del bien, burlándose de avisos como el funeral: su rebeldía sobrevive a la desaparición física y jamás admite el arrepentimiento. El poema sería así un relato del desafío a la sociedad y sus valores morales por parte de un individuo que desprecia el mundo (Marrast, 1989: 631-632).

En definitiva, al sumar a la tradición legendaria de Lisardo y Mañara el cara a cara con el propio cadáver, Espronceda y Zorrilla añaden un mayor grado de complejidad a la psicología de los protagonistas. Estos dudan de sus sentidos, se interrogan sobre el significado de una visión que cuestiona ya no solo su noción de la realidad, sino sobre todo su identidad. Los ansiosos gestos de reconocimiento de Montemar al palpar su rostro y el grito desesperado del capitán —«¡Cielo santo, y quién soy yo!»— se nos antojan impensables en el galán del *Jardín* o en el Lisardo de las coplas, donde la función de las exequias está al servicio de la doctrina cristiana, nunca de la transgresión de las convenciones.

## 5. Los epígonos románticos: Mañara, Lisardo y el caballero de Olmedo

Si, como hemos visto más arriba, en 1884 Zorrilla afirmaba que en vez de su *Capitán Montoya* quizá tendría que haber escrito un relato sobre don Miguel de Mañara, probablemente fuera porque percibió en las obras de algunos de sus contemporáneos las muchas posibilidades literarias de este personaje histórico trasmutado en leyenda romántica. Y es que la figura del sevillano inspiró en la segunda mitad del siglo XIX varios cuentos que comparten ciertos rasgos significativos: la ubicación en Sevilla; el efectista retrato de un libertino que, a la postre, refuerza y ensalza aún más la subsiguiente conversión; y, lo que más importa aquí, la inserción del encuentro con el doble en la tradicional escena de las exequias.

De ello dan fe «Don Miguel de Mañara. Cuento tradicional», de José Gutiérrez de la Vega, publicado en el *Semanario Pintoresco Español* el 28 de diciembre de 1851 (pp. 410-412); «Don Miguel de Mañara. Leyenda», de Luis García de Luna, *La América*, 24 de agosto de 1862 (pp. 14-15), recogido luego en sus *Horas perdidas. Colección de cuentos y leyendas tradicionales*, Imprenta de La Razón Española, Madrid, 1865 (pp. 111-135); o el cuento versificado «La última aventura de don Miguel de Mañara», escrito en 1873 por Manuel Cano y Cueto, y reunido en sus *Leyendas y tradiciones de Sevilla* dos años después (Francisco Álvarez y Cía, Sevilla, 1875, pp. 183-245).

Fuera de esta nómina debe quedar el folletín histórico de Manuel Fernández y González *Don Miguel de Mañara. Memorias del tiempo de Carlos V*, publicado en 1868 y reimpreso en 1877 dentro de la colección «Leyendas nacionales» de la imprenta madrileña Salvador Sánchez Rubio. Y debe excluirse porque el desarrollo de la acción poco tiene que ver con las habituales aventuras de Mañara, sino con una trama folletinesca en la que menudean los hijos bastardos y los personajes al límite del incesto. Por añadidura, el hecho de que la novela se sitúe en el siglo XVI (en tiempos de Carlos V) invita a pensar que Fernández y González se sirvió del nombre de Mañara no tanto para darle una nueva vuelta de tuerca a su tradición como, simplemente, para aprovechar su popularidad.[1] La escena de la asistencia a las propias exequias se la apropiará Fernández y González en su *Don Juan Tenorio*, como veremos a continuación.

El cuento *tradicional* del escritor sevillano Gutiérrez de la Vega se divide en cuatro partes de sucinto título: «La calle del Ataúd», «La sorpresa», «El entierro» y, la más breve pues apenas ocupa dos párrafos, «La conversión». La descripción de la calle del Ataúd y la historia de la calavera de la judía Susona, pecadora arrepentida que vivió en el siglo XVII, coinciden, a grandes rasgos, con lo anotado poco después por Latour (1862: 19-20) en su *Vida de Mañara*. En puridad, Gutiérrez de la Vega se vale de todos los clichés asociados con el romanticismo de cartón piedra: la atmósfera nocturnal, la súbita aparición de un incógnito —el propio Miguel de Mañara— o el esforzado retrato rufianesco de este. En la escena del entierro también se conjugan los tópicos incrustados ya en la tradición romancesca, como el miedo, el «frío glacial» que siente el libertino, el hecho de que las campanas de la ciudad (Sevilla) toquen a muerto, la confusión de Mañara entre el sueño y la realidad, y el féretro. Por supuesto, tienen lugar las tres preguntas de rigor y, en consonancia con la costumbre decimonónica, la visión del doble:

---

[1] El protagonista de Fernández y González es huérfano y rico, familiar de la Inquisición, poseedor de la cruz de Santiago y tiene unos treinta años cuando se inicia la acción, edad a la que se casó y sentó cabeza el auténtico Mañara (Latour, 1862: 23-24). El Mañara de este novelón, impío, «reñidor cruel» y «terrible burlador de las mujeres», se convertirá precisamente gracias al amor (Manuel Fernández y González, *«Memorias de Lisardo el estudiante», Don Juan Tenorio*, A. Vicente, Madrid, 1851, vol. 2, p. 30).

> Con la velocidad del rayo se lanzó don Miguel en medio de los de la comitiva; fijó los ojos en el cadáver con tal expresión que parecía quererlo devorar con su vista; de repente se inyectaron sus ojos, adquiriendo una expresión feroz; sus labios cárdenos se agitaron convulsivamente; sus mandíbulas chocaron de una manera espantosa; sus cabellos se erizaron, flaquearon sus piernas, y como en un acceso de delirio exclamó con voz atronadora:
> —¡Dios mío, qué veo!... ¡Mi imagen!... ¡Yo mismo!... ¡Socorro!... ¡Dios mío!... ¡¡¡Perdonadme!!!...
> Apenas acabó de pronunciar estas palabras, lanzó un grito horroroso y cayó sobre el cadáver (p. 412).

Como es habitual, Mañara se redime y consagra a las buenas obras hasta su deceso, tras el cual cobra más fama aún en Sevilla como «modelo de virtud y mansedumbre» (p. 412). Al igual que sucederá en la *leyenda* de García de Luna (que también concluye con una coda final acerca de la santidad de Mañara y el ensalzamiento popular de su ejemplar comportamiento), el relato parece estar íntimamente ligado y quizá incluso supeditado a la fundación del sevillano Hospital de la Caridad, vínculo característico en las leyendas y cuentos legendarios.

No obstante, pese a su idéntico final y los rasgos comunes ya apuntados, el cuento de García de Luna (autor más conocido quizá por sus colaboraciones teatrales con Bécquer que por sus interesantes leyendas) difiere del de Gutiérrez de la Vega en algunos aspectos notables. El núcleo de la historia lo constituyen los amores frustrados de Miguel de Mañara con doña Violante, hija del duque de Alba. La acción comienza *in medias res* el día en que doña Violante ha de tomar sus votos, obligada por su hermano don Fadrique. Gracias al parloteo de dos viejas que aguardan el comienzo de la ceremonia en la catedral de Sevilla, sabemos que don Fadrique ha aprovechado la ausencia de Mañara para que su hermana abrace el noviciado. Lo que sucede cuando don Miguel, «el diablo en cuerpo y alma» (p. 14) cuya sola mención hace a las viejas santiguarse, tiene conocimiento de la profesión de su amada evoca la obsesión por las novicias del estudiante Lisardo y del Tenorio, ya que la joven acaba sucumbiendo a sus requiebros:

«Doña Violante consentía en la fuga que le había propuesto: aquella noche iba a cumplir su promesa sacrílega de arrancar de los brazos de Jesucristo a una de sus esposas» (p. 15). Y como le sucediera a Lisardo, el camino de Mañara hacia el monasterio también se ve entorpecido, en este caso por don Fadrique, a quien mata de una estocada.

Sin embargo, tampoco entonces puede llevar a cabo su «profanación» por los motivos que ya imaginamos; ve luz en la iglesia y entra, hace las preguntas de rigor, en este caso dos, y obtiene la siguiente respuesta: son doña Violante y el propio Mañara quienes allí yacen. «Avanzó con paso firme y resuelto hasta el catafalco: los ataúdes estaban abiertos, y el caballero miró a los dos cadáveres con ansiedad indescriptible. Un grito espantoso se escapó de su pecho: la mujer y el anciano habían dicho verdad: don Miguel vio en aquellos dos ataúdes su propio cadáver y el de la mujer a quien amaba» (p. 15). La fuerte impresión que le provoca verse muerto se incrementa cuando, en la calle de Placentinos, tropieza con una ronda que anda buscando a don Fadrique porque ha dado muerte a don Miguel de Mañara; por más que nuestro protagonista afirma ser Mañara, lo toman por loco. En su trayecto de pesadilla, se cruza un caballero en el que reconoce a don Fadrique, pero tampoco en esta ocasión le creen. «¡Acaso dicen verdad! —exclamó don Miguel—. Esto que me sucede no está en los límites de la razón humana; o yo he perdido el juicio o el cielo obra conmigo un milagro» (p. 15).[2]

---

[2] El nombre de Mañara, esta vez unido al del Tenorio, aparece en otro cuento de García Luna, «El diablo en Sevilla» (*Horas perdidas*), cuya acción se sitúa en el siglo XVIII: «En vano los jóvenes que por entonces estaban a la moda y aspiraban a eclipsar con la fama de sus galanteos la de don Miguel de Mañara y don Juan Tenorio pretendieron por todos los medios imaginables conquistarse un lugar en el corazón de aquella mujer» (p. 186). El lascivo protagonista, don Juan de Hinestrosa, es un híbrido de los dos personajes y vive una aventura paralela a las de Mañara. Se enamora de una enigmática joven que le pide que profane un cadáver, y cuando así lo hace y se dispone a besarla, ella se convierte en un esqueleto. La acción concluye, dos años después, con la conversión de don Juan en cartujo; tan santos son sus actos «que al morir algunos años después las devotas se disputaban pedazos de su ropaje como reliquias de un hombre que abandona el mundo en olor de santidad» (p. 202).

La leyenda versificada «La última aventura de don Miguel de Manara» es la más cercana a la obra de Espronceda.³ La impronta esproncediana se percibe no solo en el afán notorio de construir un retrato complejo del protagonista (aunque Cano y Cueto se quede a medio camino), ni en el uso de escenas y situaciones similares (por ejemplo, resulta sintomática la relevancia concedida al principal personaje femenino, una inocente joven emparentada con la Elvira deshonrada por Montemar), sino también en la experimentación con diversos metros y estrofas, que en este caso se inclina por el uso del octosílabo y el romance. Por añadidura, Cano y Cueto tuvo en cuenta la biografía de Latour a la hora de escribir su leyenda, pues cita en las notas finales al «ilustre escritor francés [...], autoridad para mí muy grande en las cosas de España» (1875: 297), y se sirve de algunos fragmentos de su obra.

Esas notas muestran, asimismo, la actitud un tanto contradictoria del autor ante las fuentes que maneja sobre Mañara:

> La tradición ha tomado, quizás erróneamente, vicios y virtudes; ha creado un tipo poético, pero tal vez ha contribuido a descarriar la pública opinión sobre el carácter y vida del santo fundador de la Caridad; pero perdonemos a la tradición, porque ella, lejos de amenguar el valor de Mañara, lo ha realzado poderosamente [...]. El pueblo de Sevilla no olvidará jamás la calle del Ataúd, donde se supone vio don Miguel su propio entierro, pero tampoco dejará de arrodillarse junto a la tumba del caballero, esclavo de los pobres y ejemplo de ardiente caridad. ¡Cómo oponerse a la tradición! ¡Cómo oponerse a que el vulgo cuente las hazañas del aventurero y al par adore y rece al que debe ser santo! Yo debo confesar que solo he escrito con placer las páginas que publican sus virtudes (Cano y Cueto, 1875: 298).

Cano y Cueto intenta justificar esa tradición que, faltando a la verdad, «ha creado un tipo poético» porque esa misma tradición

---

[3] No en vano, José María Asensio (1875: XV), prologuista de las *Leyendas y tradiciones de Sevilla*, inscribe los textos de Cano y Cueto en la tradición de *El estudiante de Salamanca* o *El capitán Montoya*.

ha contribuido a que el valor que demuestra Mañara al elegir *el buen camino* se ensalce aún más y su figura resulte más querida todavía. La paradoja que percibe Cano y Cueto en la recepción popular de la figura de don Miguel es que se relaten admirativamente sus aventuras libertinas a la vez que se le adora como a un santo. No obstante, resulta sospechoso que el autor confiese que «solo he escrito con placer las páginas que publican sus virtudes» cuando gran parte de su leyenda se detiene morosamente en las hazañas diabólicas de Mañara. Está claro, y «La última aventura de don Miguel de Manara» constituye un ejemplo de ello, que resultan mucho más atractivas las historias centradas en el lado oscuro del personaje que las de carácter hagiográfico.

Si Latour se esforzaba en distinguir al Mañara histórico del mítico Tenorio, Cano y Cueto no le va a la zaga. Así, en los versos introductorios alude al vulgo que, anheloso de «aventuras extrañas», une la tradición de don Juan con la de Mañara, hasta el punto de que «Y hay persona que no acierta / quién es Mañara o don Juan» (p. 183); pero mientras Tenorio «nada dejó tras su huella, / tiene aquel su historia bella / escrita en La Caridad» (p. 184), el Mañara de Cano y Cueto es un individuo indeciso entre el bien o el mal: «Una amalgama cruel / tan triste como fatal, / el buen hermanando al mal, / Dios al lado de Luzbel; // Tal era la confusión / que en Mañara se observaba, / y que al parecer cambiaba / por horas de corazón. / En aquel combate interno / a las claras se leía / que un santo al cielo daría / o un diablo para el infierno» (pp. 203-204). Y es que aunque Mañara tiene propósito de enmienda, siempre deja la redención para otro día.

La inflexión llega cuando se enamora de Caridad, una joven de dieciséis años, de padre desconocido y huérfana de madre. Caridad le proporcionará a Mañara la posibilidad de redimirse, pero antes el héroe deberá superar diversas pruebas, obviamente entroncadas con la tradición sevillana. Así, Mañara persigue a una mujer cuyo rostro le resulta familiar hasta un aposento en el que yace el cadáver enlutado de doña Ana, su última conquista (pp. 214-215). Aterrado, huye de la estancia y se encuentra con una procesión de espectrales frailes que portan un féretro; les pregunta quién es el finado... y todos pronuncian su nombre. Los versos del reconocimiento remiten inevitablemente a la experiencia de don Félix de Montemar y el capitán Montoya:

> ¡Imposible! Él se palpaba,
> preguntando, en su terror,
> si era su cuerpo su cuerpo,
> o también era visión.
> ¡Imposible! Loco, ciego,
> ciego de angustia y dolor,
> al ataúd se abalanza,
> que cubre negro crespón,
> lo desgarra en mil pedazos,
> y al suelo como él cayó,
>  cuando en la caja vio un muerto,
> y contempló, con horror,
> que era... ¡Miguel de Mañara!
> el cadáver que miró
> (pp. 218-219).

En su leyenda, Cano y Cueto le concede especial atención al periplo de la joven Caridad, a quien Mañara, pese a las admoniciones divinas, se empeña en secuestrar. Su escudero, Gregüela, se dispone a seguir las órdenes de don Miguel, pero el espectro de la madre muerta se le aparece y le revela que él es el padre de Caridad. Para preservar la virtud de Caridad, el escudero la mata y a continuación cae él mismo muerto. Por su parte, Mañara, tras presenciar las exequias y batirse en duelo con el hermano de doña Ana, acabará encontrándose con el cadáver de la inocente. El descubrimiento se convierte en revelación porque, al fin, don Miguel comprende que debe arrepentirse. Meses después de estos sucesos, levanta el Hospital de la Caridad en claro homenaje a la muchacha, y se entrega a la vida piadosa.

Las diferencias estilísticas y argumentales de estos tres cuentos no oscurecen sus similitudes. De hecho, su objetivo no es otro que el de narrar la conversión de Miguel de Mañara, íntimamente asociada a la fundación del Hospital de la Caridad. Y para ello, para encarecer lo dificultoso de la conversión, se magnifican las hazañas diabólicas del héroe y su desafío a la sociedad y a Dios, recurso que, en verdad, ya venía empleándose en los relatos hagiográficos desde antiguo. Por tanto, muy lejos estamos aquí de la ficción de Espronceda y de la muerte *en pecado* de don Félix de Montemar. Si Espronceda toma de la tradición popular y de las fuentes librescas cuanto necesita para construir un personaje de tintes prometeicos, Gutiérrez de la Vega, García de Luna o Cano y Cueto se acogen con cierta fidelidad a la tradición sevillana de Mañara (sin perjuicio de que esta asimile, a su vez, ecos del personaje del estudiante o del Tenorio) para ensalzar la redención de un prohombre de la ciudad.

La escena del cara a cara con el doble cadáver, que en Espronceda y Zorrilla constituye un rasgo original, deviene cliché en los cuentos sobre Mañara aparecidos en la segunda mitad del siglo XIX. No obstante, pese a ese carácter casi formulario, su utilización da fe, por un lado, del arraigo del doble cadáver en el imaginario popular de la España decimonónica, y, por otro, de la confianza de los autores en su eficacia para justificar ante el lector la redención de un libertino.

Tal vez Manuel Fernández y González no parecía especialmente interesado en explotar el potencial dramático de las exequias en su *Don Miguel de Mañara*, pero lo cierto es que unos años antes sí las había aprovechado de un modo singular. En la novela *Don Juan Tenorio*, publicada por el madrileño establecimiento tipográfico de A. Vicente en 1851 en dos volúmenes, el prolífico autor inserta unas «Memorias de Lisardo el estudiante» que reflejan hasta qué punto parecía oportuno en aquella época asociar la figura del mítico cordobés con la del Tenorio e hibridarla incluso con ciertos arquetipos de la narrativa gótica y folletinesca. Y aunque estas «Memorias» forman parte de una novela, lo cierto es que bien podrían desgajarse y leerse de manera autónoma, como cuento o *nouvelle*.

El don Juan de Fernández y González (un Tenorio de la primera mitad del siglo XVI) es conducido a un convento donde lo aguarda el moribundo fray Tomás de la Santísima Trinidad. Bajo la identidad de este se esconde el estudiante Lisardo, que ofrece a don Juan un pliego que deberá leer tras su fallecimiento. El pliego, claro está, contiene las «Memorias» del estudiante, que ocupan el capítulo IV del segundo libro y se dividen en siete partes (pp. 44-103). Las vivencias de este Lisardo, aunque inspiradas en la tradición arraigada en las *Soledades*, superan con creces la obra de Lozano y sus seguidores en lo que a acumulación de aventuras y experiencias rocambolescas se refiere.

El Lisardo de Fernández y González nace en Córdoba el 15 de agosto de 1480, fecha muy anterior no ya a la aparición de las *Soledades*, sino incluso a la del *Jardín de flores curiosas* de Torquemada. Desde la infancia, explica Lisardo, soñó con encontrar a una mujer especial, y dio con ella, ya adolescente, en una condesa con la que inicia una relación adúltera. Pero esta acaba mal y su padre le envía a Salamanca. Allí se enamora de Teodora, la hermana de su amigo Claudio, que está destinada, cómo no, a la vida religiosa. Una noche Claudio se juega a las cartas a su hermana (algo que lo emparienta con el don Juan de Mérimée o el mismo Montemar) y la pierde. Enfrentado al codicioso Claudio, Lisardo mata al nuevo *propietario* de Teodora, don César de Montalto, y permanece seis meses oculto en una posada; durante ese período, confiesa, su carácter se amarga y se torna más egoísta.

Por eso, decide recuperar a Teodora sea como sea, y para ello debe entrar en el convento. Tras hablar con la joven, ambos resuelven huir juntos, pero esa misma noche, en una calleja, oye pasos y una advertencia: «Tente, no le mates». En consonancia con las *Soledades*, sigue a un embozado hasta unas casas deshabitadas; el incógnito, antes de desaparecer, pronuncia la consabida admonición: «Aquí han de matar un hombre, Lisardo, enmienda tu vida». Pese a ello, Lisardo sigue empeñado en raptar a Teodora y acude a la iglesia donde han acordado verse al llegar la medianoche. El incansable Claudio frustra sus planes presentándose en el templo y confiesa que él es el embozado que un rato antes le había conducido a las afueras de la ciudad. La racionalización de un fenómeno que en las *Soledades* se mantenía en el ámbito de lo maravilloso cristiano y en *El estudiante de Salamanca* bebía de lo fantástico (no así en *El golpe en vago*) anuncia al lector el carácter que le imprimirá Fernández y González a su relato.

La escena de los funerales, recreada por otra parte con sorprendente acierto, discurre por idénticos derroteros. Tras el inesperado encuentro, Lisardo embiste a Claudio a la vez que este le embiste a él, y pierde la consciencia. Cuando despierta, está solo en la capilla. La salmodia lejana, el doble de campanas y la procesión de enlutados con hachones ponen sobre aviso al lector avezado. Pero Fernández y González introduce en la escena alguna novedad afortunada. Así, los enlutados van acompañados de estudiantes y gentes conocidas de Lisardo, si bien parecen ajenos a su presencia. Sigue a la procesión hasta entrar en otro templo donde suena un órgano, cantan las monjas y una multitud de hombres pálidos, demacrados y de ojos hundidos aguardan la llegada del ataúd. Pese a la (tópica) sensación de miedo y frío, Lisardo siente gran curiosidad por saber quién yace en el féretro y, mientras avanza hacia este, se da cuenta de que las personas que ocupan el templo le son conocidas... y están todas muertas. Es entonces cuando ve el cadáver.

> Y así, pasando entre cadáveres, llegué a aquel otro cadáver tendido e inmóvil entre blandones dentro de un ataúd, sobre un paño fúnebre: estaba descubierto y pude examinarlo de una manera completa; entonces sentí despegarse la carne de mis huesos; pareciome que mi espíritu se arrancaba de mi materia, y una sombra oscura y sangrienta rodó en torno de mi cabeza, rugiendo como cien pujantes torbellinos; aquel cadáver tendido, inerte, por quien retumbaban unidas en las preces funerales las voces roncas de los sacerdotes y las dulces y sentidas de las religiosas, aquel cadáver era yo; era una doble forma de mi ser, de mis vestidos, de mi herida; las espadas cruzadas sobre la tapa del ataúd estaban ensangrentadas, la una en punta, la otra hasta la empuñadura; la primera era de Claudio, la segunda la mía (p. 80).

Las respuestas de rigor tienen lugar, como en *El estudiante de Salamanca*, tras la visión. Y, a remolque de lo que le sucede al don Juan de Mérimée y al capitán Montoya, son sus víctimas (la primera amante, don César de Montalto, Claudio) las que regresan de entre los muertos para pedir venganza. Lisardo, en una actitud que inevitablemente recuerda al desafiante Montemar, se carcajea:

«Yo me río de vosotros si Teodora es mía... Mi alma arde en su alma y su infierno es mi infierno» (p. 82).

La ominosa escena de las exequias, con el coro de muertos que imaginamos mirando bovinamente a Lisardo y la anagnórisis de la «doble forma de mi ser», está loablemente construida y tiene gran poder de sugestión, por ello resulta frustrante que se le dé una burda explicación racional, en este caso la del sueño y el delirio (aun cuando, muy tenuemente, se deja abierta la puerta a la intervención divina):

> Yo desperté; cuanto había visto desde que fui herido no fue otra cosa que un terrible delirio o más bien un aviso de Dios, real y verdadero, que se ocultaba a la razón bajo la apariencia del delirio [...] Habían pasado cuatro horas desde el momento en que entré en el monasterio, y aquellas cuatro horas, después de mi fatal duelo con Claudio, las había pasado entre los terrores de mi visión de muerte (pp. 82-83).

El estudiante, que se siente obligado a purgar el asesinato de Claudio, dona sus bienes y se traslada a Madrid. De nuevo como el don Juan de Mérimée y el capitán Montoya de Zorrilla (fray Ambrosio y fray Diego de Simancas en su nueva vida religiosa), Lisardo abraza los hábitos con tanto afán que un año después de los funestos sucesos ha logrado mutar su identidad en la de fray Tomás de la Santísima Trinidad. En un vertiginoso ascenso, con solo veintiún años, llega a inquisidor y censor del Santo Oficio..., pero sigue obsesionado con Teodora. Los malos instintos han superado en Lisardo a la bondad y se ha convertido en un hombre resentido y perverso. La figura del inocente Lisardo se confunde en este punto con el arquetipo gótico del monje malvado, popularizado por *The Monk* (1796), de Matthew G. Lewis, asimilado por Hoffmann en *Los elixires del diablo* y, por citar un caso español, también recreado en el «Yago Yasck» de Pedro de Madrazo.

Las «Memorias» se convierten en una historia de adulterio: Lisardo y Teodora, ahora casada con el comendador Gonzalo de

Ulloa y llamada doña Elena,[4] inician una relación erótica que concluye con un embarazo y la venganza de don Gonzalo, que mata con tósigo a su mujer. Pero como don Gonzalo no sabe que el padre de la niña es fray Tomás, oficialmente el confesor de doña Elena, ambos inician una amistad que permite al antaño estudiante asistir al crecimiento de su hija. Diecisiete años después, debilitado por la tisis, Lisardo decide escribir sus «Memorias» para don Juan porque su hija, doña Inés de Ulloa, está enamorada de él.

Un detalle curioso de estas «Memorias de Lisardo el estudiante» es que, a la vez que el personaje las escribe, tiene plena conciencia de que sus aventuras han trascendido a la opinión pública: «sin saber cómo, el mundo sabía mi historia; corría un romance impreso en Córdoba, aunque trocado el nombre, puesto yo nunca me he llamado Lisardo sino de una manera fingida»; «la mano misteriosa» que escribió el romance «debió ser la de algún amigo mío a quien mi criado contara la historia» (p. 95). Fernández y González vulnera -con la prerrogativa propia de todo escritor, claro está- la realidad empírica y sitúa el romance unas cuantas décadas antes de su aparición, licencia que demuestra, como ya apuntaba Agustín Durán, lo muy conocida que era por aquel entonces la historia de Lisardo y de las exequias.

No quisiera concluir este capítulo sin mencionar otro cuento legendario con doble aparecido a finales de siglo: se trata del que Víctor Balaguer consagró al caballero de Olmedo en sus *Historias y tradiciones. Libro de excursiones y recuerdos*, publicado por la tipografía madrileña de El Progreso Editorial en 1896; el cuento, en concreto, aparece inserto en el primero de los ocho capítulos que componen estas *Historias y tradiciones*, dedicado a «Medina la del Campo» y fechado en octubre de 1895.

---

[4] Lisardo considera a Teodora el epítome de mujer perversa, si bien, a mi entender, esta no ha mostrado tanta perfidia como para merecer ese calificativo; parece más bien una joven incapaz de desligarse del yugo de su hermano Claudio primero y del de su amante Lisardo después. Así la describe este: «mujer fatal cuyo amor me había arrastrado al asesinato, a la impiedad, al fratricidio [...], y que al fin, perdida como yo en aquellos amores satánicos, me empujaba al sacrilegio» (p. 92).

La fama del caballero de Olmedo se debe, como es sabido, a la tragicomedia que compusiera Lope de Vega hacia 1620, obra que Balaguer sigue con notable fidelidad en su cuento. Lope se inspiró en un episodio histórico ligado a las vallisoletanas villas de Medina del Campo y Olmedo: el 6 de noviembre de 1521 don Juan de Vivero, que se dirigía por el camino real desde la una hacia la otra, pereció en manos de Miguel Ruiz. El estímulo para escribir su obra no lo encontró Lope solo en este suceso, sino también en anteriores recreaciones literarias, como las versiones de un baile teatral y un melodrama de 1606 (Juliá, 1944). El hecho de que estas obras y la tragicomedia de Lope tengan no pocos elementos en común ha llevado a pensar en la existencia de una misma raíz «nacida al calor de los acontecimientos de 1521, aunque desde el principio sometida a la deformación novelesca» y, quizá, de «un romance centrado en la muerte sangrienta de don Juan y en el cual se recogieran todos los elementos en que concuerdan los hechos de 1521 y las recreaciones artísticas del primer cuarto del siglo XVII» (Rico, 1996: 43-44).

Lope agrega al episodio histórico, entre otros elementos, una aparición que será fundamental en el cuento de Balaguer: la de una Sombra que se presenta ante don Alonso, el caballero de Olmedo, como el propio don Alonso.

*Al entrar, una* Sombra *con una máscara negra y sombrero, y puesta la mano en el puño de la espada, se le ponga delante.*

Alonso ¿Qué es esto? ¿Quién va? De oírme
no hace caso. ¿Quién es? Hable.
¡Que un hombre me atemorice,
no habiendo temido a tantos!
¿Es don Rodrigo? ¿No dice
quién es?

Sombra. Don Alonso.

Alonso.                    ¿Cómo?

Sombra. Don Alonso (vv. 2257-2263).

En la figura de la Sombra culminan las premoniciones que, pese a su declarado carácter escéptico, habían inquietado a don Alonso. Tras el encuentro, don Alonso oye cantar a un labriego la seguidilla que narra su muerte («*Que de noche le mataron / al caballero, / la gala de Medina, / la flor de Olmedo*», vv. 2374-2377) y, a continuación, don Rodrigo y don Fernando le atacan, si bien conseguirá hacer acopio de fuerzas para llegar a Olmedo y despedirse de sus ancianos padres antes de morir.

En consonancia con sus reticencias hacia lo extraordinario, el don Alonso de Lope busca explicaciones racionales que justifiquen la aparición de la Sombra: esta puede ser producto de su melancolía («Todas son cosas que finge / la fuerza de la tristeza, / la imaginación de un triste», vv. 2273-2275), o bien una farsa de la alcahueta Fabia para impedirle que abandone Medina del Campo, donde vive su amada doña Inés (vv. 2280-2284). En realidad, como el lector o espectador imagina, la Sombra de don Alonso no es otra cosa que un heraldo de la muerte; quizá no resulte baladí recordar que en *El vaso de elección*, *San Pablo* Saulo ve desfilar su comitiva fúnebre, lo que demuestra que Lope conocía las tradiciones existentes en su tiempo acerca de la visión de las exequias como mal agüero o admonición divina.

La fuente que maneja Balaguer es, ya lo he señalado, la tragicomedia de Lope, mencionada en las primeras líneas del relato (pp. 26-27). El protagonista se llama don Alonso y la acción también transcurre en mayo, durante las fiestas de Medina del Campo. El héroe de Balaguer:

> era tenido por uno de los mejores caballeros de Castilla, celebrado por sus prendas, aclamado por su bizarría, rico por su hacienda, pero más aún por su ingenio, y tan valeroso en justas y en combates como galán y cortesano en fiestas y en zambras. Nadie le igualaba en lo ardidoso, que allá iban aparejados en él sus alientos de galanteador y sus arrestos de Caudillo.
> Alanceador intrépido, nadie osaba competir con él cuando aparecía en el coso, ni nadie le alcanzaba en quebrar rejones y en humillar toros. No parecía sino que para él guardaban la fortuna a sus favores, las damas sus cariños y el pueblo sus vítores (pp. 27-28).

Si el don Alonso del drama está perdidamente enamorado de doña Inés, el del cuento «enamoraba y servía a una señora de Medina, a quien llamaban las gentes de la *dama del alba*» por su luminosa belleza (p. 28). Asimismo, Balaguer se sirve de idéntica excusa que Lope para hacer que su caballero emprenda camino desde Medina del Campo hacia Olmedo en plena noche: visitar a sus padres, deseosos de saber qué suerte ha corrido el hijo en la fiesta de toros. Juan II, por cierto, está presente en ambos textos: en su papel de monarca, ordenará ajusticiar a los asesinos del caballero.[5]

La extrema concisión del cuento impide que la peripecia de don Alonso vaya tiñéndose sutil y paulatinamente de la fatalidad que caracteriza a la tragicomedia; en todo caso, esa fatalidad viene dada por las connotaciones que acompañan al caballero de Olmedo desde el siglo XVII y que el lector de la época tal vez tuviera presentes. Tampoco se ocupa Balaguer del móvil de los asesinos (aunque sí nombra la envidia y celos que necesariamente habrá provocado el triunfo de don Alonso en la feria, p. 30) ni de su identidad. Parece más interesado en recrear los elementos misteriosos y sobrenaturales de la historia, como demuestra el cuidado con que se detiene en narrar la aventura nocturna del caballero. Y es precisamente aquí donde Balaguer imprime un cambio sustancial al encuentro del don Alonso lopesco con su Sombra, que en manos del escritor decimonónico se transforma en el doble del caballero:

> Solo iba el caballero, sin temores ni recelos, que no viven en buena sangre [...]. Solo iba, y acababa de abandonar las últimas casas del pueblo, cuando vio venir un caballero, en todo a él tan parecido, que hubiera jurado ser él mismo: su mismo caballo, su mismo traje, su presencia misma y su mismo rostro. Era él quien a él venía.
> Atónito el caballero y turbado, dirigiose al forastero que pausado y silencioso se acercaba, y preguntole:

---

[5] Lope, y Balaguer según su ejemplo, traslada el suceso histórico en el tiempo: si el asesinato de don Juan de Vivero tiene lugar en la primera mitad del siglo XVI, durante el reinado de Carlos V, el del don Alonso se sitúa en la primera mitad del XV.

—¿Quién sois vos?
Y entonces su otro él, su misma sombra, apretando el corcel, que salió disparado, le dijo con voz oscura:
—Soy un muerto que fue en vida don Alonso el caballero de Olmedo.
Confuso don Alonso y sin acertar a comprender lo que le pasaba, revolvió el caballo y comenzó a dar voces al otro don Alonso, que partió a todo escape acuchillando los vientos y desapareciendo como un rayo (pp. 30-31).

La intervención del doble ratifica lo que las parcas palabras de la Sombra de Lope ya dejaban entrever: que la aparición no tiene otro sentido que el de advertir al caballero de su muerte inexorable; que, en definitiva, ese doble no es más que el cadáver en que don Alonso se transformará dentro de unos minutos. Curiosamente, tres años después de la publicación de las *Historias y leyendas* de Balaguer, Hugo von Hoffmansthal daría a la imprenta «Historia de uno de caballería» («Reitergeschichte»), donde el brigadista Anton Lerch, también a lomos de un caballo, se cruza con su fantasmagórico doble; a la mañana siguiente, morirá de un disparo. A su vez, ambos jinetes duplicados cuentan con un notable antecedente en el Oluf de Gautier («El caballero doble»), cuento, eso sí, de corte más maniqueo.

El hecho de que el don Alonso de Balaguer posea ciertas virtudes atenuadas en el caballero de Olmedo lopesco, como los «alientos de galanteador» o su mucha fortuna entre las damas (el drama de Lope carga las tintas, ya desde el principio, en el enamoramiento del protagonista por doña Inés), hace pensar que quizá el autor catalán pretendiera dotar a su héroe de un desleído carácter donjuanesco. Aunque su don Alonso es mucho más timorato que los Tenorio y Mañara del siglo XIX, en la configuración de todos ellos se percibe un aire de familia deudor del arquetipo de héroe romántico, en el caso de Balaguer, cierto es, probablemente tardío.[6]

---

[6] Sobre Balaguer como romántico tardío véase, aunque a propósito de su labor historiográfica, Grau i Fernández (2004). Marco García (1992: 147), abunda en la convicción del autor catalán en «la resurrección estética de los ideales del Romanticismo en el Modernismo».

Así las cosas, causa perplejidad que el caballero de Olmedo no fuera un personaje especialmente querido por los románticos y sus epígonos. En palabras del profesor Rico (1996: 81),

> No deja de sorprender que la tragicomedia lopeveguesca —aún representada en la Valencia del siglo XVIII— apenas despertara atención en España durante el fervor del Romanticismo —cuyos héroes preferidos tantos trazos comparten con don Alonso—, ni siquiera después de que Juan Eugenio Hartzenbusch la incorporara a la segunda entrega de Comedias escogidas que la Biblioteca de Autores Españoles (XXXIV, 1855) dedicó a Lope de Vega.

Pero, paradójicamente, en esa nula atención que le prestan los autores románticos a la historia y figura del caballero de Olmedo podría radicar la voluntad de Balaguer de consagrarle un relato. Además de un vivo interés por el patrimonio arquitectónico catalán y español,[7] en sus *historias* y *tradiciones* prepondera, según el propio Balaguer declarara, el afán de «recoger una a una, como cuentas desgranadas de un collar de perlas, todas las tradiciones y leyendas que van a morir con los pocos ancianos que nos quedan, si presurosos no corremos a recogerles de sus moribundos labios (*cf.* Palomas i Moncholí, 2004: 520-521). La nostalgia que tiñe las impresiones del *excursionista* Balaguer recién llegado a una Medina del Campo donde todavía se perciben las huellas de las antaño opulentas ferias abonan esas palabras: «Pocas poblaciones me causaron la impresión que Medina, a quien bien puede decirse que realzan, y mejor aún, que reclaman los vestigios de sus perdidas opulencias y los trazos de sus añoradas grandezas» (p. 10). Así, con el propósito de salvar las viejas grandezas arquitectónicas, históricas y literarias que corren el peligro de disolverse en el implacable transcurso del tiempo, le dedica Balaguer unas páginas a la leyenda del agostado río Zapardiel o a ciertos sucesos acaecidos en el castillo de La Mota, ligado a los nombres de la infanta doña Juana (a la que el

---

[7] De ello dan fe el título de los capítulos que integran las *Historias y tradiciones*, como «La Cartuja de Montalegre», «Sitges la Blanca», «La Torre de los Encantados» o «El Castillo de la Reina».

respetuoso cronista evita dar el popular apelativo de *la Loca*) o de César Borgia.

No es gratuito, por tanto, el broche con el que Balaguer cierra la peripecia de don Alonso: «La cuesta entre Olmedo y Medina, donde ocurrió tan lastimosa tragedia, lleva todavía el nombre de la *Cuesta del Caballero*» (p. 34). Esta cuesta, que no mencionan las primeras crónicas ni Lope pero sí Antonio de Prado Sancho a mediados del siglo XVIII,[8] guarda una estrecha ligazón con la leyenda de don Alonso. Quizá Balaguer no encontrara manera mejor de registrar y preservar dicha leyenda, extrañamente arrumbada en el repertorio literario del siglo XIX, que evidenciando ese vínculo en un cuento que incorpora un *Doppelgänger* imbuido de un carácter plenamente romántico.

---

[8] Véanse al respecto Julià (1944: 12), García Valdés (1991: 10), Rico (1996: 42) y Cortijo Ocaña (1996).

## 6. Coda: el caso singular de «El huésped»

Al acervo popular español, pero a una tradición muy distinta a la que he desentrañado en estas páginas, pertenece «El huésped», de Carlos Coello.[1] El relato, publicado por primera vez en la *Revista Europea* (1875) con el subtítulo de «Cuento fantástico»,[2] y recogido luego en los *Cuentos inverosímiles* (1878 y 1890) de su autor,[3] guarda algunas afortunadas coincidencias con el célebre ejemplo XI de *El conde Lucanor*, el que don Juan Manuel dedicó a don Yllán y al deán de Santiago.[4] Con todo, si el espléndido ejemplo medieval responde a una inquietud de orden práctico —«Al que mucho ayudares et non te lo conociere, / menos ayuda avrás dél desque en gran onra subiere», escribió don Juan Manuel (1994: 58)—, el cuento de Coello gira en torno a una máxima moral y filosófica íntimamente asociada con las representaciones del doble: nada hay más difícil para el ser humano que conocerse a sí mismo.

---

[1] Sobre la narrativa y los postulados tradicionalistas de Carlos Coello, véase Martín (2019).
[2] «El huésped» apareció en la *Revista Europea*, II, V, 82, pp. 475-480 y II, V, 83, pp. 514-519, septiembre de 1875.
[3] En las dos ediciones de los *Cuentos inverosímiles*, la primera publicada por la Biblioteca Perojo (1878) y la segunda, de carácter póstumo, por Sáenz de Jubera Hermanos (1890), quiso reproducir Coello «El huésped», la mejor pieza, junto con «Hombres y animales», de la colección. Aquí cito el cuento publicado en el volumen de 1890.
[4] Véase Baquero Goyanes (1992: 160-161). A Borges, por cierto, le gustaba tanto el *exemplo* de don Juan Manuel que quiso reescribirlo para incluirlo con el título de «El brujo postergado» en la antología de literatura fantástica que editó con Silvina Ocampo y Adolfo Bioy Casares.

«El huésped», ambientado en la Salamanca de finales del siglo XVII, narra los esfuerzos de un afamado catedrático de filosofía, Fajardo, por escribir un *Estudio de mí mismo*. Su destino se cruza con el del italiano maese Jacobo cuando el obispo de la ciudad le pide que averigüe si este es, como afirman los rumores, un nigromante. Fajardo no solo resuelve que los rumores son infundados, sino que además se hace amigo del extranjero y le habla de su proyecto. Maese Jacobo juzga imposible que las personas puedan llegar a conocerse a sí mismas cabalmente, pero acepta leer el texto de Fajardo y descubre el altísimo (y sonrojante) concepto en el que se tiene a sí mismo. Al día siguiente acude a su casa para felicitarlo calurosamente y le anuncia que va a enfrascarse en un experimento que lo tendrá absorto toda una semana. Casi de inmediato, Fajardo recibe la visita de un colega de Alcalá de Henares, Félix Mendoza y Bobadilla, que está ansioso por conocerlo. De edad y gustos similares, los dos se hacen inseparables, aunque, cuando salen a la calle, la gente se los queda mirando con extrañeza sin que el licenciado acierte a explicarse por qué.

Una semana después, mientras el licenciado y su huésped se despiden tiernamente, don Félix se transforma en maese Jacobo ante el pasmo del licenciado y le explica que decidió forjar «un segundo licenciado Fajardo» para sacarlo de su locura, «un hombre exactamente igual a vos» en cuyo rostro vanidoso y poco agraciado ha sido incapaz de reconocerse (pp. 97-98). El nigromante concluye que «El hombre puede llegar a conocer a todos los hombres de la tierra…, a todos, menos al misterioso huésped que lleva dentro de sí» (p. 98). Y Fajardo, en lugar de sacar provecho de la lección, denuncia al amigo por hechicero (maese Jacobo consigue salvar, no obstante, el pellejo) y concluye como si tal cosa su espurio *Estudio de sí mismo*.

«El huésped», con su representación tradicional del doble, es un cuento peculiar en la producción de Coello, un relato moral de sabor clásico que, lejos de explotar tendenciosamente el repertorio de defectos y virtudes registrados por el tradicionalismo como es habitual en el autor, ahonda con ironía y destreza narrativa en uno de los dilemas consustanciales al ser humano, el *nosce te ipsum*.

EL DOBLE Y LO FANTÁSTICO MODERNO

## 1. Las traducciones de Hoffmann, Poe y otros autores extranjeros

Las razones por las que la esencia de lo fantástico hoffmanniano (y con ella el *Doppelgänger* y una dimensión psicológica de lo sobrenatural alejada de los excesos góticos y legendarios) tardó en ser aprehendida por gran parte de los autores y críticos españoles son de índole diversa, y coinciden en muchos aspectos con el consabido desarrollo peculiar del movimiento romántico en la España fernandina: la severa censura que constreñía el mundo editorial y, consecuentemente, la dificultad para publicar obras que carecieran de *utilidad* pública y escapasen al control religioso; y la herencia del neoclasicismo, que rechazaba la literatura fantástica por considerarla estética y moralmente aberrante.

En este panorama cultural, la figura y la obra de Hoffmann fueron percibidas de manera singular, como ha demostrado Roas (2002a). En primer lugar, se asoció al autor con una Alemania estereotipada, deudora de la imagen divulgada por Madame de Stäel, quien había descrito en *De l'Allemagne* (1814) un país idóneo para la explosión de lo fantástico tanto por su situación geográfica y su clima como por el carácter de sus gentes:

> Nos falta hablar de la fuente inagotable de los efectos poéticos en Alemania: el terror. Los aparecidos y los hechiceros gustan tanto al pueblo como a los hombres ilustrados. Es un resto de mitología del norte, una disposición que inspira bastante naturalmente las largas noches de los climas septentrionales. Y, por otra parte, aunque el cristianismo combate todos los temores no

fundados, las supersticiones populares siempre tienen alguna analogía con la religión dominante (Stäel, 1991: 97).

Por otra parte, no solo cobra forma en el imaginario español la imagen de una Alemania tenebrosa, poblada por ondinas, trasgos y brujas —estampa ajena en realidad a los cuentos sobrenaturales de Hoffmann—, sino que además se concibe este país como la cuna de lo fantástico, idea utilizada en ocasiones como «arma arrojadiza en contra del cultivo de dicho género, puesto que se la consideró extranjera y, como tal, una práctica literaria ajena al canon español» (Roas, 2002a: 64).

Así, las críticas adversas a Hoffmann estaban motivadas tanto por una idea restrictiva del canon que supeditaba la construcción de una literatura nacional al rechazo de lo foráneo, como por una imagen distorsionada de su narrativa, asociada a esa superstición que habían censurado los ilustrados y, por añadidura, a consideraciones morales (a menudo de índole biográfica) muy próximas a las desgranadas por Walter Scott, cuyo artículo sobre el alemán se había traducido al español en 1830.

Hay un tercer factor que explica esa comprensión errónea de la narrativa de Hoffmann: la competencia literaria del lector, constituida por las lecturas previas que forman parte de su horizonte de expectativas, así como su habilidad interpretativa, derivada de ese repertorio y de su formación intelectual. Dado que la publicación de los primeros relatos legendarios y góticos españoles coincidió con la llegada de Hoffmann, el lector de la época disponía de un pobre bagaje fantástico, a despecho del gusto creciente por la estética macabra. Incluso muchos de los críticos que ensalzaron la obra del alemán «no supieron ver más allá de su componente extraño y extravagante, porque no comprendían qué pretendía el autor alemán al plantear la intrusión de lo sobrenatural en el mundo cotidiano del lector» (Roas, 2002a: 138).

Así, aunque las traducciones de Hoffmann comienzan a aparecer en los años treinta, su modo novedoso de entender lo fantástico no se asume con cierta coherencia hasta la segunda mitad de siglo. Paradójicamente, hay autores que, con la pretensión de remedar lo que entienden por hoffmanniano, lo confunden con el folclore germano o con algo estrambótico y sin sentido. En cualquier caso, el nuevo género suscitó un gran revuelo entre lectores, escritores y críticos, ya fuera para reivindicarlo, ya para censurarlo.

Desde finales del siglo XVIII lo sobrenatural y la estética de lo macabro y horripilante se pronunciaron en España a través de diversas manifestaciones culturales y artísticas. Por un lado el teatro (la comedia de magia y el teatro terrorífico), la literatura popular (el cuento folclórico, la leyenda, los pliegos de cordel) o la poesía fúnebre y melancólica (las composiciones en la estela del inglés Young (como las exitosas y manipuladas *Noches lúgubres* de Cadalso) o del apócrifo Ossian). Por otro, la pintura (Goya), los espectáculos musicales (como *Gisela o las Willis* y *La Péry*, ambos de Gautier) y los artículos de divulgación; entre estos últimos me interesa destacar los dedicados al magnetismo animal, que aunque en España no se puso de moda hasta mediados de siglo, hibridado con el espiritismo, se menciona ya en una fecha temprana.[1] Asimismo, es durante el siglo XVIII cuando se inicia el auge popular de los dispositivos ópticos en general (Fernández, 2006) y de la fantasmagoría en particular (Rotger, 2007).

Antes he llamado la atención sobre la abundancia de narraciones legendarias publicadas durante la primera mitad de siglo. Por ejemplo, resulta significativo que gran parte de los cuentos de *El Artista* (enero de 1835-abril de 1836) pertenezcan a esta categoría (con excepciones como «Yago Yasck»). Y es significativo porque la revista dirigida por Eugenio de Ochoa y Federico Madrazo fue fundamental en la difusión de lo fantástico y en la formación del nuevo público lector.[2] Sin embargo, durante la segunda mitad de siglo el concepto hoffmanniano de lo fantástico se deja sentir con más fuerza. Por un lado, el género experimenta un éxito perceptible en el incremento de traducciones y en la publicación de cuentos españoles; por otro,

---

[1] «Galvanismo. Magnetismo», de C. (C. E. Cook), *El Europeo*, I, 3 (1823). Acerca de la germinación de lo fantástico en España, véase sobre todo Roas (2006).
[2] Véanse Romero Tobar (1994: 58-65) y Pozzi (1995). Sobre Eugenio de Ochoa, que conoció de primera mano algunas de las traducciones francesas de Hoffmann, puede consultarse Randolph (1966).

se aleja paulatinamente del patrón romántico, aunque continúan publicándose cuentos legendarios y góticos.

En ese proceso de renovación desempeñó un papel fundamental la divulgación de la obra de Edgar Allan Poe. El nombre del norteamericano aparece por vez primera en la prensa española el 9 de julio de 1856, *La Iberia* («Sección de Variedades. Correspondencia de París»), con motivo de la traducción al francés de sus cuentos realizada por Baudelaire. No obstante, el artículo que sirvió para dar a conocer su obra en España fue «Edgar Poe. Carta a un amigo», de Pedro Antonio de Alarcón (*La Época*, 1 de septiembre de 1858). Alarcón tomó como fuente, sin declararlo, los prólogos que Baudelaire había escrito para sus traducciones de Poe, y juzgó al norteamericano en términos elogiosos, si bien reprodujo los tópicos biográficos (el alcoholismo y una sensibilidad extrema le abocaron, afirma, a un *delirium tremens* mortal) que ya se habían aducido para presentar a Hoffmann.[3]

En ocasiones resulta difícil discernir dónde empieza el ascendente de Poe y dónde acaba la de Hoffmann. El norteamericano desarrolla algunos de los motivos que habían atraído enormemente al alemán —me refiero sobre todo a los *topoi* relacionados con la alteración de la personalidad—, e incide en esa fatalidad tan característica de los *Fantasiestücke*.[4] De hecho, será habitual ver juntos ambos nombres en artículos y relatos publicados a partir de 1858, pese a que en muchas ocasiones la identificación se deba a su extravagancia proverbial,

---

[3] Para un análisis detallado de la recepción de Poe en España, véase Englekirk (1934), Lanero, Santoyo y Villoria (1993), Rodríguez Guerrero-Strachan (1999) y Roas (2000: 263-283). Gurpegui (1999: 108-114) no añade nada nuevo a los estudios citados.

[4] Ya notó Nicasio Landa en su prólogo crítico-biográfico a la primera traducción española de los cuentos de Poe, *Historias extraordinarias* (1858), precedidas por una presentación de Julio Nombela, el sentimiento de fatalidad consustancial a sus relatos, unida al placer que provoca el ejercicio de la perversidad. Landa es «el primero en señalar, en la estela de Baudelaire, el significado oculto de condenación que late en los relatos de Poe [...] Lo curioso es la explicación que ofrece. No nace el deseo del mal de una perversión moral; proviene del principio del placer. Supone una inversión de los términos» (Rodríguez Guerrero-Strachan, 1999: 59).

al abuso del alcohol y del opio, o a la locura. Por citar un ejemplo, todavía en 1871 José Fernández Bremón asocia a «Hofman» y «Edgardo Poe» con la embriaguez en su cuento pseudofantástico «El tonel de cerveza».

Sin embargo, Poe gustó a los autores y editores españoles de la segunda mitad del XIX por una singularidad inexistente en Hoffmann que casaba a la perfección con el nuevo giro que tomó el género fantástico en ese período: su espíritu analítico.

> Además, hay que advertir que el realismo y naturalismo europeo no consideró como de estirpe romántica ciertas inspiraciones fantásticas, y me refiero en especial a la de Edgar Allan Poe en sus *Historias extraordinarias*: vértigos de conciencia, delirios, sobreexcitación nerviosa, alucinaciones provocadas por el alcohol, se relacionaron con la observación y experimentación científica (Ramos-Gascón, 1999: 80-81).[5]

En cuanto a los relatos españoles de dobles elaborados al calor de la literatura fantástica más novedosa, aunque podrían parecer escasos al compararlos con la fecundidad anglosajona o francesa, su interés y atractivo son incuestionables: «La Madona de Rubens» (1837), de Zorrilla; «El país de un abanico. Cuento» (1873) y «Muérete y verás. Fantasía» (1875), de Pedro Escamilla; y, pese a su factura aparentemente legendaria, «La Borgoñona» (1885), de Emilia Pardo Bazán. Hay que citar también «Mi entierro. Discurso de un loco» (1883), de Leopoldo Alas *Clarín*, un curioso relato cuya adscripción a lo fantástico es, por su corte grotesco, discutible. Tanto Clarín como Escamilla (en el segundo de sus cuentos) asimilan las exequias legendarias a un contexto muy distinto del de las narraciones que he analizado en páginas anteriores. No

---

[5] A pesar del temor y el entusiasmo alternos que causaba en Hoffmann el magnetismo animal, nunca profundizó en sus misterios como hicieron algunos de los *Naturphilosophen*, entre otras cosas porque carecía de formación científica. En el magnetismo «veía más bien un elemento dramático, natural y sobrenatural, y, justamente, susceptible de servir de puente entre lo natural y lo sobrenatural y de explicar fenómenos considerados hasta entonces como extraordinarios» (Brion, 1973: 176).

obstante, antes de emprender el análisis de los relatos, detallaré las traducciones de los textos foráneos que pudieron motivar e incluso inspirar a los autores españoles que explotaron la faceta fantástica del doble.

La primera traducción de Hoffmann data de 1831 (Roas, 2002a: 52), pero su obra solo comenzó a tener cierta difusión en España a partir de 1837. El primer relato sobre dobles que se vertió al español fue «Aventuras de la noche de San Silvestre», en 1839, en el primero de los dos tomos de *Cuentos fantásticos*, traducidos por Cayetano Cortés (Imprenta de Yenes, Madrid) a partir de la versión francesa de Loève-Veimars; así lo demuestra, por ejemplo, el hecho de que Cortés titule el primer cuento como lo hizo el galo y no según el original alemán.

Me interesa destacar aquí dos de las reseñas que se escribieron a propósito de estos *Cuentos fantásticos*. En primer lugar, la de Salvador Bermúdez de Castro («Los cuentos de Hoffmann», *El Piloto*, 17, 17 de marzo de 1839), quien, pese a destacar la originalidad del autor y su capacidad imaginativa, no valora positivamente la combinación de lo cotidiano y lo sobrenatural que caracteriza sus cuentos. De las aventuras de Erasmo Spikher escribe: «tal vez... parecerá sobrado fantástico, porque su desenlace es oscuro», comentario del que se desprende lo extraño que tuvo que resultar para el lector español de la época, más habituado a lo legendario, el universo fantástico del alemán.

Enrique Gil y Carrasco firma la otra reseña, «Cuentos de E. T. A. Hoffmann vertidos al castellano por don Cayetano Cortés» (*El Correo Nacional*, 424, 16 de abril de 1839). El autor analiza con agudeza los cuentos y manifiesta su desacuerdo con algunas de las ideas de Walter Scott que Bermúdez de Castro había suscrito. Destaca la novedad de la obra de Hoffmann, reivindica la coherencia de su narrativa y el modo en que busca «la verdad» (Gil y Carrasco, 1954: 485-490). Aunque cae en algunos tópicos biográficos,[6] acierta al destacar su modernidad. De este modo, si

---

[6] Su «organización física», su irritabilidad y «sus creencias pueriles y supersticiosas le convertían en un ser excepcional presa de mil contrarias sensaciones y vago e indeciso en sus ideas. [...] El espectáculo que presenciaba era de una especie exótica y sin ejemplo, y sus sensaciones

en «el cuento del autómata» («El hombre de la arena») Walter Scott no veía más que el colmo del desvarío, el autor de *El señor de Bembibre* lo considera la expresión del artista que ama lo bello como un elemento de su imaginación, ensalzando el carácter romántico de Natanael, en vez de tildarlo de loco o extravagante.

En el comentario sobre «Las aventuras de la noche de San Silvestre», Gil y Carrasco ahonda en la tragedia del hombre despojado de reflejo dotándola de un significado profundo:

> «Las aventuras de la noche de San Silvestre» componen un cuento en sumo grado fantástico y vago. El desenlace es extraordinario, o por mejor decir no hay desenlace; y la historia de Erasmo que ha dejado su reflejo a la mujer que amaba, sirve de tupido y casi impenetrable velo a una idea profunda y misteriosa.
>
> La imagen que ha enajenado a Erasmo no es otra cosa en nuestro entender que el alma, que, una vez empeñada en un lugar, no puede volver a nosotros con antigua paz y alegría, aunque la razón triunfe de los errores y de las pasiones. La mujer de Erasmo es la vida real, dulce y apacible, pero prosaica y positiva; al paso que Julieta se presenta como una visión de fuego que convierte en cenizas nuestra tranquilidad, y que solo nos deja recuerdos de amargura y de felicidad perdida (Gil y Carrasco, 1954: 489).

El cuento sobre Erasmo Spikher se traducirá a lo largo del siglo XIX en al menos otras tres ocasiones: «El reflejo perdido», *Revista de Teatros*, I, 6ª entrega, 1841; «Las aventuras de la noche de San Silvestre», *Obras completas de E. T. A. Hoffmann. Cuentos fantásticos*, traducción de D.A.M., Imprenta de Llorens Hermanos, Barcelona, 1847, tomo III (la obra, que recoge veinticuatro cuentos en cuatro tomos, dista mucho de compilar la obra completa del

---

habían de resentirse forzosamente del aparente desorden con que se agolpaban en su imaginación. [...] Hoffmann, que al crepúsculo actual añadía las brumas del misticismo alemán y las nubes de su imaginación y de su temperamento irritable, tenía que aparecer forzosamente como un hombre fantástico y visionario. El camino que siguió es el único que su genio le abría» (Gil y Carrasco, 1954: 487).

alemán); y «El reflejo perdido», *Cuentos fantásticos*, traducción de Enrique L. de Verneuil, Biblioteca Arte y Letras, Barcelona, 1887. «Signor Formica», por su parte, se traducirá parcialmente como «El viejo comediante» en el tomo I de las citadas *Obras completas* de 1847.

«Der Sandmann», uno de los relatos fundacionales sobre el doble, no aparece hasta 1847 (tomo I) como «El hombre de la arena». Solo se verterá una vez más: «Coppelius» (*Cuentos fantásticos*, 1887). Por el contrario, «Don Juan» se reprodujo en numerosas ocasiones, quizá a causa del alcance del mito donjuanesco en España (aunque la huella de Hoffmann en las reelaboraciones autóctonas será inexistente): «Don Juan», tomo III de 1847; «Don Giovanni», *Cuentos fantásticos*, Carbonell y Esteva Editores, Barcelona, s.a. (pero hacia 1850); «Don Juan. Cuento fantástico de Hoffmann», *Biblioteca económica de instrucción y recreo*, Madrid, 1868, vol. I, pp. 43-48; y «Don Giovanni», *Cuentos fantásticos*, Imprenta de la Renaxensa (*sic*), s. a. (hacia 1874). Por último, cabe citar una traducción de «Últimas aventuras del perro Berganza» en 1847 (tomo III). Ninguna de las novelas del alemán —en dos de ellas, sobre todo en *Los elixires del diablo*, el doble adquiere una importancia fundamental— se tradujo al español en el siglo XIX.

De las traducciones de Hoffmann al español hay que destacar el apego de sus responsables a las versiones francesas y las consecuencias que eso conlleva: la modificación de los rasgos estilísticos de los cuentos, especialmente en la traducción de Verneuil (Pérez Gil, 1993: 177), la alteración del sentido en algunas ocasiones y la desafortunada supresión del marco narrativo de los textos, rico en consideraciones teóricas.

Otras obras alemanas que trataron, aunque muy tangencialmente, el motivo del doble, tuvieron peor suerte. *Wilhelm Meister*, novela en la que Goethe reproduce la creencia en el *alter ego* como heraldo de muerte, no se tradujo hasta 1879: *Años de aprendizaje*, traducción de José de Fuentes, *Revista Europea*, julio-diciembre de 1879 (en libro, Madrid, 1880). Las traducciones posteriores se llevarían a cabo en el siglo XX (Pageard, 1958: 205). Tampoco se vertieron las novelas de Jean Paul dedicadas a los «contrarios inseparables» (en la actualidad solo puede leerse en español *Flegeljahre, La edad del pavo*),⁷ ni *Isabel de Egipto o El primer amor de Carlos V*, de Von Arnim. Por su parte, una obra tan relevante en la historia del doble como *Peter Schlemihls wundersame Geschichte*, de Chamisso, no se verterá hasta finales de siglo: *Pedro Schlemihl o El hombre sin sombra*, traducción del alemán de Luis Comulada y Heinrich, Heinrich y Cía, Barcelona, 1899.

La narrativa de Poe, como ya se ha visto, resultó decisiva en la evolución de lo fantástico. Las adaptaciones que a partir de los años sesenta tuvieron algunos de sus cuentos dan fe de ese éxito y del afán emulador que despertó el autor. Incluso se planteó expresamente la *necesidad* de acomodar su universo narrativo al gusto español; un ejemplo es «El gato negro. Fantasía imitada de Edgardo Poe» (1859), de Vicente Barrantes, sobre el cual puede verse un análisis detallado en Roas (2000: 603-617).

La primera aparición de «William Wilson» en español es tardía en comparación con la de los relatos más conocidos de Poe.⁸ Al margen de la publicación de algunos textos aislados, en 1858 aparecieron unas *Historias extraordinarias* a cargo de Julio Nombela y Nicasio Landa que incluían relatos de talante pseudocientífico y policíaco: «Singular historia de un tal Hans Pfall» («The Unparalleled Aventure of One Hans Pfaall»), «Doble asesinato» («The Murders in the Rue Morgue»), «El escarabajo de oro» («The Gold Bug»), «La carta robada» («The Purloined Letter») y, el único cuento fantástico, «La verdad de lo ocurrido con el señor de Valdemar» («The Facts in the Case of M. Valdemar»). El volumen integraba un texto de Fernán Caballero del todo discordante con la literatura de Poe («Dicha y suerte. Cuadro de costumbres populares»).

En 1859 aparecieron otras *Historias extraordinarias. Primera serie*, e *Historias extraordinarias. Segunda serie*, debidas a J.M.

---

⁷ Sí se tradujeron algunos fragmentos de *Siebenkäs*, desligados, no obstante, de la peripecia de Firmian Siebenkäs y Heinrich Leibgeber (Roas, 2000: 89-95).

⁸ La primera traducción de Poe fue «La semana de los tres domingos» («Three Sundays in a Week», 1841), *El Museo Universal*, 15 de febrero de 1857, un cuento humorístico. No lo había traducido Baudelaire y, excepcionalmente, se vertió del inglés.

Alegría y publicadas en Madrid. Gracias a la traducción de cuentos como «El demonio de la perversidad» («The Imp of Perverse») o «El corazón revelador» («The Tell-Tale Heart»), se mostró al lector español la vertiente más terrorífica y sobrenatural de Poe. De 1860 datan unas nuevas *Historias extraordinarias*, traducidas para el folletín de *Las Novedades* por J. Trujillo, Madrid, que integran «Los recuerdos de Mr. Augusto Bedloe» («A Tale of the Ragged Mountains»).

Hasta 1871 no se tradujo «William Wilson». Apareció en *Historias extraordinarias*, versión castellana con una noticia sobre Edgar Allan Poe y sus obras por Manuel Cano y Cueto, Eduardo Perié, Sevilla. Años después, en 1887, se imprimió como «Guillermo Wilson» en *Historias extraordinarias*, traducidas por Enrique Leopoldo de Verneuil, Arte y Letras, Daniel Cortezo y Cía., Barcelona. Hacia 1892 volvería a aparecer con su título original en *Nuevas historias extraordinarias*, Imprenta de Juan Pons, Barcelona, s.a. «The Oval Portrait», por su parte, se tradujo en una ocasión: *Novelas y cuentos*, traducidos del inglés por Carlos Oliveras precedidos de una noticia escrita en francés por Carlos Baudelaire, Garnier Hermanos, París, 1884.

Como en el caso de Hoffmann, las traducciones francesas sirvieron de modelo a las españolas; el título recurrente *Historias extraordinarias* es un primer indicio de la deuda con Baudelaire. Así, «A Tale of the Ragged Mountains» pasó a llamarse «Los recuerdos de Mr. Augusto Bedloe» porque el autor de *Las flores del mal* había cambiado el título por «Souvenir de M. Auguste Bedloe» (*Histoires extraordinaires*, 1856). Por su parte, las dos traducciones de «William Wilson» proceden también de Baudelaire (en este caso de *Nouvelles histoires extraordinaires*, 1857). Aunque en 1844 había aparecido una imitación francesa del cuento firmada por G.B. (Gustave Brunet) y titulada «James Dixon, ou la funeste resemblance» (*La Quotidienne*), esta pasó desapercibida en España y probablemente también en Francia. Una excepción es «El retrato oval», pues se tradujo directamente del inglés.

Mención aparte merece la obra *Edgard Poé* (*sic*), de Manuel Genaro Rentero, drama en verso de un acto publicado y estrenado en Madrid en 1875, que dramatiza las últimas horas del autor norteamericano (la acción se sitúa en una taberna de

Baltimore el 7 de octubre de 1849) e introduce en escena a William Wilson. Englekirk (1934: 135-136) ofrece un resumen que reproduzco a continuación (es la única mención a esta obra que he hallado):

> The principal characters are Poe, William Wilson, a debauché, and a young girl called Virginia. The poet is dressed poorly but elegantly in black. He is portrayed as one easily induced to indulge in rum and just as quick to become its victim. His conversation turns largely to a condemnation of the society that fails to understand his art. His description of the America of his day is synopsized in these verses:
> la guía del arte es el sentimiento,
>     una nación sin historia,
> que no tiene por cimiento
>     ni un árbol ni un monumento
> que refresque su memoria.
>     Nueva civilización
> atea y materialista
>     que el oro pone a la vista
> como su única razón.
> Over-generous to a fault, he gives his watch to Virginia who enters the tavern asking alms. Poe chivalrously defends her from the approaches of the designing William Wilson. After she leaves, Poe is persuaded to imbibe freely by paid onlookers, while Wilson pursues the girl. When she returns with Wilson and an officer of the law to prove that she is not a vagrant and that the watch was given her by Poe, the poet is in so pitiable a condition that he cannot identify his gift; and when asked whether he knows this girl Virginia, thoughts of his departed wife stirred by mention of her name render him oblivious of all about him, and he staggers from the place. Wilson recognizes a picture Virginia carries in her locket, her last remembrance of her dead mother, as that of the woman he once defamed. Wilson proves to be Virginia's father, is forgiven, and the play ends with Wilson's cry of repentance:

«Yo creo en Dios»
Wilson's redemption was immediately preceded by the announcement of Poe's death.[9]

Pese a que *Edgardo Poé* no es una traducción, sino un drama original, me ha parece oportuno comentarlo en estas páginas porque la *presencia* de William Wilson, además de constituir una rareza en el panorama literario español de la época, revela un modo muy concreto de entender al personaje de Poe: una suerte de *alter ego* del escritor que encarnaría sus pulsiones negativas. Mientras que Poe aparece caracterizado como un idealista bondadoso cuyo único *defecto*, el alcoholismo, se justifica en cierto modo por su biografía —la muerte de su mujer—, Wilson se presenta como un crápula que intenta aprovecharse de la joven mendiga. También subraya esa ligazón el hecho de que la redención de Wilson (tras descubrir que él es el padre de la chica) y la muerte de Poe se produzcan casi simultáneamente.

El pastiche de Rentero hibrida algunos motivos de los cuentos de Poe y diversos aspectos de su biografía. Así, recrea su imposibilidad para vivir del arte, aliñándola con una crítica al materialismo de Estados Unidos; se evoca a Virginia Clemm, la prima con la que Poe contrajo matrimonio en 1836, cuando esta era apenas una adolescente, y que falleció tuberculosa en 1847; y también su propia muerte, acaecida en extrañas circunstancias.[10] Además, al margen del desarrollo folletinesco del drama, pueden espigarse referencias a «Morella» (1835) y «Ligeia» (1838) —la esposa perdida— y, por supuesto, a «William Wilson».

---

[9] Asimismo, Englekirk alude a otro texto de Poe concebido también para la escena: «¿Quién es el loco?» (1867), escrito por Adolfo Llanos y Álvarez a partir de «The System of Doctor Tarr and Professor Fether», representado por los Bufos Madrileños.

[10] Poco se sabe de los días que antecedieron a la agonía y posterior muerte de Poe, a quien el 3 de octubre de 1849 Joseph Walker recogió tirado en la calle, delante de un colegio electoral de Baltimore. Una de las conjeturas más aceptadas es la siguiente: al autor lo habría emborrachado con alcohol adulterado un agente electoral para obtener su voto. Poe pasó cuatro días en el hospital sin recuperar apenas la consciencia y murió la madrugada del 7 de octubre de 1849 (Walter, 1995).

De las impresiones que suscitaron las obras de Poe me interesa destacar un fragmento del artículo consagrado al autor en el *Diccionario enciclopédico hispanoamericano* (Barcelona, 1894), no tanto por las inevitables referencias a los abusos y extravagancias del autor como por el vínculo trazado entre su literatura y la de Hoffmann y Jean Paul:

> Estaba dotado de un talento original y de una rica imaginación, pero calenturienta y enfermiza, que con otro género de vida hubiera producido mejores obras. Puede afirmarse que solo dejó fragmentos poco extensos. Prefería los asuntos extravagantes y horribles. El abuso de la bebida y la soledad exaltaron su inteligencia, no muy sana desde su nacimiento. A la verdad, solo fue original en la apariencia pues reprodujo, exagerándolas, las fantásticas ideas de Hoffman (*sic*) y Juan Pablo Richter (*cf.* Lanero, Santoyo y Villoria, 1993: 170).

En el pasaje no hay ninguna alusión a imágenes o motivos concretos que hermanen a los tres autores (o que hagan a Poe *heredero* —por no llamarlo, a tenor del comentario, *plagiario*— de los otros dos), pero la alusión a las «fantásticas ideas» que Poe *extrajo* de los alemanes hace pensar en una atmósfera común que bien podría remitir a figuras como el *Doppelgänger*. La enumeración de los tres escritores, no obstante, se repetirá más adelante en distintos contextos.[11]

En cuanto a Hawthorne, su «Howe's Masquerade» no se tradujo al español durante el siglo XIX; la única versión española hasta la fecha es la de Molina Foix (2007) para su antología de dobles, aunque los cuentos maravillosos y alegóricos del norteamericano sí gozaron de cierto éxito en la segunda mitad de siglo. Ambrose Bierce no tuvo apenas resonancia en las letras

---

[11] Menéndez Pelayo los cita a propósito de Ros de Olano: «Podrá agradar más o menos, pero es cierto que hace pensar, que interesa por la extrañeza y que no se parece a otro escritor alguno de los nuestros aunque sí a Richter, a Hoffmann y a Edgar Poe entre los extraños». También Alfonso Reyes: «Para caracterizar a Ros de Olano se evoca, a la vez, a Quevedo, a Edgar Poe, a Hoffmann y a Richter» (*cf.* Englekirk, 1934: 124).

españolas, y Henry James ha sido tradicionalmente más conocido por su teoría de la novela y sus obras realistas que por su interesantísima producción fantástica, si bien «The Jolly Corner» produciría una honda impresión en Miguel de Unamuno, quien así lo manifestó a en «Nuestros yos ex-futuros» (1823).[12]

Théophile Gautier se dio a conocer en los años cuarenta: su ballet *La Péry* (1843) se estrenó en 1844 según la versión de Antonio Muñoz *La Peri. Baile Fantástico en dos actos*, Madrid. Aunque Giné Janer (1997) cita *Spirite* como la primera obra fantástica de Gautier que se tradujo al español (1865 en folletín; 1866 en volumen bajo el título *Espirita. Novela Fantástica*), en realidad este honor pertenece a «El caballero doble», *Semanario Pintoresco Español*, 15 y 20 de diciembre de 1840 (pp. 397-399 y pp. 404-405), publicado sin firma solo seis meses después de la aparición del original francés.[13] En cuanto a «La toison d'or» (1839), no he podido documentar ninguna traducción española en el siglo XIX; actualmente puede verse la de José Escué, «El vellocino de oro» (1997).

La singular obra de Nerval no tuvo demasiada fortuna en España durante el siglo XIX. En el catálogo de la Biblioteca Nacional consta una traducción de *Las hijas del fuego* para la editorial barcelonesa Ramón Sopena, 1900, debida a Ramón Orts-Ramos. En 1918 Emilio Carrere escribe «El viejo poeta Nerval», semblanza literaturizada, y, por esas mismas fechas, traduce «Aurelia», publicada junto con «La mano encantada» en un volumen de la editorial América fechado hacia 1920 (Rey Faraldos, 1991: 25). Carmen de Burgos vertió *Las hijas del fuego* para la editorial madrileña Biblioteca Nueva en 1919 (versión precedida por «El suicida Gerardo de Nerval», de Ramón Gómez de la Serna), si bien «Aurelia» y «Silvie» gozaron de una nueva traducción de Juan Chabás, al parecer más ajustadas a los originales que las de Colombine (Calpe, Madrid, 1923). Fernando Gutiérrez volvió a traducir ambos relatos para la barcelonesa Apolo en 1941. Por

---

[12] Véase al respecto Martín (2007).
[13] Como es sabido, *El Semanario Pintoresco Español* (1836-1857) gozaba de un espíritu muy cercano al de *Le Musée des familles*, el de una revista ilustrada concebida para entretener a la familia burguesa, escaparate de todo tipo de cuentos y de la narrativa costumbrista, en consonancia con la labor de su fundador, Ramón de Mesonero Romanos.

último, «Retrato del Diablo» no apareció en español hasta 1971, en traducción de Vicente Molina-Foix (Tusquets, Barcelona).[14]

En cuanto a Maupassant, su cuento paródico sobre el doble, «El doctor Heraclius Gloss», permaneció inédito en Francia hasta 1921, y solo se tradujo al español hacia finales de siglo XX; la única traducción que he podido encontrar es la de Margarita Pérez para Valdemar (2001). En todo caso el normando, a diferencia de Nerval, tuvo cierta repercusión entre los escritores españoles de Fin de Siglo; por ejemplo, en Emilia Pardo Bazán, quien mostró «una admiración perpetua hacia el maestro Maupassant» (Latorre, 1997: 381) y se inspiró en «El Horla» para su «Eximente» (1905) (Paredes Núñez, 1985).

En el ámbito de la literatura escocesa, *The Private Memoirs and Confessions of a Justified Sinner,* de James Hogg, no se vertió hasta 1978 (exactamente 154 años después de su publicación): *Memorias privadas y confesiones de un pecador justificado*, traducción de Francisco Torres Oliver, Alfaguara, Madrid, precedida por el elogioso prólogo que André Gide escribió en 1944 para la traducción francesa. Todas las ediciones en español que pueden encontrarse en el mercado (Valdemar, RBA) reproducen la versión de Torres Oliver.

Ramón Gómez de la Serna, en 1918, recuperó una traducción de *The portrait of Dorian Gray* que su hermano Julio había redactado sin voluntad de publicarla —«No tenía intento. Traducía por afición como por devoción al santo patrón de las traducciones»— y la publicó en Biblioteca Nueva. Por aquel entonces Oscar Wilde, inscrito como *libre* en el Registro de la Propiedad, «era un negocio» (Gómez de la Serna, 1974: 290).[15] Un año después apareció la novela en la editorial Atenea en traducción de Baeza, y se convirtió en uno de los textos más leídos del momento (Fernández Cifuentes, 1982:135). Por su parte, *The*

---

[14] Entre los autores españoles interesados en Nerval y su obra destaca, ya entrado el siglo XX, Luis Cernuda, quien le dedicó dos artículos: «Gérard de Nerval» (1962) y «Las prisiones de Gérard de Nerval» (1963), ambos en Cernuda (1975: 1023-1036, 1308-1312). En este último, traza un parentesco entre «el adorable Hoffmann», Bécquer y Nerval.

[15] La traducción de Julio Gómez de la Serna puede verse actualmente en Planeta, con un prólogo de Luis Antonio de Villena.

*Strange Case of Dr Jekyll y Mr Hyde*, de Robert Louis Stevenson, lo tradujo Carlos Pereyra en 1920 bajo el título *El caso extraño del doctor Jekyll y Mr. Hyde*; apareció en el volumen *Tres narraciones maravillosas* —las otras dos son «El desenterrador» («The Body-Snatcher») y «La botella diabólica» («The Bottle Imp»)—, publicado por la editorial madrileña Atenea.

En cuanto a *Dvojnik*, de Dostoievski, su primera versión española data de 1920 según Schanzer (1972: 55): *El doble*, traducida por G. Levachov y editada por Atenea. En la Biblioteca Nacional hay otra traducción, fechada en 1930, debida a Alfonso Nadal y publicada también por Atenea. La obra, en cualquier caso, tuvo que ser desconocida en España hasta la década de los veinte; en *La Revolución y la novela en Rusia*, compuesto por las conferencias dictadas en el Ateneo de Madrid (1887), Emilia Pardo Bazán no cita *El doble* entre las páginas dedicadas a Dostoievski. La novela probablemente también había pasado desapercibida en Francia, pues para escribir su ensayo Pardo Bazán se había inspirado, rayando el plagio, en *Le Roman Russe* de Vogüé, a quien había conocido durante su estancia en París el invierno de 1885-1886.[16] En cuanto a la presumible secuela de *El doble* escrita por ese Chernov que menciona Dostoievski en carta a su hermano,[17] me ha sido imposible encontrar referencias de ningún tipo.

A la luz de los datos aducidos, se puede concluir que, durante el siglo XIX, casi todos los relatos que Hoffmann y Poe consagraron al doble (a excepción de las novelas del alemán) se tradujeron al español en varias ocasiones, si bien en algunos casos escasa o tardíamente. Es también notable la temprana versión de «El caballero doble» de Gautier (aunque reproducido sin el nombre del autor), un cuento que tuvo que gustar a los lectores del *Semanario Pintoresco Español* por su ambientación exótica y su atmósfera legendaria.

---

[16] Todavía en 1923 Corpus Barga (1923: 133) afirmaba que «para leer bien a este genio ruso hay que saber, por lo menos, alemán o inglés», dando fe así de la carestía de traducciones de su obra al castellano y de la escasa calidad de las francesas. Corpus Barga menciona sus novelas más célebres, pero entre ellas no aparece *El doble*.

[17] El autor pide noticias sobre «un tal Chernov, que escribió *El doble* en el año 50» (Dostoievski, 1995: 170).

Los relatos de Hoffmann resultaron decisivos en el desarrollo europeo del motivo. Textos como «El hombre de la arena» y, sobre todo, *Los elixires del diablo*, se tradujeron tempranamente al inglés y al francés, apenas una década después de su aparición en Alemania, causando un fuerte impacto en Gautier, Nerval o, más tarde, en Maupassant.[18] Recordemos, asimismo, la carta de 1838 en que Dostoievski afirmaba haber leído a «todo el Hoffmann en ruso y alemán» (1995: 29). Traigo a colación estos detalles para subrayar que los más destacados cultivadores del doble conocían la obra de Hoffmann; también Poe, aunque eludiese explicitarlo, o Henry James, cuya poética de lo fantástico era tan distinta de la del alemán.[19] Sea como fuere,

[18] Véase una aproximación general en Castex (1951), Baronian (1978) y Schneider (1985). Para el caso concreto de Hoffmann y Gautier, puede consultarse Whyte (1988) y Fernández Sánchez (1992); a propósito de Hoffmann y Nerval, Richer (1947) y (1970) y Malandian (1978).

[19] En el caso de Poe, la posible filiación con Hoffmann es un lugar común entre la crítica (Cobb, 1908; González Miguel, 2000). Ya Baudelaire (1988: 21) lo asocia con el alemán, aunque abunda en factores como el genio, el temperamento o la mala fortuna. Lo cierto es que, en sus escritos, Poe demuestra un conocimiento regular de los autores alemanes y menciona a los Schlegel, Goethe, Schiller, Fouqué, Tieck, Novalis, Schelling o Fichte. Sin embargo, en ningún momento cita a Hoffmann, quizá porque la comparación con el alemán no era precisamente halagüeña en el mundo anglosajón tras la publicación del artículo de Scott. Esta posibilidad la refrendaría una rotunda afirmación del propio Poe a propósito de *Tales of the Grotesque and Arabesque* (1840): «Con una excepción, en todos estos relatos no hay ninguno donde el erudito pueda reconocer las características distintivas de esa especie de pseudohorror que se nos enseña a llamar alemán por la única razón de que algunos autores alemanes secundarios se han identificado con su insensatez. Si muchas de mis producciones han tenido como tesis el terror, sostengo que ese terror no viene de Alemania, sino del alma; que he deducido este terror tan solo de sus fuentes legítimas, y que lo he llevado tan solo a sus resultados legítimos» (*cf.* Cortázar, 1973: 42-43). Si cabe identificar a Hoffmann con «algunos de esos autores alemanes secundarios» notables por «su insensatez» es algo que hoy no puede afirmarse con total seguridad, pero Poe tuvo que conocer su obra no solo a través de Scott sino también de Carlyle y su introducción a *El puchero de oro* publicada en julio de 1827 en *The Quaterly Review* (*cf.* Wellek, 1965: 10). Por su parte, Henry James era un buen conocedor de la tradición fantástica; en la biblioteca familiar había ejemplares de *Los elixires del diablo* y de los

en España «El hombre de la arena» apareció relativamente tarde y las peripecias de Medardo, Kreisler y el gato Murr no se vertieron al castellano hasta el siglo XX. Extraña también que, dada la profusión de traducciones de los cuentos de Poe, «William Wilson» no apareciera hasta 1871.

Sin embargo, no hay que adelantar conclusiones: me parece simplista atribuir el desarrollo más bien pobre del *Doppelgänger* a las anomalías de las traducciones españolas sin ahondar en las razones por las que estas fueron escasas o tardías. Por ejemplo, «Las aventuras de la noche de San Silvestre» conoció al menos cuatro versiones a lo largo del siglo XIX y, sin embargo, no tuvo fortuna entre los escritores españoles, al menos en lo que respecta a su excepcional tratamiento del reflejo especular.[20] Es más pertinente pensar que si «El hombre de la arena» se tradujo poco o «William Wilson» tuvo una aparición tardía fue porque los cuentos no se les antojaron atractivos a los editores y traductores. La posibilidad de que estos, avanzada ya la centuria, eligieran arbitrariamente los cuentos que debían publicar sin un criterio de selección más o menos definido es improbable; de ser así, de haber escogido los relatos sin reparar en sus particularidades, quizá se habrían traducido antes estos cuentos, pues ambos aparecen en los volúmenes de Loève-Veimars y Baudelaire que, recordemos, sirvieron de modelo a los traductores españoles. Por ejemplo, hay que preguntarse hasta qué punto pudo influir en los editores autóctonos el juicio vertido por Walter Scott a propósito de «El hombre de la arena», cuento que el escocés tacha de «wild and absurd story» y cuyo único acierto es, a su parecer, la sensatez de Clara.

La existencia patente de un procedimiento de selección, definido por criterios morales y por el afán de hacer más

---

cuentos de Hoffmann, Poe, Hawthorne (a quien James dedicó una biografía en 1897), Dickens y LeFanu, además de ejemplares del *Blackwood*, novelas góticas y relatos pseudocientíficos (Banta, 1964: 12).
[20] Pueden mencionarse, a propósito del espejo, dos textos que nada tienen que ver con el de Hoffmann: «Una mártir desconocida o la hermosura por castigo. Cuento moral» (1848), relato alegórico de Juan Eugenio Hartzenbusch, y el maravilloso «El espejo de la verdad. Cuento fantástico» (1853), de Vicente Barrantes.

comprensibles los cuentos a los lectores, se manifiesta en esa curiosidad antes referida. Se trata de la aparición en las primeras *Historias extraordinarias* (1858) de «Dicha y suerte», *cuadro de costumbres populares* de Fernán Caballero ajeno a la narrativa de Poe, una inclusión que no tenía otro objetivo que «paliar en lo posible lo sorprendente que podía resultar Poe a los autores españoles» (Lanero, Santoyo y Villoria, 1993: 98-99). Una invitación explícita a proceder selectivamente aparece, por ejemplo, en *El Mundo Pintoresco* (5 de septiembre de 1858), donde se apunta la necesidad de purgar y modificar los textos de Poe para adaptarlos al gusto del lector español (*cf.* Roas, 2000: 268).

El espacio temporal que separa la publicación del primer cuento español con *Doppelgänger* no legendario, «La Madona de Rubens», del segundo, «El país de un abanico», un período de más de treinta años en el que la literatura española se desplazó desde la tendencia romántica hacia un modelo realista, podría hacernos pensar que la intermitencia del doble se debió precisamente a un cambio en las preferencias estéticas. Recordemos que suele asociarse su aparición con aquellas épocas en que se pone en tela de juicio la eficacia del pensamiento racionalista o positivista y en que, por tanto, proliferan las manifestaciones de lo fantástico (Tymms, 1949: 119; Hermann, 1990; Fussillo, 1998: 8). Sin embargo, lo cierto es que durante ese período no dejaron de aparecer en España traducciones de cuentos fantásticos, relatos legendarios, góticos o puramente sobrenaturales de elaboración autóctona. Es más, se produjo una auténtica avalancha de publicaciones en prensa y comenzaron a divulgarse los cuentos en volúmenes (Molina Porras, 2006).

A mi juicio, la poca expectación suscitada por los cuentos extranjeros con *Doppelgänger* y la relativa escasez de relatos españoles dedicados al motivo tienen que ver en gran medida con las preferencias y la formación literaria de los escritores y lectores, y con el modo en que se percibió la labor de Hoffmann y Poe. No en vano, los novedosos cuentos del primero desconcertaron al lector, cuyo horizonte de expectativas no contemplaba la posibilidad de que un fenómeno sobrenatural pudiera integrarse en el ámbito de lo cotidiano. Aunque no ocurrió lo mismo con el norteamericano —en parte porque el público había asimilado ya la intrusión literaria de lo sobrenatural en la realidad—, lo cierto es que el primer Poe que llegó a España poco tenía que ver con el escritor de cuentos fantásticos y terroríficos que se dio a conocer más tarde. Basta con examinar el contenido de los primeros volúmenes de sus relatos en español para comprobar que «el público español conoció inicialmente al Poe menos fantástico y más preocupado por el juego lógico-matemático de la deducción» (Roas, 2000: 187), una narrativa que, en principio, evitaba la poco complaciente inmersión en los recovecos más oscuros de la personalidad humana inherente al doble.

Más adelante, hacia la época en que Galdós publica «La sombra» (1871) y el doble asoma en los relatos del por aquel entonces popular Pedro Escamilla, surge el afán de ahondar en una dimensión interna de lo fantástico, preferencia que condujo a prescindir, aunque no totalmente, de las tradicionales figuras terroríficas que tanto se habían prodigado en la primera mitad del siglo (fantasmas, vampiros, ondinas). Si bien estas criaturas no desaparecen, arraiga la idea de que lo sobrenatural habita en la mente humana; de ahí que la enajenación y la locura se utilicen en muchos casos —un ejemplo es el mismo doctor Anselmo galdosiano— como posible vía de explicación de lo fantástico.[21]

En definitiva, la aparición irregular y más bien escasa del *Doppelgänger* en la literatura fantástica española de este siglo está asociada a la recepción de los textos extranjeros dedicados al motivo, inseparable a su vez de la preferencia de los lectores y escritores por un cuento legendario y gótico en detrimento de una dimensión más realista del género. Solo al incrementarse el interés por esa dimensión interior de lo fantástico surgen algunos relatos sobre el *Doppelgänger* que, en efecto, abrazan una vertiente psicológica emprendida sobre todo por Hoffmann y Poe.

Antes de abordar el análisis de los cuentos, quiero advertir de lo arriesgado —y poco productivo— que resulta dedicarse a evaluar el impacto de los cuentos foráneos en los dobles de nuestra narrativa si lo que se pretende es rastrear huellas diáfanas.

---

[21] Sobre cuento fantástico español y locura, véase la aproximación de Ezama (1994). A propósito de la locura en la literatura fantástica europea y norteamericana del siglo XIX, puede consultarse el estudio más documentado de Ponnau (1987).

A diferencia de lo que sucede con los textos legendarios que estudié en el anterior capítulo, que beben de unas fuentes muy concretas, parece difícil detectar en «El país de un abanico» o en «Mi entierro» influencias directas. Así, mi objetivo no es tanto constatar hipotéticas *deudas* —aunque estas se señalarán en los casos oportunos— como estudiar el modo diverso en que se articula el doble en unos y otros relatos.

## 2. Variaciones en torno a la mujer duplicada

Las mujeres duplicadas de la narrativa decimonónica aparecen casi sin excepción filtradas por una mirada masculina. Por lo general, desfilan ante la mirada atónita de los protagonistas para erigirse en un fatídico objeto de deseo. En la literatura romántica esta variante suele canalizarse a través de la reificación pictórica y, a grandes rasgos, se bifurca en dos direcciones.

En la primera, el retrato de una bella dama suscita el interés del protagonista; esta se materializa luego, hecha ya carne y hueso pero estigmatizada generalmente por un aura sobrenatural. En la segunda, el protagonista reconoce a su amada en un cuadro pintado tiempo atrás, de modo que se establece así una relación inexplicable entre el retrato y la mujer real. De muchos de estos relatos se desprende una visión prejuiciosa de la mujer, una perspectiva de lo femenino que desembocará en la imagen decadentista de la *vagina dentata*, la hechicera amenazante y tentadora que manipula al hombre hasta hacer de él un pelele sin energía ni voluntad.[1]

La figura de la mujer duplicada suele supeditarse en el Romanticismo a una reflexión estética o artística. No en vano, el protagonista de estos relatos acostumbra a ser un pintor o un artista torturado: Francesco (*Los elixires del diablo*), Tiburce («El vellocino de oro») o Eugène («Retrato del Diablo»). En algunos casos el conflicto se condensa en la duda sobre el ideal de belleza —¿la mujer de carne y hueso condiciona y corrompe este ideal,

---

[1] Véase Dijkstra (1994) y Bornay (2004). Un magnífico ejemplo literario ya citado es *Brujas, la muerta*, de Rodenbach.

impregnándolo de una obvia carga sexual?—, en otros en la incapacidad del artista para plasmar ese ideal. Asimismo, suele darse una dicotomía moral entre bondad y maldad, salvación y perdición: no hay más que pensar en el correlato Venus-Santa Rosalía-mujer del confesionario-Aurelia (*Los elixires del diablo*), donde las dos plasmaciones pictóricas (la primera venérea y demoníaca, la segunda santa y pura) se corresponden a la perfección con las mujeres de carne y hueso. En este contexto cabe situar «La Madona de Rubens» de Zorrilla.

Son menos habituales en el siglo XIX, por el contrario, las duplicaciones subjetivas femeninas o, en otras palabras, las mujeres que experimentan ellas mismas el fenómeno del desdoblamiento y lo interpretan como la expresión de un conflicto de identidad. Por ejemplo, la Gretchen de «El vellocino de oro», pese a sentirse una mala copia de la Magdalena de Rubens, nunca duda de ser Gretchen. La focalización de los relatos de Nerval, por citar un ejemplo canónico, es también masculina: sus mujeres duplicadas encarnan el anhelo amoroso de los protagonistas, están al servicio de sus ansias de redención e inmortalidad. Curiosamente, el único doble femenino puramente subjetivo que he hallado en el siglo XIX aparece en un relato español, «El país de un abanico», de Escamilla.

Por último, no está de más recordar la importancia que cobran el cuadro o el retrato en el repertorio literario fantástico decimonónico.[2] La pintura puede cobrar vida y pasar a formar parte de la realidad cotidiana del protagonista —«La cafetera» («La Cafetière», 1831) y «Omphale» (1834), de Gautier; «La sombra», de Galdós—, ejercer un influjo maléfico en el individuo —«El retrato» (1833-1834), de Gógol; *La casa de los siete tejados* (*The House of the Seven Gables*, 1851), de Hawthorne—, aventurar el futuro o resolver un crimen —«Los retratos proféticos» («The Prophetic Pictures», 1837) de Hawthorne; «El boceto misterioso» («L'esquise mystérieuse», 1860), de Erckmann-Chatrian— o bien, en relación con el doble, vampirizar o hacer aflorar ciertos aspectos del original —«El retrato oval», de Poe; *El retrato de Dorian Gray*,

---

[2] El auge del retrato como motivo privilegiado de la narrativa fantástica guarda relación con el desarrollo de la fotografía y el perfeccionamiento del daguerrotipo en 1839 (Ziolkowski, 1980: 109-110).

de Oscar Wilde; y *The Sense of the Past*, la novela inacabada de James.

«La Madona de Rubens» es un cuento sorprendente y en cierto modo paradójico. Por un lado, cultiva una dimensión de lo fantástico poco habitual en los años treinta[3] y se avanza a autores como Gautier o Nerval en el tratamiento sobrenatural del doble pictórico femenino. Por otro, forma parte de la producción narrativa de Zorrilla, paladín del acervo legendario nacional y, años después de la publicación de este cuento, detractor de lo fantástico hoffmanniano. Aunque es sobradamente conocido su rechazo patente al alemán en el prólogo de 1840-1841 a «La Pasionaria» (significativamente subtitulado «Cuento fantástico»), no me resisto a reproducirlo aquí:

> Un día en que mi mujer leía los cuentos fantásticos de Hoffmann, y escribía yo a su lado los míos, se entabló entre nosotros el siguiente diálogo:
> Mi mujer. —¿Por qué no escribes un cuento fantástico como los de Hoffmann?
> Yo. —Porque considero ese género inoportuno en España.
> Mi mujer. —No alcanzo la razón.
> Yo. —Yo te la diré. En un país como el nuestro, lleno de luz y de vida, cuyos moradores vivimos en brazos de la más íntima pereza, sin tomarnos el trabajo de pensar en procurarnos más dicha que la inapreciable de haber nacido españoles, ¿quién se lanza por esos espacios de los fantasmas, apariciones, enanos y gigantes de ese bienaventurado alemán? Nuestro brillante sol daría a los contornos de sus medrosos espíritus tornasolados colores que aclararían el ridículo misterioso en que las nieblas de Alemania envuelven tan exageradas fantasías.
> Mi mujer (interrumpiéndome). —Esa teoría será muy buena, pero en este caso ¿a qué género pertenece tu leyenda *Margarita la tornera*?

---

[3] El cuento apareció en *El Porvenir*, 26, 26 de mayo de 1837. Cito por la antología de Roas *El castillo del espectro. Antología de relatos fantásticos españoles del siglo XIX* (pp. 51-60).

Yo. —Al género fantástico, sin duda.

Mi mujer. —Luego la teoría y la práctica están en contradicción.

Yo. —Entendámonos. *Margarita la Tornera* es una fantasía religiosa, es una tradición popular, y este género fantástico no lo repugna nuestro país, que ha sido siempre religioso hasta el fanatismo. Las fantasías de Hoffmann, sin embargo, no serán en España leídas ni apreciadas sino como locuras y sueños de una imaginación descarriada, tengo experiencia de ello (Zorrilla, 1943a: 616-617).

El autor, pues, reivindica la «fantasía religiosa» frente a «las fantasías de Hoffmann», que considera poco aptas para el carácter español. En otras palabras, apoya el cultivo de lo maravilloso cristiano y rechaza lo fantástico hoffmanniano, aduciendo como motivo la idiosincrasia nacional (el espíritu tradicionalmente religioso del pueblo e incluso su clima). Zorrilla defiende una literatura fantástica en la que lo sobrenatural deriva de la intervención divina y, por tanto, es indisociable del afán ejemplarizante; basta con recordar el subtítulo de su *Don Juan Tenorio*, *Drama religioso-fantástico en dos partes*, para comprender su noción del género. Lo curioso es que el autoe asocie a Hoffmann con criaturas tan poco características de su narrativa, como enanos y gigantes, cuando conocía la faceta más realista del alemán. De ese conocimiento da fe la experiencia («tengo experiencia de ello») a la que apela para sustentar la tesis de que los cuentos de Hoffmann serán recibidos en España como alucinaciones de «una imaginación descarriada». Como sugiere Roas (2002a: 180), la actitud de Zorrilla quizá estuviera motivada por una posible recepción crítica negativa de «La Madona de Rubens» (de la que, no obstante, no se tiene noticia), o bien por la autocensura, por haber caído en la tentación de elaborar una historia poco conciliable con la tradición española.

La acción del cuento se inicia en un café el 23 de julio de «183...», fecha próxima por tanto a la de la redacción del relato. Dos jóvenes leen la carta de su amigo Eugenio, quien les revela su peculiar obsesión: vive «enamorado espiritualmente» de la Virgen de Rubens que hay en el altar mayor de la iglesia del monasterio de Fuensaldaña (Valladolid) y seguro de que ninguna mujer podrá «llenar nunca mi corazón como esa creación sublime. ¡Se hallará una mujer igual a la Madona de Rubens» (p. 51). Uno de los amigos tilda a Eugenio de loco, pero el otro piensa para sí: «Tú no sabes lo que es un poeta delante de un cuadro de Rubens» (p. 52).

Al cabo de un mes, Eugenio sigue hechizado por la belleza de la Madona. Cambia la perspectiva narrativa y se nos ofrece una breve descripción del protagonista:

> Eugenio es un joven de 22 años, de color caído, cuya mirada fija y penetrante, cuyos labios ligeramente comprimidos, cuya frente espaciosa, interrumpida por una larga arruga, dan a su figura un carácter sombrío y meditabundo. Hoffmann, Schiller, Byron han alimentado su alma, desgracias de familia han hecho su vida inquieta y tormentosa, pensador por necesidad, poeta por inspiración. He aquí el personaje que se ve en este momento en pie delante de la Virgen de Rubens. Sus ojos han perdido su luz melancólica; sus labios despliegan una sonrisa inefable, no hay arruga en su frente, sublimemente tranquila, y una lágrima clara, solitaria, indefinible, rueda por su mejilla pálida, como una ancha gota de rocío en una flor silvestre que abre su cáliz amarillo en la grieta de una rosa (p. 52).

Pasados unos meses, Eugenio asiste al Carnaval. En la fiesta, una mujer enfundada en un dominó rosa posa la mano sobre su hombro y pronuncia su nombre. Él se estremece, pues la voz es la misma que su imaginación ha asignado a la Madona. Eugenio persigue a la mujer hasta la escalera interior de una fonda. Allí, esta y su acompañante, también embozado, se carcajean de él, lo que le produce «un efecto diabólico» y «una fatalidad necesaria» de ver el rostro de la mujer:

> Convulso, delirante, arrancó con violencia la careta que ofuscaba su objeto y clavó sus ojos, avaros, en el rostro que iba a aparecer. La careta se rasgó de alto abajo… y Eugenio cayó desplomado, exclamando:
> —¡La Madona! ¡Perdón, perdón! (p. 56).

Al día siguiente, Eugenio guarda cama, abrasado por la fiebre. Frente a él, encima de un caballete, hay una copia inacabada de la Madona de Rubens que le recuerda lo sucedido la noche anterior. A la una del mediodía recibe la visita de un caballero que dice conocerle, pues en una ocasión le oyó recitar unos versos en una academia. Viene a pedirle explicaciones porque «una máscara os nombró anoche, y vos vinisteis a insultarla con osadía», pero su indignación crece al ver el cuadro. Ambos discuten: mientras Eugenio identifica el retrato con la Madona de Rubens, el otro asegura que es su esposa. El incógnito, ante la confesión de Eugenio («Si esa es vuestra mujer, yo la amo», p. 59), saca un cuchillo y se enzarza en una pelea con el poeta, quien a su vez enarbola un puñal. Justo cuando el desconocido cae al suelo, agonizante, se oye una voz en la escalera e irrumpe en la habitación la mujer del dominó rosa.

La reacción de esa mujer «de formas angélicas» es sorprendente, pues empieza a proferir insultos obscenos e indecentes contra Eugenio, acompañados de gestos repugnantes. Antes de irse, le dice: «Bien hecho; así me ha librado de tener que dejar a ese pajarraco, que ya no tenía plumas que arrancar» (p. 60). El narrador revela que la misteriosa mujer no es más que una «prostituta» casada con un hombre de bien al que quiere abandonar por un rico inglés, como finalmente acaba haciendo. Eugenio, incapaz de aclarar los hechos ante la justicia, es recluido en un asilo de dementes, donde muere pocos meses después delirando «con una mujer obcecada, con un hombre asesinado, y con la Madona de Pablo Rubens, de las monjas de Fuensaldaña».

En este cuento, el efecto sobrenatural se condensa en la similitud física de la Madona de Rubens y la mujer del dominó, semejanza que se extiende incluso a la voz. La asimilación es objetiva: no puede tratarse del producto de la imaginación de Eugenio porque el caballero reconoce a su esposa en el retrato de la Madona que aquel ha empezado a pintar. Y, al igual que en los cuentos de Gautier y Nerval (curiosamente el protagonista de «Retrato del diablo» comparte nombre con el de Zorrilla), resulta imposible que la mujer de carne y hueso sirviera de modelo al pintor, dado que el cuadro cuenta con unos doscientos años de antigüedad. También es inexplicable el hecho de que durante el

Carnaval la mujer del dominó pronuncie el nombre de Eugenio, sobre todo porque cuando esta irrumpe en el cuarto solo ve al esposo agonizante, su propio retrato sin concluir y a «un joven calenturiento, delirante, arrodillado a sus pies, medio desnudo y en la actitud más suplicante» (pp. 59-60). Eugenio, pues, le es desconocido.

A diferencia del desdoblamiento del capitán Montoya, motivo del arrepentimiento de don César, la duplicación de la Madona de Rubens arrastra a Eugenio a la locura y la muerte. Como en los cuentos de Hoffmann, el único sentido que parece tener el desdoblamiento es el de provocar la locura y destrucción del protagonista; tanto es así que ni siquiera la mujer del dominó parece ser consciente de las fuerzas sobrenaturales que la vinculan con el retrato. Únicamente el pobre Eugenio se ve expuesto a la amenaza de lo sobrenatural.

Zorrilla maneja con habilidad los resortes de lo fantástico hoffmanniano y envuelve la peripecia de Eugenio en una atmósfera entre cotidiana y extraña (esto es, siniestra) que hace del cuento uno de los relatos sobrenaturales españoles más destacables del siglo XIX. No obstante, hay que notar que de esa concepción hoffmanniana del relato o, más exactamente, del modo en que el joven Zorrilla entiende lo hoffmanniano, derivan también algunos defectos. En relación con el alemán, a la ambientación realista y contemporánea y al uso del doble se le une aquí «la obsesión enfermiza de un artista por una mujer, tópico en la obra de Hoffmann» (Roas, 2002a: 177). Esas lacras que acabo de referir tienen que ver, precisamente, con la figura del artista, de Eugenio.

El autor diseña al protagonista acogiéndose a ciertos tópicos y añadiendo muy poco de su propia cosecha: Eugenio es poeta y como tal está predestinado a enloquecer ante la Madona de Rubens. Así lo indican las palabras que al principio pronuncia Luis: «Tú no sabes lo que es un poeta delante de un cuadro de Rubens». No se trata de una alma superior impelida a lo desconocido y a la autodestrucción, sino de una proyección preconcebida del poeta romántico. La actitud de Eugenio evoca a la del sobrino que retrata Mesonero Romanos en «El Romanticismo y los románticos», publicado poco después que «La Madona de Rubens» en el *Semanario Pintoresco Español* (10 de septiembre de 1837):

Trocó los libros que yo le recomendaba, los Cervantes, los Solís, los Quevedos, los Saavedras, los Moretos, Meléndez y Moratines, por los Hugos y Dumas, los Balzac, los Sands y Souliés; rebutió su mollera de todas las encantadoras fantasías de Lord Byron, y de los tétricos cuadros de d'Arlincourt; no se le escapó uno solo de los abortos teatrales de Ducange, ni de los fantásticos ensueños de Hoffmann; y en los ratos en que menos propenso estaba a la melancolía, entreteníase en estudiar la *Craneoscopia* del doctor Gall o las *Meditaciones* de Volney (Mesonero Romanos, 1993: 301-302).

La falta de reflexión y la imagen bastardeada del Romanticismo que nota Mesonero en algunos de sus coetáneos se deja sentir muy sutilmente en la configuración de Eugenio. Desde luego, no significa esto que el personaje incurra en las locuras que Mesonero satiriza en su cuadro de costumbres, ni, por supuesto, que lo haga Zorrilla sembrando su cuento de excentricidades, sino que Eugenio tiene algo de acartonado, de arquetipo que le resta hondura a las implicaciones del doble pictórico. Eugenio no es un Onuphrius, pues en su descripción no hay ironía alguna,[4] ni tampoco un Tiburce, cuya monomanía sigue con socarrona

---

[4] Me refiero al cuento de Gautier «Onuphrius Wphly» (1832), recogido en *Les Jeune-France* (1833) bajo el revelador título de «Onuphrius ou les vexations fantastiques d'un admirateur d'Hoffmann». Gautier no pretende burlarse de la narrativa hoffmanniana atribuyéndole efectos alucinógenos, tal y como hiciera Scott al afirmar que las ideas del alemán no requerían la atención de la crítica, sino las de la medicina. En realidad, denuncia los excesos de los cuentos escritos «a la manera de Hoffmann», y a esta voluntad paródica se le une otra satírica dirigida, como el resto de las piezas de *Les Jeune-France*, a revelar las excentricidades de los románticos; por añadidura, al describir a Onuphrius como poeta y pintor y atribuirle la invención del sueño «La vida en la muerte» (así llamó Gautier a la primera parte de su *Comédie de la mort*, 1832), se caricaturiza a sí mismo. Aquí la exaltación febril aparece ligada a la lectura de numerosos tratados de magia y a los libros de Jean Paul y sobre todo Hoffmann. Mientras se mira en un espejo, Onuphrius ve cómo su rostro se transforma en el de un mefistofélico individuo (de la estirpe del hombrecillo gris de Chamisso y de Dapertuto) que le trepana el cráneo, por donde huyen sus ideas.

condescendencia Gautier a sabiendas de que es fruto de la inexperiencia y de un idealismo exacerbado. Zorrilla peca de cierta ingenuidad al apropiarse del tipo hoffmanniano por excelencia, el artista atormentado y marginal, sin haber aprehendido su esencia, sin percatarse de la crisis espiritual y metafísica que subyace a este. Esta actitud agrega otra posible explicación al posterior rechazo del autor hacia Hoffmann: la consciencia de no haber explotado hasta sus últimas consecuencias una figura tan compleja y rica en matices como la del artista enfrentado a sus fantasmas. [5]

Asimismo, pese a que Zorrilla se adentra en un territorio mucho más tortuoso y siniestro que el que suele frecuentar en sus leyendas y tradiciones, no por ello deja de ser comedido en lo que respecta a cuestiones de índole moral. No se percibe en la monomanía de Eugenio la pasión sádica y masoquista que experimentan Medardo o Francesco ante las dobles de Santa Rosalía y Venus, ni tampoco la lujuria que despierta la Magdalena en Tiburce, pues este es un amor espiritual y sublime que trasciende toda tentación terrenal. La belleza de la dama del dominó se desvanece ante Eugenio cuando se revela como una sórdida mujerzuela, la «copia de cieno de una creación celestial» (p. 60). Eugenio se enamora de un ideal de belleza que, como él mismo intuye, solo permanece inmaculado en ese mundo etéreo e intangible, ya que la carne corrompe el espíritu. La doble de la Madona de Rubens, de este modo, no podía ser más que una mujeruca obscena dotada de un cuerpo que, pese a su extraordinaria belleza —o precisamente a causa de esta—, parece indigno de suscitar sentimientos *puros*.

\*

[5] En el acartonado retrato de Eugenio también podría haber influido el conservadurismo de Zorrilla, reacio a atribuir la desgracia del personaje a la incomprensión de la sociedad, tal y como sucede en los cuentos del propio Hoffmann. «El artista no perderá su capacidad de fascinación para los autores del romanticismo conservador y seguirá padeciendo su triste suerte, pero ahora ya no por una sociedad hostil e incomprensiva, sino por una maldición del genio que fue la manera que tuvieron muchos autores de seguir explotando la imagen del artista incomprendido sin poner en solfa la sociedad que no lo comprendía» (Rodríguez Gutiérrez, 2004: 16).

Aunque hoy es prácticamente desconocido, el leonés Pedro Escamilla disfrutó de una gran popularidad durante la segunda mitad del siglo XIX. Escribió comedias, novelas folletinescas y libros de versos festivos. Su producción cuentística consta de unos cuatrocientos relatos, unos infantiles y populares, otros legendarios, maravillosos y fantásticos, que aparecieron en *El Álbum de las Familias*, *La Ilustración de los Niños* o *El Museo Universal*, si bien fue *El Periódico para Todos* (1872-1882) la publicación que concentró la mayor parte de su narrativa breve. Escamilla colaboró en esta revista, fundada por Manuel Fernández y González, Ramón Ortega y Frías y Torcuato Tárrago, desde el primer número hasta el último.[6]

Asimismo, Escamilla publicó en *El Periódico para Todos* la mayoría de sus cuentos fantásticos. Su narrativa prolonga y enriquece el universo de Hoffmann y Poe, y ahonda en una dimensión interna de lo sobrenatural en la que cabe ubicar el doble, motivo al que le dedicó dos relatos de una gran originalidad. Su interés por el parecido físico se manifiesta también en *Aguilera y Aguilar*, «juguete cómico» estrenado «con buen éxito» en el Teatro de Variedades el 11 de noviembre de 1869 e impreso en 1874, que explota este recurso en una suerte de enredo amoroso sin connotación fantástica alguna.

El primer cuento del que me ocuparé aquí es «El país de un abanico»,[7] donde el autor, como había hecho Zorrilla, vincula el doble con el retrato, aunque de un modo muy distinto al de «La Madona de Rubens». En puridad, el retrato es un objeto frecuente en la narrativa fantástica de Escamilla: aparece en «El cuadro de maese Abraham»,[8] donde el protagonista queda prendado del retrato de una bella dama que resulta ser Teresa, la joven con la que su tío pretendía casarle. Cuando accede a los deseos del tío, es demasiado tarde, pues Teresa muere. Es destacable el relieve que adquiere el magnetismo en la peripecia del protagonista, pues este especifica en varias ocasiones que su atracción por el retrato

---

[6] Los estudios sobre la narrativa de Escamilla son, por desgracia, escasos; véanse Cazottes (1983) y Roas (2001).

[7] Con el subtítulo «Cuento», apareció en *El Periódico para Todos*, 30 (1873), pp. 473-475.

[8] Pedro Escamilla, «El cuadro de maese Abraham. Cuento», *El Periódico para Todos*, 39 (1873), pp. 615-617.

—incluso antes de descubrir el dibujo, que permanece oculto por una pátina amarronada— parece transmitirse a través del fluido magnético que despide maese Abraham.⁹ Otro ejemplo es «¡¡¡Su retrato!!!»,¹⁰ cuyo narrador da cuenta del vínculo inexplicable que, desde la niñez, le une al retrato de una mujer vieja y fea hallado azarosamente en una gramática latina y que al final resultará ser el de su suegra.¹¹

En «El país de un abanico» no hay, sin embargo, ningún atisbo de humor o sarcasmo. El narrador refiere la obsesión de Rosa, una joven de dieciséis años que vive apaciblemente con su abuela, por los abanicos; de ahí el título del relato, pues *país* hace referencia a la tela que cubre las varillas de este objeto. Lo que en principio empieza siendo una afición para la joven, que se divierte inventando historias basadas en las escenas que aparecen en los abanicos, degenera en «una especie de monomanía a la que Rosa se entregaba con furor» (p. 473).

En la víspera de la Asunción de la Virgen (15 de agosto), encuentra en la puerta de la iglesia un abanico de procedencia misteriosa y belleza singular:

---

⁹ Años después, en «El magnetismo» (*El Periódico para Todos*, 18, 1881, pp. 277-279), Escamilla se burla de las expectativas generadas por esta pseudociencia. El narrador evoca una anécdota juvenil: deseoso de emular a Zorrilla y a Bretón, escribe un horrible drama que consigue leer en casa de don Ciriaco, que «tiene horror al sonambulismo y al fluido, por no sé qué jugarreta hizo a su mujer un magnetizador». Aunque el protagonista es respetuoso con la fobia del anfitrión, este le echa de su casa, aterrorizado. Todo se debe a una confusión: un amigo conocedor del drama le dijo que el autor «si quisiera nos *dormiría* a todos», en referencia a la baja calidad de la obra, pero don Ciriaco interpreta la frase como una alusión a sus poderes magnéticos. Años después, el buen hombre muere cuando mesmerizan a su hija.
¹⁰ Pedro Escamilla, «¡¡¡Su retrato!!! Cuento», *El Periódico para Todos*, 1 (1881), pp. 6-7.
¹¹ Otro cuento fantástico con cuadro que ostenta cierto tono burlesco es «El oficio de difuntos. Aventura extraordinaria» (*El Periódico para Todos*, 42, 1873, pp. 663-666), donde se refiere el obcecamiento del inglés Lord Belkis en que el gaitero holandés del cuadro de Teniers que preside su despacho componga su oficio de difuntos. Su criado, angustiado por la última voluntad del Lord, acaba viendo cómo la imagen del cuadro se transforma hasta hacer realidad sus deseos.

> Era un precioso varillaje calado, de una madera olorosa, que sostenía un paisaje pintado con algún esmero, si bien no podía calificársele de obra de arte.
> Representaba una tapia de ladrillo, en cuyo borde había apoyada una escala de cuerda, alcanzándose a ver por el otro lado las plumas de un sombrero y las copas de algunos árboles.
> He aquí todo.
> Es decir, falta un detalle.
> La luna iluminaba el cuadro, saliendo de entre un grupo de nubes en el horizonte (p. 474).

Si hasta el momento a Rosa le había sido fácil explicar lo que *veía* en los abanicos, ahora no *ve* nada y ha de entregarse a la deducción para averiguar qué se esconde detrás de la tapia y a quién pertenece el sombrero de plumas. La protagonista confía en una suerte de coherencia narrativa que liga a todos los abanicos del mundo: «Rosa abrigaba la creencia de que no había en el mundo más que un pintor de abanicos; que este relacionaba sus historias y sus personajes ni más ni menos que el que hace una epopeya, y que en este sentido debía existir otro abanico en relación con el que ella había encontrado» (p. 474).

Meses después, Rosa sigue sin resolver el enigma. Pasa los días sentada ante el abanico, mientras palidece y enferma: «tenía la dolencia de lo *desconocido*» (p. 474). Las viejas del lugar e incluso el médico hablan de hechizos y brujería, de manera que el cura comienza a visitarla: «Rosa estaba, pues, entre la medicina y el exorcismo. El doctor la recetaba tisanas, y el párroco de la aldea oraciones» (p. 474). Pero si hay algo en lo que médico y párroco coinciden es en la necesidad de apartar a la joven del abanico, que la sabiduría popular asocia ya con el diablo. La obsesión de Rosa llega a tal punto que asegura que por las noches una fosforescencia surge del país del abanico, las plumas del sombrero se mueven y la luna proyecta una luz tenue y plateada sobre la escena.

Justo cuando se cumple un año del hallazgo, la joven recibe en el huerto de su casa la visita de un buhonero que, pese a sus reticencias, insiste en animarla enseñándole algunas chucherías.

De súbito, Rosa grita y se levanta del asiento: ha visto una lámina que representa el país de su abanico, pero amplificado.

> Veía una tapia que cercaba un huerto muy parecido al suyo, con sus grupos de perales y manzanos: por un lado había sujeta la escala de cuerda que facilitaba la entrada a un galán caballero, con su sombrero de plumas. Este, al saltar en tierra, exhalaba un grito, porque en medio del huerto, iluminada por la luz del crepúsculo y la de la luna, una joven agonizaba en un sillón de cuero, al lado de una anciana que lloraba estrechando su mano.
> Y aquella joven...
> Era Rosa.
> Rosa, que lanzó un agudo grito al ver la explicación del país del abanico, y cayó para no levantarse jamás (pp. 474-475).

La historia concluye con un párrafo en el que el narrador sitúa la acción en una aldea de la montaña leonesa, «hace ya muchísimos años, tantos como se necesitan para que la realidad se confunda con la tradición» (p. 475).

Escamilla establece en este cuento un juego interesante pero quizá no muy bien resuelto entre dos concepciones de lo fantástico. Por un lado, una noción popular de lo sobrenatural que incide en la naturaleza diabólica de la obsesión de Rosa, una suerte de posesión demoníaca. No parece gratuito, en este sentido, que los hallazgos del abanico y de la lámina que completa su historia se produzcan en la víspera de la Asunción de la Virgen. El autor refrenda ese cariz popular con una explicación característica de lo legendario: afirma que, dada la distancia temporal que separa los hechos de su trasvase al papel, lo que realmente sucedió podría haberse hibridado con la leyenda. Asimismo, ubica la acción en una aldea de las montañas de León, un espacio rural que, lejos de atenuar el carácter fantástico del relato, lo incrementa, pues la aparición del abanico en un pueblo aislado resulta más desconcertante que si se diera en la gran ciudad.

Por otra parte, Escamilla ahonda en lo fantástico moderno al hacer de un objeto tan cotidiano como un abanico una suerte de fetiche ominoso capaz de alterar la personalidad de la joven protagonista. El desarrollo de los hechos parece descartar la explicación popular que las viejas de la aldea —e incluso el médico ante la ineficacia de sus remedios— atribuyen al Diablo, pues los exorcismos del cura no surten efecto. Escamilla, además, deja traslucir una acerba desconfianza ante la eficacia de los exorcismos del cura y, sobre todo, la legitimidad de la ciencia positivista, representada por el médico, incapaz de llegar a los aspectos más recónditos de la experiencia humana. Esa desconfianza hacia la medicina también se manifiesta en «Muérete y verás» y, más explícitamente, en «La catalepsia».[12]

El equilibrio entre la dimensión interior de lo sobrenatural y la vertiente legendaria no está del todo logrado porque esta última parece un añadido impuesto por una lógica distinta a la que preside el desarrollo de la narración. No me refiero al papel que desempeña la superstición popular —que dota hábilmente de cierta ambigüedad al mal de Rosa—, sino a ese párrafo final que amortigua lo que de inexplicable y siniestro tiene la peripecia de la protagonista. Así, el relato se abre con una evocación muy concreta del narrador que contradice su última apostilla: «Recuerdo que Rosa desde su niñez tenía siempre una especial predilección por ese juguete femenil que usan las mujeres» (p. 473). Si el narrador es capaz de rememorar la infancia de Rosa, en realidad no ha pasado tanto tiempo entre los hechos y la narración como al final nos quiere hacer creer. Hay que tener en cuenta que en muchos de sus cuentos Escamilla, buen conocedor de las preferencias de los lectores, agrega coletillas de raigambre legendaria y apela a tradiciones inexistentes a sabiendas de que «este sabor popular y romántico gusta al público decimonónico» (Cazottes, 1983: 17). Y en algunos casos, como en «El país de un

---

[12] Pedro Escamilla, «La catalepsia (Cuento)», *El Periódico para Todos*, 70 (1880), pp. 629-631. Celestino explica cómo tras sufrir un ataque fue enterrado, lo que le permitió observar las demostraciones de tacañería de su suegra, el desprecio de sus amigos y la *amistad* de su mujer con un supuesto primo; al final, todo resulta ser un sueño. En cuanto al médico, estas son las palabras despectivas que le dedica Celestino: «¡La ciencia! Esta palabra en aquella ocasión me pareció un sarcasmo. [...] El médico me pareció un sacerdote de una falsa divinidad, un propagador de errores» (p. 630).

abanico», insiste en esa técnica aunque desentone con la atmósfera del relato.

En lo que respecta al tratamiento del doble, Escamilla ofrece una elaboración muy original del motivo. Tres rasgos fundamentales distinguen su cuento de «La Madona de Rubens». En primer lugar, el protagonista no es un poeta o un pintor, sino una joven de dieciséis años que experimenta su propia duplicación; la vivencia es, por tanto, insólitamente femenina. En segundo lugar, la obsesión se cifra aquí ya no en un retrato, sino en un paisaje complejo cuyo misterioso significado debe desentrañar la protagonista. Por último, el doble solo aparece en las últimas líneas del texto, y si bien resuelve el misterio de la historia que se desarrolla más allá del muro, genera a su vez otros enigmas más angustiosos y desconcertantes. La imposibilidad de dilucidarlos condensa el efecto fantástico y ominoso en la doble agonizante. Aun así, puede afirmarse que, en consonancia con la tradición del *Doppelgänger*, la escena hibrida un posible anhelo amoroso de la joven —un aspecto de su identidad que, de existir, probablemente la propia Rosa desconoce—[13] con un *fatum* al que parece destinada desde la aparición del abanico.

El talento de Rosa para crear narraciones a partir de las escenas de los abanicos sugiere una naturaleza imaginativa y fecunda que la emparenta con la figura del artista romántico. La joven es capaz de construir nuevos mundos basándose en imágenes que poco o nada revelan a los demás, y cuando da con una escena desazonadora por imposible de interpretar su habilidad se trueca en una fijación patológica. El agotamiento de la inspiración de Rosa se corresponde con la incapacidad de los héroes de Hoffmann para plasmar en el lienzo su ideal artístico; cuanto mayor es la obsesión, más crece la dificultad de hallar la clave de lo desconocido, hasta que finalmente lo oculto aflora al mundo visible y acaba aniquilando al artista. Como sucede con los

---

[13] Recordemos que Freud (2001: 74) asocia el doble con «todas las posibilidades de nuestra existencia que no han hallado realización y que la imaginación no se resigna a abandonar, todas las aspiraciones del yo que no pudieron cumplirse a causa de adversas circunstancias exteriores, así como todas las decisiones volitivas coartadas que han producido la ilusión del libre albedrío».

personajes hoffmannianos, la curiosidad que empuja a Rosa a indagar en lo que se esconde detrás de la tapia esconde una firme voluntad de aprehender lo desconocido, de apoderarse de su secreto, pero también un intento desesperado de dotar de cierta coherencia a aquello indescifrable y conjurar su amenaza. De ahí que Rosa se empeñe en creer que un único pintor se ocupa de decorar todos los abanicos del mundo, pues así el que ella encontró no quedará inconcluso ni fragmentado.

En definitiva, el atractivo y la novedad del cuento de Escamilla radican en el tratamiento sutil y profundo de lo fantástico (pese a su final postizo) de índole psicológica. Los objetos, el abanico y la lámina, están saturados de poder sobrenatural y maléfico porque encierran algo que concierne a Rosa y a su futuro, un futuro malogrado de antemano, como el de casi todos los personajes que se topan con su otro yo.

## 3. El doble *post mortem*

La popular escena de la asistencia a las propias exequias desembocó en el enfrentamiento romántico del individuo con su doble cadáver, siempre en el contexto de lo fantástico legendario y asociado con las tradiciones de Lisardo o Miguel de Mañara. En la segunda mitad del siglo XIX las exequias y la visión del doble siguen apareciendo en cuentos de corte legendario como los de Gutiérrez de la Vega, García de Luna y Cueto y Cano (quien, curiosamente, fue el primer traductor al español de «William Wilson» en 1871). Pero, al mismo tiempo, el motivo se desarrolla en una vertiente puramente fantástica de la mano de Pedro Escamilla y su «Muérete y verás. Fantasía»,[1] donde ofrece una elaboración del doble muy distinta a la de «El país de un abanico».

El relato se abre con una reflexión sobre la vida y la muerte: aunque es por todos sabido que no se puede vivir estando muerto, el narrador y protagonista duda de esa verdad universal. Este inicio cuento hace pensar en el de algunos relatos de Poe, donde el héroe comienza declarando su estupefacción ante un hecho increíble que da a conocer al lector para que él mismo lo juzgue. En efecto, así se cierra la breve introducción de «Muérete y verás»:

> ¿Qué sistema filosófico admite la existencia *material* de un muerto?
> Porque ya no es cuestión del alma, del espíritu; aquí se trata ya de la parte increada, del ente moral.

[1] Pedro Escamilla, «Muérete y verás. Fantasía», *El Periódico para Todos*, 16 (1875), pp. 247-249.

No.
Es una cuestión mucho más intrincada y más ardua...
¡Qué diantre!
¡Si al fin y al cabo no hallo palabras con que expresar el absurdo!
Leed vosotros y juzgad (p. 247).

Desde un primer momento el narrador sitúa al lector en una dimensión palpable: deja bien claro que no se refiere a la vida de un muerto en términos simbólicos o metafísicos, sino materiales. De la abstracción filosófica pasa entonces al caso concreto. El 2 de mayo de 1868, el médico de uno de los pueblos cabeza de partido en la provincia de León certificó que Gil Asverus, de origen alemán, había muerto de un aneurisma tras un tratamiento de tres meses, fallecimiento rubricado por el cura de la parroquia, los vecinos que acompañaron al difunto al cementerio e incluso el enterrador. Ese difunto, revela el narrador, no es otro que él mismo: «Yo soy el mismo Gil Asverus. Pero ¿estoy muerto» (p. 247). En un intento de reconstruir lo sucedido, Gil Asverus rebusca en su memoria.

Recuerda que una tarde, mientras paseaba por el pueblo, se precipitó, víctima de un síncope, al suelo; no sabe en qué postura cayó, pero sí que días después, al mirarse en el espejo, descubrió unos rasguños en su rostro. Asimismo, ignora el tiempo que pasó inconsciente. En cualquier caso, despierta en su cama, rodeado de un ambiente ruidoso discordante con su convalecencia. Cuando se levanta se ve inmerso en una situación anormal que poco a poco toma la forma de una pesadilla. En primer lugar, le extraña ver en su casa al gaitero hablando con una antigua criada, Basilia, «a quien a toda mi familia había prodigado sus beneficios». Hablan del testamento de Gil Asverus y la criada califica al amo de «viejo verrugo» y «tacaño». Además, comenta que «la viuda pronto se ha consolado... Apenas hace seis meses que Gil Asverus murió, y hoy que acaba de casarse echa la casa por la ventana» (p. 247). Convencido de que Basilia ha bebido más de la cuenta, grita su nombre, pero esta no le responde. Decide entonces hablar con su mujer, Camila, para que le explique «aquel incomprensible logogrifo más intrincado que las respuestas de la esfinge de Tebas» (p. 247),² pero antes oye a dos de sus amigos más fieles dedicándole unas cuantas lindezas.

El ambiente festivo de la casa se le antoja un infierno, aunque sobre todo le sorprende que nadie se percate de su presencia. Las especulaciones sobre su auténtico estado se suceden atropelladamente:

> Llegó mi candidez hasta el extremo de palparme y reconocerme, aun cuando yo tenía la conciencia de mi ser.
> ¿Puede nadie dudar de su existencia sin estar loco?
> ¡Gran Dios, qué idea!
> ¡Loco!
> ¿Había yo perdido efectivamente la razón?
> ¿Sería todo aquello el fruto de una aberración de mis sentidos?
> Pero no; no era posible.
> Yo hablaba en alta voz y me oía, y comprendí el sentido de mis palabras, que no eran, por cierto, las de un loco.
> Yo miraba mi imagen reproducida en los espejos; yo veía que me encontraba en mi propia casa al lado de mis fieles criados y de mis queridos amigos, que tan buenas ausencias hacían de mí...
> Y sin embargo, aquellas gentes hablaban de mi defunción; yo había muerto hacía seis meses. [...]
> En suma, yo debía haber pasado a la categoría de espectro (p. 248).

Aterrado, corre sin rumbo fijo y va a parar a su habitación. Donde antes se hallaba su cama hay un lujoso lecho nupcial, y de la alcoba han desaparecido sus pertenencias e incluso su retrato, el regalo de bodas que le hizo a Camila. Ve entonces entrar a esta en compañía de un hombre al que besa y acaricia, un sujeto que curiosamente se llama también Gil —«¡Cómo! ¡Mi rival llevaba un nombre tan idéntico al mío!» (p. 248)— y cuya voz es muy similar a

---

² La esfinge de Tebas como término de comparación también aparece en «El país de un abanico»: «Aquellas líneas guardaban su secreto tan bien como la esfinge de Tebas; no era posible arrancarlas ni un destello, ni una sílaba» (p. 474).

la suya. Ansioso por descubrir la cara del *rival*, Gil Asverus se sitúa al lado de la pareja, ajena a su presencia. La narración concluye con una revelación sobrecogedora:

> Así con ira las manos de Camila y las aparté violentamente del rostro de aquel hombre aborrecido, descubriendo…
> ¡Ja, ja, ja!… ¡Dios mío!
> Aquel hombre… era yo, Gil Asverus, que pasaba al lado de Camila la primera noche de desposado (p. 249).

En «Muérete y verás» la consciencia (que no ya la vivencia) de la propia muerte da un nuevo giro para gravitar, en un golpe de efecto final, en torno al doble. Así, *Doppelgänger* y muerte vuelven a inscribirse en un mismo campo semántico, en un orden de ideas similar. Cierto es que el ingrediente del funeral tiene una importancia ínfima en el cuento de Escamilla: Gil Asverus no asiste a sus exequias, celebradas seis meses atrás, aunque sí imagina «*todo lo que debía haber pasado*» y visualiza un hipotético entierro: ve a su mujer «que lloraba solamente por un ojo» y, lo que es más pavoroso, se siente atrapado en el ataúd, oye la tierra caer sobre la madera y comprende que está condenado a la soledad más absoluta (p. 248). No obstante, el motivo del entierro subyace tras la génesis del cuento, tal y como pone de manifiesto el título, tomado de la famosa comedia de Bretón *Muérete ¡y verás!* Aunque en lo concerniente al género y la lección moral las obras tienen muy poco en común, ambas se remiten a la tradición del individuo que es *enterrado* y luego, de un modo u otro, *devuelto* a la vida. Bretón moldea esa tradición de manera realista y con afán ejemplarizante, mientras que Escamilla la traslada a una atmósfera fantástica y, pese a incidir en el *topos* de la muerte como desenmascadora de apariencias y falsedades, este pasa a un segundo plano a favor de un tratamiento heterodoxo. De hecho, el ya citado «La catalepsia» se asemeja más a la comedia de Bretón que «Muérete y verás».[3]

---

[3] El entierro en vida y la catalepsia tienen un claro precedente en «Premature Burial» (1844), de Poe, vertido al español en 1859 («Enterrado vivo»). Un relato muy similar en intenciones y desarrollo es «Después de muerto», de Torcuato Tárrago (*El Periódico para Todos*, 33, 1882, pp. 520-

El hecho de que el narrador se declare muerto en un sentido no metafórico, sino real, cuenta también con algunos precedentes en la narrativa decimonónica. «Historia de un muerto contada por él mismo» («Histoire d'un mort racontée par lui-même», 1849), de Alexandre Dumas, recrea la historia de un médico, admirador de Hoffmann, que muere de amor y resucita gracias a la ayuda del Diablo, si bien al final todo resulta ser producto de un sueño.[4] Por su parte, Gaspar Núñez de Arce compuso en 1856 «Las aventuras de un muerto. Cuento fantástico»,[5] cuyo protagonista explica en una tertulia cómo se suicidó jaleado por un misterioso personaje y cómo después ascendió al cielo. Allí, cual Diablo Cojuelo, Julián de Mendoza alcanza a ver un cortejo fúnebre que cruza la madrileña calle de Fuencarral... y el rostro de su propio cadáver:

> Precisamente pasaba por ella a la sazón un carro mortuorio, y sin dificultad comprenderéis mi sorpresa cuando os diga que en él, encerrado en humilde caja de pino forrada de tela negra, alcancé a ver a través de la tapa un cuerpo muerto, cuyo desfigurado y amarillento rostro conocí en seguida. ¿Cómo no, si era el mío? (pp. 32-33).

Lo curioso es que, como sucederá en «Mi entierro», de Clarín, el protagonista pierde de vista «la parte material de mi ser» (p. 33) y, a continuación, vuelve al mundo de los vivos sin que nadie perciba su presencia. Finalmente, despierta en la cama de un hospital y se convence de que todo ha sido un sueño. Pero su peripecia no acaba aquí: mientras guarda cama, recibe la visita del enigmático personaje,

---

522). Cosme sufre un ataque de catalepsia, es enterrado vivo y escapa del ataúd, viendo así el desprecio que suscitaba en su novia y en sus amigos. Las alusiones a Bretón son explícitas: «¡Muérete y verás! —dije para mi capote acordándome de la comedia de este título de Bretón de los Herreros» (p. 621). Más adelante, se remeda el final del drama en boca de Cosme: «Para aprender a vivir es menester morirse antes» (p. 622).

[4] *Les Mille et un Fantômes*, libro al que pertenece el cuento de Dumas, se tradujo repetidamente al español (Roas, 2006: 236-237).

[5] Gaspar Núñez de Arce, «Las aventuras de un muerto. Cuento fantástico», *Miscelánea literaria. Cuentos, artículos, relaciones y versos*, Daniel Cortezo y Cía, Barcelona, 1886, pp. 7-61.

que esta vez se presenta como el mismísimo Diablo... y padre de Julián. Desengañado, el poeta en ciernes se entrega a una vida disoluta. La atropellada acumulación de sucesos y las digresiones metafísicas a las que se entrega el Diablo acaban por restarle al cuento de Núñez de Arce la verosimilitud y la tensión entre realidad empírica y fenómeno sobrenatural propias de todo relato fantástico.

El cuento de Escamilla, a diferencia de los de Dumas y Núñez de Arce (el uno pseudofantástico, el otro descabellado y grotesco), goza de un marcado carácter fantástico. Ya el origen alemán dota al protagonista de una naturaleza asociada con lo sobrenatural, y otro tanto sucede con su apellido: Asverus no es más que una deformación de Ashavero o Ashaverus, el Judío Errante, a quien, como es sabido, la tradición cristiana identifica con el judío que mortificó a Jesús cuando cargaba con la cruz y fue por ello condenado a vagar eternamente. Sin embargo, es improbable que Escamilla pretendiese dotar a su personaje de ínfulas filosóficas o religiosas, más aún porque durante el Romanticismo el Judío Errante adquirió cierto protagonismo como criatura fantástica.[6] En España, el *Semanario Pintoresco Español* publicó «Ashavero o el judío errante. Leyenda» (1837), del alemán Christian Friedrich Daniel Schubart, Fernán Caballero escribió el cuento «Juan Espera en Dios» (*La estrella de Vandalia*, 1855) y el exitoso folletín de Eugène Sue *El judío errante* gozó de numerosas traducciones a partir de 1844.

Es también común que en la narrativa romántica los judíos atesoren poderes nigrománticos; en ocasiones el judío «aparece como ayudante de un personaje al que salva normalmente de un ser diabólico. Este personaje, si es caracterizado positivamente, acaba siempre convertido al cristianismo» (Trancón Lagunas, 2000: 117). El propio Escamilla, en «El cuadro de maese Abraham», dota al judío

---

[6] Desde que Percy le dedicó una balada en sus *Reliques of Ancient English Poetry* (1765), el interés por el personaje se incrementó. Goethe planeó una obra sobre el Judío Errante que se quedó en unos versos sueltos; Wordsworth escribió «Song for the Wandering Jew» (1800) y Shelley *The Wandering Jew, or the Victim of the Eternal Avenger* (1810). Autores como Lenau, Brentano, Arnim o Chamisso también se sintieron atraídos por el personaje; este último tradujo del francés *Le juif errant* de P.J. Béranger en 1831.

Abraham de extrañas artes magnéticas. La reminiscencia a Ashaverus en «Muérete y verás», además de situar al protagonista en un contexto fantástico, podría equiparar su condena a la del personaje mítico. Así, Gil Asverus estaría obligado a vagar en una suerte de limbo, un espacio entre la vida y la muerte que le permite ver cómo actúan sus seres queridos sin poder comunicarse con ellos.

El doble pergeñado por Escamilla es, de todos los estudiados hasta el momento, el que mejor recrea la tradición hoffmanniana. Estamos ante un *Doppelgänger* que no solo instaura una duda sobre la vida y la muerte: obliga al protagonista a interrogarse acerca de su identidad y a sospechar de su cordura, explicación esta que se le ocurre a Gil Asverus para justificar su experiencia. Además, Escamilla pone en un primer plano la capacidad usurpadora del doble ya que este seduce a la mujer (o viuda) del protagonista.[7]

La impronta hoffmanniana también se deja sentir en la imposibilidad de averiguar qué ocurre realmente y, sobre todo, por qué. A diferencia de los dobles de Poe, explicables a través de alguna causa sobrenatural pero aprehensible (la ruptura de la unidad cósmica, el magnetismo), la existencia del *Doppelgänger* en Escamilla ni es explicable ni resuelve nada. Y es así porque, en gran medida, el doble hace acto de presencia al final: las expectativas a propósito de la personalidad del rival surgen en el último momento, solo cuando la *infidelidad* de Camila es ya palpable. El doble no descifra enigmas, sino que los añade: cualquier intento de reducir su existencia a una causa o a un significado concreto se saldaría con el fracaso.

Podría pensarse, por ejemplo, que Gil Asverus ha hecho un viaje retrospectivo en el tiempo y asiste, como espectador, a sus nupcias, pero los criados y amigos dan cuenta de su muerte y el

---

[7] El tópico de la viuda que se consuela con sospechosa rapidez después de la muerte del marido es recurrente en la narrativa del siglo XIX. En «El duelo se despide de la iglesia» (*Semanario Pintoresco Español*, 23 de julio de 1837), Mesonero Romanos retrata un caso similar, el de una «nueva Artemisa» mucho más joven que el difunto esposo que finge muy mal, como el resto de la familia, su dolor por esta pérdida. El *topos*, apuntado ya en la comedia de Bretón, se repite en «La catalepsia», de Escamilla, «Después de muerto», de Tárrago, y «Mi entierro (Discurso de un loco)», de Clarín.

retrato que le regaló a Camila el día de su boda no está donde debería. O quizá que, en contra de lo que cree, él no es el auténtico Gil Asverus, si bien no hay datos en el cuento que puedan rubricar esta hipótesis peregrina. Una interpretación quizá más convincente de lo sucedido es que el espectro del protagonista, muerto seis meses atrás, revive el día en que su viuda lo sustituyó por un individuo idéntico a él cuyo nombre de pila también es Gil; pero de ser así, ¿por qué nadie en la repara en el parecido entre el nuevo marido y el difunto? Y si Gil Asverus es un espectro, ¿por qué entonces puede verse en los espejos, cuando los muertos no tienen reflejo? No puede ser casual, en este sentido, que el protagonista declare haberse mirado en el espejo al menos en dos ocasiones. Esa acción dota a la peripecia de Gil Asverus de un carácter todavía más perturbador: ¿realmente se refleja en el azogue o son imaginaciones suyas? ¿Y si fuera el otro, su rival, el que le presta su imagen a los espejos, interponiéndose entre él y el mercurio?

Todo en el relato es pretendidamente ambiguo, como en la mejor tradición fantástica. La experiencia de Gil Asverus socava la noción que hasta entonces tenía de la realidad. Incluso siente horror de sí mismo, pues no sabe ya quién o qué es: tras imaginar su entierro y percatarse de su soledad, corre, despavorido, «huyendo de mí mismo sin dirección fija» (p. 248). Y aunque esa loca carrera no tiene un destino determinado va a parar a su habitación, destinado a encontrarse con un doble que le sustituye en su lecho y que paradójicamente le impide, como deseaba, huir de su quebrantado yo.

Clarín escribió «Mi entierro. Discurso de un loco» a la vez que redactaba *Del naturalismo* (*La Diana*, febrero-junio de 1882), el conjunto de conferencias que lo convirtió en el defensor más destacado del método experimental en España.[8] En el cuento hallamos una deformación grotesca de motivos típicamente fantásticos como las exequias, el muerto vivo y, sobre todo, el doble, aunque también una cierta visión crítica de la sociedad que encaja en la producción realista del autor.

[8] El autor, según consta al pie del texto, escribió el cuento en Zaragoza en 1882, pero no lo publicó hasta 1883 (*La Ilustración Artística*). Luego lo recogió en *Pipá* (1886). Cito por Alas (1999: 167-177).

El protagonista y narrador, Agapito Ronzuelos, regresa una noche de primavera a su casa tras jugar una partida de ajedrez con Roque Tuyo. Tiene los pies mojados y está aturdido: «Llevaba la cabeza hecha un horno y aquella humedad en los pies podía hacerme mucho daño; podía volverme loco, por ejemplo» (p. 167). El balcón de su cuarto está abierto e iluminado con hachas de cera, y el sereno le dice que hay allí un difunto, quizá muerto de una borrachera. Su criado Perico baja a abrirle la puerta y le certifica que el amo ha muerto de un ataque cerebral, cosa que impacienta a Ronzuelos: si el amo de Perico está muerto, ¿quién es él? El criado responde que el amortajador, a quien un tal don Clemente ha mandado hacer venir a escondidas para no provocar rumores. Ya en el cuarto, ve un cadáver estirado en la cama:

> Miré. En efecto, era yo. Estaba en camisa, sin calzoncillos, pero con calcetines. Me puse a vestirme; a amortajarme, quiero decir. Saqué la levita negra. [...] Pero en fin, quise empezar a mudarme los calcetines, porque la humedad me molestaba mucho, y además quería ir limpio al cementerio. ¡Imposible! Estaban pegados al pellejo [...] En fin, me vestí de duelo, como conviene a un difunto que va al entierro de su mejor amigo (pp. 169-170).

A continuación van desgranándose los tópicos inherentes a la muerte como reveladora de la verdad: la impasibilidad del criado ante el cadáver, el adulterio de la mujer con Clemente Cerrojos, compañero de partido del difunto, o la indiferencia de los amigos. La sensibilidad de Ronzuelos se ve incrementada por «la doble vista», una especie de telepatía: «sentí una facultad extraordinaria de mi conciencia de difunto; mi pensamiento se comunicaba directamente con el pensamiento ajeno; veía a través del cuerpo lo más recóndito del alma» (pp. 170-171).[9]

---

[9] Este sexto sentido aparecerá en un cuento posterior de carácter alegórico titulado precisamente «La doble vista» (*Almanaque de fin de siglo*, 1892), de J. Valero de Tornos: un hombre que puede leer el pensamiento de los demás descubre la falsedad de sus amigos (cf. Roas, 2000: 705) También cuenta con una «percepción doble» o «doble conciencia» el protagonista de *El velo alzado* (*The Lifted Veil*, 1859), de George Eliot, si bien aquí la propiedad tiene un carácter premonitorio.

Don Mateo Gómez, miembro también del partido, lee durante el funeral un discurso salpicado de lugares comunes. «Yo, que estaba de cuerpo presente, a la vista de todos, tuve que hacer un gran esfuerzo para no reírme y conservar la gravedad propia del cadáver en tan fúnebre ceremonia» (p. 175). Mientras Gómez retrata a Ronzuelos como «mártir de la idea», «de la idea del progreso indefinido», este no se considera otra cosa que mártir de la humedad. Cuando se disuelve el cortejo, Roque Tuyo tacha a Ronzuelos de tramposo en el ajedrez y este, indignado, sale del ataúd. Pero ya ha anochecido y no hay nadie, solo un enterrador con el que acuerda que el nicho será, a partir de ese momento, su vivienda, porque, asqueado de los suyos, Ronzuelos se niega a volver a «la ciudad de los vivos». A pesar del trato, el enterrador *vende* a Ronzuelos y al día siguiente se presentan en el cementerio Clemente, Perico, su mujer y don Mateo con una comisión del partido:

> Resistí cuanto pude, defendiéndome con un fémur; pero venció el número; me cogieron, me vistieron con un traje de peón blanco, me pusieron en una casilla negra, y aquí estoy, sin que nadie me mueva, amenazado por un caballo que no acaba de comerme y no hace más que darme coces en la cabeza. Y los pies encharcados, como si yo fuera arroz (p. 177).

Como puede verse, «Mi entierro» constituye un relato de compleja adscripción genérica y difícil interpretación. Además, la extraña reacción de personajes como Perico, incapaz de identificar a Ronzuelos con su amo, o la evidente distorsión del espacio y del tiempo —¿se funde Ronzuelos con su cadáver al vestirse o amortajarse?, ¿por qué anochece súbitamente?, ¿cómo es posible que el cementerio se transforme en un tablero de ajedrez?— impiden establecer una lógica causal en la sucesión de los hechos.

Laura de los Ríos (1965: 287-288) incluye «Mi entierro» entre los cuentos grotescos de Clarín y lo define como un «relato extraño» que anticipa el expresionismo alemán y el humor de Gómez de la Serna. Parece más oportuna la impresión de Ramos-Gascón (1999), para quien las raíces de «Mi entierro» deben buscarse en el cuento fantástico del siglo XIX. Ezama (1994: 79) integra el cuento entre aquellos asociados con la «osmosis de la psicopatología y lo fantástico: sueños, visiones y fantasmas», mientras que Roas (2000: 677-679) lo sitúa en el ámbito de lo pseudofantástico grotesco. Por último, Viñuales (1992) ofrece una revisión de las interpretaciones suscitadas por el cuento que poco aporta a lo ya escrito.

Pese a que aferrarse a la enajenación del protagonista suele dar como resultado una interpretación reduccionista de los textos literarios, en este caso concreto el subtítulo «Discurso de un loco» permite interpretar la historia como el relato de un monomaníaco obsesionado con la humedad y el juego —una de las aficiones del propio Clarín— que, finalmente, es recluido en un manicomio (el tablero de ajedrez). El énfasis en lo grotesco sería, pues, fruto de la visión distorsionada de la realidad que tiene Agapito Ronzuelos. Con todo, tampoco puede obviarse que el protagonista parece, en la estela cervantina, un cuerdo loco consciente de los motivos que podrían haberle conducido a ese estado y, sobre todo, muy capaz de intuir lo que subyace bajo las apariencias.

Al margen de una posible lectura *racional* o *realista* de la peripecia de Ronzuelos, el uso de elementos como las exequias, el muerto vivo y, sobre todo, el doble, emparentan «Mi entierro» con la tradición fantástica, si bien el modo en que Clarín maneja esos ingredientes lo alejan a la vez de esta: el cuento no pone en tela de juicio el concepto de realidad del protagonista ni del lector, no da lugar a la amenaza de lo sobrenatural ni provoca miedo. Lo que se ofrece, por el contrario, es una revisión paródica de todos esos motivos. A diferencia de «Muérete y verás», cuento al que tanto se asemeja temáticamente «Mi entierro», el autor se apropia del doble para parodiar la narrativa fantástica decimonónica en sintonía quizá con el modelo grotesco que Poe había establecido en «El aliento perdido» («Loss of Breath», 1832) y que más tarde aprovecharía Galdós en «¿Dónde está mi cabeza?» (1892).[10] No hay que olvidar, además, que por aquel entonces proliferaban los cuentos sobre locos, de los que quizá Clarín quiso ofrecer su propia versión.

---

[10] Es una posibilidad apuntada por Roas (2000: 678).

«Mi entierro» no es el único relato en que el autor parodia un recurso propio de lo sobrenatural: basta con recordar al alcalde Mijares metido a magnetizador en «Superchería» (1889-1890). Esta *nouvelle* nos ofrece una valiosa información sobre el modo en que Clarín se servía de lo fantástico y lo inexplicable. El protagonista, Nicolás Serrano, pugna por deshacerse del «milagro, la superstición, las ciencias ocultas, el misterio y las pretensiones científicas del hipnotismo moderno»,[11] pero paradójicamente se da de bruces con un batiburrillo esotérico en Guadalajara al verse envuelto en los *prodigios* del doctor Foligno y la sonámbula Caterina Porena, de quien se enamora. Aunque las artes ominosas de los italianos y su poder sobre Serrano tienen una explicación racional, queda algo por explicar que, dos años después, le sigue atormentando: «¿Por qué me conocía usted siempre (le dice a Caterina) por el contacto de la yema de un dedo?» (p. 418). Y también se relegan al territorio de lo inexplicable, por irresolubles, las casualidades que a lo largo de la historia provocan los encuentros del protagonista y la sonámbula. Lo insólito queda en «Superchería» subsumido en el ámbito de lo sublime, de aquello que es imposible discernir a través del intelecto y que resulta tan atrayente como inquietante. Clarín, pues, rechaza la estridencia y aboga por la expresión poética frente a la prosaica (Sobejano, 2002), una perspectiva obviamente inconciliable con el tratamiento que recibió la literatura fantástica por parte de muchos de sus cultivadores a lo largo del siglo XIX.

El doble de Ronzuelos se inscribe en una línea que remite a los códigos legendario (las exequias) y fantásticos distorsionados a través de lo grotesco. Sin embargo, el motivo no tiene aquí implicaciones edificantes ni terroríficas, e incluso adquiere una función que trasciende la intertextualidad o la parodia: Clarín recurre al doble y la telepatía (la «doble vista») para ensayar la sátira, género que cultivó a lo largo de toda su carrera literaria.[12] Y

---

[11] Leopoldo Alas, *Cuentos completos*, ed. de Carolyn Richmond, Alfaguara, Madrid, 2000, vol. 1, p. 388.
[12] Relatos en los que hay elementos satíricos son «La mosca sabia» (1880), «El doctor Pertinax» (1880), «Don Ermeguncio o la vocación (Del natural)» (1881), «El número uno» (1895), o «Zurita» (1886). Asimismo, Richmond (1984) ha señalado el vínculo de «Mi entierro» con *La Regenta* a causa de

lo hace con más profundidad que Bretón o Escamilla («La catalepsia»), pues no se queda en el ámbito privado sino que también proyecta su mirada hacia lo público. Ronzuelos pertenece a un partido político progresista cuyos miembros están más ocupados en seducir a la mujer del compañero (Clemente) o en guardar las apariencias (don Mateo) que en luchar por unos supuestos ideales; él mismo, de hecho, vive totalmente entregado al *idealismo* del ajedrez. Véase si no a don Mateo definir a Ronzuelos —jugador tramposo, bebedor, monomaníaco— como un «campeón (que) ha caído herido como por el rayo [...] en la lucha del progreso contra el oscurantismo» (p. 175). El relato, pues, critica el entramado político de la Restauración, en particular al partido fusionista de Sagasta aupado al poder (1881-1883), y también el uso que se hacía de la oratoria, que en aquella época había caído en el descrédito «al hacerse repetitiva y amanerada, y llenarse de tópicos y frases hechas; la crítica de la oratoria, muy común en la literatura finisecular [...], es solo una parte más de la crítica al sistema total de la Restauración» (Ezama, 1997).

En definitiva, Clarín utiliza el motivo del doble tanto para parodiar una tradición, la del cuento fantástico, ya consagrada a finales del siglo XIX, como para exprimir sus propiedades críticas y satíricas. Y todo ello en un contexto absurdo y grotesco que, como veremos más adelante, evoca en cierto modo la original narrativa de Antonio Ros de Olano.

ese contenido satírico: el cuento anticipa algunos personajes secundarios (Santos Barinaga, Pompeyo Guimarán) y situaciones como el entierro de Santos Barinaga o la trama política.

## 4. La perspectiva femenina

El título de este capítulo no alude tanto a la mirada de Emilia Pardo Bazán como a la de la protagonista de uno de sus cuentos, «La Borgoñona»; y es que este relato desarrolla una vertiente insólita del *Doppelgänger* en la narrativa española decimonónica: la de la mujer protagonista que se enfrenta a un doble masculino. «La Borgoñona», además, merece una reflexión aparte por su difícil adscripción genérica, entre lo legendario y lo puramente fantástico, cosa que le otorga un carácter más singular aún si cabe.[1]

«La Borgoñona» tiene, al menos en su comienzo, una marcada estructura legendaria: la narradora afirma haber encontrado «esta leyenda en una crónica franciscana», «una historia milagrosa» que duda en reproducir porque no sabe si «edificante para nuestros sencillos tatarabuelos, parecería escandalosa a la edad presente». No obstante, tal es la impresión que le ha causado que decide reescribirla. La historia se sitúa en el siglo XIII, hacia la época en que Francisco de Asís «enviaba a sus discípulos por todas partes a continuar la predicación del Evangelio» (p. 173), y está protagonizada por una hermosa joven que vive en una granja de Dijon con su padre, hombre rico pero sumamente avaro, y desprecia a todos sus pretendientes. Dado que la crónica omite el nombre de la muchacha, la narradora decide darle el apelativo de la Borgoñona.

Una tarde de invierno llega a la granja un penitente de unos veinticinco años. Viste un sayal, lleva desnudos los pies y tiene

---

[1] «La Borgoñona» apareció en *La dama joven* (1885) y más adelante en *Cuentos sacroprofanos* (1899). Cito por Pardo Bazán (2003: 171-185).

demacrado el rostro. Mientras recupera fuerzas, habla a la Borgoñona del hermano Francisco y de una santa llamada Clara.[2] El penitente rehúye mirar el rostro de su anfitriona, pero ella «devoraba con la mirada aquellas facciones nobles y expresivas, que la mortificación y el ayuno habían empalidecido» (p. 175). Cuando anochece, entran en la cocina los mozos y las mozas de la labranza, y el penitente les sermonea sobre la inutilidad de los bienes materiales y el valor de la austeridad. La arenga conmociona al auditorio:

> Sus frases persuasivas fluían como miel, sus ojos estaban húmedos y evulsos. Las mujeres del auditorio, profunda y dulcemente conmovidas, soltaron la rienda al llanto, y mientras unas acudían a los delantales para secar sus lágrimas, otras rodeaban al peregrino y se empujaban por besar el borde de su túnica. La Borgoñona, con las manos cruzadas, parecía como en éxtasis (pp. 176-177).

El amo de la granja, el único que permanece impertérrito, da fin a la velada e increpa a su hija por fiarse de un vagabundo. Pero el discurso ha calado hondo en la joven: esa noche sueña con demonios que aporrean al padre con sacos de monedas. A la mañana siguiente, va al encuentro del forastero y le pide, abrazada a sus rodillas, que la permita acompañarle en su penitencia. La reacción de este es desmesurada:

> Permanecía el misionero mudo, inmóvil. No obstante, las palabras de la Borgoñona debían de producirle extraño efecto, porque esta sentía que las rodillas del penitente se entrechocaban temblorosas, y veía su faz demudada y sus manos crispadas, cual si se clavase en el pecho las uñas. La doncella, creyendo persuadir mejor, tendía las palmas, escondía la cara en el sayal empapándolo en sus lágrimas ardientes. Poco a poco, el penitente aflojó los brazos y por

---

[2] El penitente se refiere a Clara Schiffi, hija de los condes de Sassorosso, oriunda de Asís y fundadora de la orden franciscana de las Clarisas. Pardo Bazán le dedicó uno de sus *Cuadros religiosos* (1925), «Santa Clara. Virgen y fundadora», publicado por vez primera en 1900.

fin los abrió, inclinándose hacia la niña. Pero de pronto, con una sacudida violenta, se desprendió de ella y casi la echó a rodar por el suelo (p. 178).

El penitente escapa de la granja gritando «¡Hermano Francisco, valme!» y esa misma noche la Borgoñona se corta los rubios mechones, que consagra a una talla de la Virgen,[3] viste el sayal que ha cosido, se hace con un bastón de espinos y huye de Dijon. Es así como se entrega a la penitencia, haciéndose pasar por un muchacho, buscando los caminos menos frecuentados y pidiendo limosna, mientras piensa obsesivamente en el peregrino. Como este, la Borgoñona desarrolla una elocuencia extraordinaria y, con su discurso, embelesa a las gentes.

La muchacha llega a París con la esperanza de hallar al peregrino, pero la ciudad la atemoriza hasta tal punto que es incapaz de pedir un trozo de pan. A la puesta del sol, resuena «el toque de cubrefuegos, que acá decimos de la queda» (*cubrefuego* es galicismo por *queda*), y la Borgoñona rompe a llorar, extrañamente acongojada. De súbito aparece «una vejezuela gibosa, de picuda nariz y ojuelos malignos» (p. 181) que la conduce a una casa de fachada miserable y suntuoso interior. La vieja le pide que espere al amo, un estudiante hidalgo muy galán, para cenar, y cuando este aparece la Borgoñona queda estupefacta: «aquel gallardo caballero tenía la mismísima cara y talle del penitente. Conoció sus grandes ojos negros, sus nobles facciones. Solo la expresión era distinta. En esta dominaba un júbilo tumultuoso, una especie de energía sensual» (p. 182). Durante la cena, la joven reconoce en los ojos del estudiante los del penitente y lo mismo sucede con la boca y la frente: «ya le parecía que, si era el penitente, había ganado mucho en gentileza y donosura» (p. 183).

A la hora de retirarse, su anfitrión le ofrece que compartan la cama, pero la Borgoñona se niega. El joven la mete en el lecho con ternura, se tiende a sus pies y concilia el sueño rápidamente. Ella, sin embargo, siente un gran sosiego:

---

[3] El mismo gesto aparece en «Santa Clara», aunque en este caso es el propio San Francisco de Asís quien corta los cabellos a la joven para entregárselos a la Virgen.

En vano quería recordar las oraciones acostumbradas a aquella hora. No podía levantar el espíritu; su corazón se derretía, se abrasaba; el penitente y el estudiante formaban para ella una sola persona, pero adorable, perfecto, por quien se dejaría hacer pedazos sin exhalar un ¡ay! La blandura del lecho, incitando a su cuerpo a la molicie, reforzaba las sugestiones de su imaginación; en el silencio nocturno, le ocurrían las resoluciones más extremosas y delirantes: llamar al hidalgo, declararle que era una doncella perdida de amores por él, que la tomase por mujer o esclava, pues quería vivir y morir a su lado (p. 184).

Pese a los remordimientos —recuerda su cabellera consagrada a la Virgen—, se acerca al estudiante «casi hasta beberle el aliento». Pero de súbito este, bien despierto y sonriendo aviesamente, se incorpora. La Borgoñona profiere el mismo grito que había entonado el penitente en Dijon —«¡Hermano Francisco, valme!»— y huye enloquecida. Este modo de actuar rubrica que el estudiante supone para ella una tentación similar a la que ella supuso para el penitente. Corre hasta llegar a una plaza, junto a un edificio pobre y humilde, y rememora lo sucedido, aunque todo se le antoja un sueño y es incapaz de recordar la figura del estudiante; solo evoca «un rostro descompuesto por la ira, unas facciones contraídas por un furor infernal, unos ojos inyectados, una espumeante boca...» (p. 185). De pronto, salen del edificio cuatro hombres vestidos, como ella, con sayal, portando un ataúd. Con una indefinible curiosidad, se acerca a la caja y ve, «sin que pudiese haber duda alguna respecto a su identidad, el cadáver del penitente». Al preguntar por el momento de su muerte le responden que fue «Ayer tarde, al sonar el cubrefuego». El edificio resulta ser la casa de los pobres de San Francisco de Asís, donde al final decide ingresar la Borgoñona. Las últimas líneas refieren su terrible penitencia y su fallecimiento. Cuando los franciscanos descubren que es la mujer, la entierran en el cementerio parisino de las Clarisas.

El cuento está concebido como la reelaboración de una leyenda hallada en una crónica franciscana, de ahí que Paredes Núñez (1979: 291) lo haya calificado de leyenda religiosa. En su prólogo a *La dama joven* (1885), Pardo Bazán indica que el asunto procede de los libros que consultó durante la preparación de su *San Francisco de Asís* (1882), si bien quiso agregar al tema germinal, según ella misma explica, elementos de su propia cosecha, de modo que resulta difícil discriminar qué pertenece a la leyenda y qué inventa la autora. Quizá por eso, por la mezcolanza de diversos ingredientes y un uso de la voz narrativa alejado del paradigma legendario de la primera mitad del siglo XIX, se distancia «La Borgoñona» de ese patrón. Como señala Sanmartín Bastida (2003: 226), el tratamiento que se le da a la materia sobrenatural tiñe el cuento de cierta ironía, una ironía que, a mi entender, va dirigida a desmitificar el modelo legendario romántico y cabe adscribir al proyecto modernista de la autora por cuanto el Medioevo de «La Borgoñona» no es ya el de los autores románticos.[4] La voz narrativa también ha evolucionado: la narradora solo aparece en el breve prólogo y en la puntualización sobre el nombre desconocido de la Borgoñona, para disolverse después en la perspectiva subjetiva de la protagonista y ahondar así en su dimensión psicológica.

A esa voluntad de ahondamiento psicológico se le añade una veta asociada con lo fantástico interior cultivada por Hoffmann, Poe y Maupassant, autores a los que Pardo Bazán había leído con provecho. Y es que su interés por la literatura fantástica está íntimamente ligado a la indagación psicológica y al estudio de los trastornos mentales. En palabras de Latorre (1997: 383), la estética de Pardo Bazán «está marcada, pues, por una poética visionaria enemiga del escepticismo racional, que en el fin de siglo se define en una dimensión más interiorizada». Aunque Latorre exagera al tachar la poética de doña Emilia de «enemiga del escepticismo racional», cierto es que los elementos sobrenaturales y la búsqueda de vías ajenas a la lógica positivista para explicar la realidad son recurrentes en su obra; y no solo en los cuentos: basta con recordar el arte de la cartomancia desplegado por María la Sabia y los sueños y augurios de *Los pazos de Ulloa* (1886).

La crítica se ha referido a la producción fantástica de Pardo Bazán con cierta vaguedad, limitándose a detectar el empleo de

---

[4] Véase al respecto Sanmartín Bastida (2001).

elementos sobrenaturales y a señalar su valor alegórico o simbólico.[5] Por su parte, Roas (2000: 703) reduce a seis la nómina de los relatos puramente fantásticos publicados por la autora durante el siglo XIX, entre los cuales no aparece «La Borgoñona». No obstante, en este cuento el tratamiento de lo sobrenatural excede el ámbito de lo legendario para inscribirse en una dimensión radicalmente moderna, pues lo sobrenatural no se desvirtúa mediante la explicación racional o la intervención divina ni se supedita a una lección moral.

Por otra parte, si bien la narradora declara que envidia «el candor» de los viejos cronistas y su inocencia a la hora de referir hechos que, en la actualidad, ya no se consideran edificantes sino escabrosos, creo que tras esta declaración de principios se esconde otra ironía más: ¿realmente puede (o pudo antaño) considerarse edificante la peripecia de la Borgoñona? ¿Qué hay tras su decisión de dedicarse al peregrinaje, una auténtica devoción religiosa o más bien un deseo inconfesado hacia el penitente? El título del volumen en el que aparece el relato, *Cuentos sacroprofanos*, da fe de ese doble sentido: tras la aparente sacralidad de lo narrado, subyace una historia secular, en absoluto ejemplarizante desde el punto de vista de la doctrina cristiana. No en vano, Pardo Bazán advierte en el prólogo (1899) que ha dado al libro el título de *Cuentos sacroprofanos* para que lo *profano* amortigüe lo *sacro* y el lector comprenda que sus relatos carecen de pretensiones didácticas o edificantes. A mi parecer, la Borgoñona está aquejada de un mal muy semejante al de las heroínas de la novela finisecular: una suerte de neurosis provocada por un deseo sexual inconfesable que aquí se reviste de un misticismo rayano en el éxtasis erótico.

El primer elemento sobrenatural del cuento se cifra en el enlace telepático, a falta de un nombre mejor, que vincula a la Borgoñona con el penitente. No es casual que sus pasos la dirijan a París, como tampoco lo es el hecho de que, huyendo del estudiante, vaya a parar al edificio donde yace el cadáver del penitente. Pero el

---

[5] Véanse Paredes Núñez (1979: 302), Risco (1982: 53) y Clémessy (1978: 567). Latorre (1997) quizá entiende con excesiva laxitud lo fantástico, ya que mete en el mismo saco lo pseudofantástico o fantástico explicado, lo alegórico y lo maravilloso.

elemento decisivo en esta cadena de falsas casualidades es la angustia y el lloro incontenible que acomete a la Borgoñona justo cuando, sin ella saberlo, muere el amado (la hora de la queda). Ese contacto telepático evoca al «Don Juan» de Hoffmann, el momento en que el narrador percibe una sacudida eléctrica y huele el perfume de la actriz italiana-doña Ana al morir esta.[6]

La existencia del doble, segundo elemento sobrenatural, podría plantearse como discutible porque los hechos están filtrados por la percepción febril de la protagonista. Por ejemplo, tras huir del estudiante duda haber estado con este, ha olvidado su figura y solo recuerda un rostro repugnante y diabólico. ¿Su encuentro con el joven ha sido un sueño? ¿Podría quizá considerarse esa imagen una distorsión del atractivo rostro del estudiante, un intento por parte de la protagonista de sortear la tentación imaginándosela diabólica y repulsiva? ¿O realmente el estudiante adquiere el semblante de un ente demoníaco? Si creemos que todo es un sueño o un producto del delirio de la Borgoñona, podría además argüirse que la identidad física del penitente y el estudiante viene motivada por el deseo obsesivo de la protagonista. Sin embargo, este tipo de interpretación actúa en detrimento del carácter fantástico del relato, pues lo sobrenatural también radica en esa angustiosa oscilación a propósito de lo

---

[6] En el «Don Juan» hoffmanniano, el protagonista, hospedado en un hotel, descubre que su habitación está unida a un teatro; solo ha de franquear una puerta para instalarse en el palco. La obra que se representa es el *Don Giovanni* de Mozart y se dispone a disfrutar de ella. Cuando la obra ya ha comenzado, percibe una sutil presencia a sus espaldas; se trata de doña Ana: «No comprendía cómo podía estar al mismo tiempo en mi palco y en el escenario» (Hoffmann, 1998: 246). El viajero cae «en una especie de sonambulismo» que le hace sentirse estrechamente unido a doña Ana, un vínculo que se refuerza al afirmar ella que, gracias a la música, «tu alma se ha unido a la mía» (p. 247). Doña Ana abandona el palco y regresa a escena, donde aparece pálida, temblorosa; tanto es así que su interpretación suscita la desaprobación de algunos espectadores. A las dos de la mañana, en el teatro ya vacío, el narrador percibe una sacudida eléctrica y el perfume de la artista italiana, a la vez que oye su hermosa voz. La explicación a esta especie de contacto telepático se da más adelante, cuando descubre que doña Ana murió precisamente a las dos de la madrugada a causa de un ataque de nervios.

vivido y lo soñado. La coincidencia de la muerte del penitente y el escalofrío de la Borgoñona es, en este sentido, irrefutable. El hecho de que el estudiante solo aparezca tras la muerte del amado, y de una forma ciertamente extraña, invita a pensar que se trata, en efecto, del doble del penitente. Una vez más cabe sospechar de la oportunísima aparición de la vieja siniestra y del lujo inverosímil que se esconde bajo lo que no es más que una casucha ubicada en los bajos fondos de París.

Los rasgos que suelen definir al tradicional doble objetivo femenino se dan también aquí, sobre todo porque el hombre duplicado se convierte en objeto del deseo de la protagonista. Aunque a esta le seduce el estudiante por su parecido fatal con el penitente, hay algo en él que le hace más atractivo todavía, su desparpajo y su sensualidad: si el penitente mostraba una actitud pudorosa —nunca la miró a los ojos—, el estudiante, por el contrario, parece del todo desinhibido. Asimismo, el doble desempeña el papel de corruptor: es la Borgoñona quien se aproxima al estudiante hasta beberle casi el aliento, pero este se muestra seductor durante toda la cena, insiste en compartir lecho con ella y los gestos de ternura que le dedica nada tienen que ver con los típicos gestos de camaradería masculina. El colofón del proceso de seducción es la farsa final: mientras aparenta dormir, aguarda, al acecho, una señal de debilidad por parte de la joven. La actitud del estudiante confirma su naturaleza ominosa: es, enigmáticamente, el único que conoce la condición femenina de la Borgoñona. Recordemos que la joven nunca es desenmascarada por las gentes ante las que predica, y que los franciscanos solo descubrirán su identidad tras su muerte.[7]

La relectura de «La Borgoñona» a la luz de sus similitudes con *Flor de Santidad*, la novela que Valle-Inclán publicó en 1904 a partir de algunos textos aparecidos en prensa, es reveladora en lo que respecta al carácter ambiguo del peregrino e incluso al de la protagonista femenina.[8] Hay notables coincidencias entre

---

[7] A propósito del travestismo femenino en la hagiografía medieval y sus vínculos con la conservación de la virginidad, véase Dekker y Van de Pol (2006: 58-59).

[8] Extraña que Lavaud (1979: 488-492) y Díez Taboada (1999: 88-89), citen la relación intertextual de la obra de Valle con algunos cuentos de Pardo

ambos relatos: desde la atmósfera medievalista y el tono arcaizante hasta imágenes concretas; por ejemplo, en «La Borgoñona» el penitente huye de la granja dejando como única huella de su paso el hueco del cuerpo en la paja donde ha dormido, mientras que en la novela de Valle puede leerse: «El peregrino había desaparecido, y solo quedaba el santo hoyo de su cuerpo en la montaña de heno».[9]

Las concomitancias más relevantes surgen de la comparación del esquema argumental: en *Flor de Santidad*, Ádega, una pastora huérfana, se enamora de un peregrino que se le antoja idéntico a Cristo; queda embarazada y se convence de que lleva en su seno al hijo del Mesías. Mientras unos consideran a Ádega una especie de santa, otros la creen poseída, presa del «mal cativo». Asimismo, a lo largo de toda la novela se guarda el secreto sobre la naturaleza y las intenciones del peregrino, de ahí que Romero Tobar (1999: 253) considere la novela «otro ejemplo de la fabricación de la figura del doble en un momento en el que los escritores españoles buscaban infatigablemente la escritura de la modernidad europea». El caso del peregrino no se ajusta a mi definición de *Doppelgänger* —ante todo, ¿a quién doblaría el peregrino? ¿No se trata más bien de una correlación intuitiva de Ádega, en absoluto impuesta por una identidad física?—, pero sí es cierto que Valle-Inclán mantiene la duda acerca de su naturaleza y establece así un juego dual: si Ádega puede ser tanto una joven piadosa bendecida por la divinidad como una pobre loca con delirios de grandeza, el lector implícito vacila entre considerar al peregrino una encarnación del Mesías o un representante del mal. En otras palabras, esa duplicidad que doña Emilia escinde en dos personajes —el peregrino y el estudiante— la sintetiza Valle-Inclán en una misma figura. El capítulo en que la Borgoñona ve el rostro rabioso del estudiante-penitente tiene su correlato en la convicción de Ádega de estar siendo vampirizada por el Demonio, que luego cobra forma de murciélago:

Bazán —«Las tapias del camposanto» (1891), «El peregrino» (1891), «Un destripador de antaño» (1890)—, sin reparar en «La Borgoñona». Sanmartín Bastida (2003) sí llama la atención al respecto.
[9] Ramón María del Valle-Inclán, *Flor de Santidad*, ed. de María Paz Díez Taboada, Cátedra, Madrid, 1999, p. 141.

—¡Mirad allí el Demonio!... ¡Mirad cómo ríe! Queríase acostar conmigo y llegó a oscuras. ¡Nadie lo pudiera sentir! Sus manos velludas anduviéronme por el cuerpo y estrujaron mis pechos. Peleaba por poner en ellos la boca, como si fuese una criatura. ¡Oh! ¡Mirad dónde asoma!...[...]
—¡Oh!... ¡Mirad dónde asoma el enemigo! ¡Mirad cómo ríe! ¡Su boca negra quería beber en mis pechos!... No son para ti, Demonio Cativo, son para el hijo de Dios Nuestro Señor. ¡Arrenegado seas, Demonio! ¡Arrenegado! (p. 207).

Las afirmaciones de Clémessy (1981: 623) a propósito de las mujeres de Pardo Bazán y el erotismo son pertinentes (aunque se refiere sobre todo a las novelas) para explicar esa suerte de neurosis a la que se ve abocada la Borgoñona. Apunta Clémessy que, influida por la novela naturalista francesa, la autora dio especial importancia al tema de la sensualidad amorosa en la mayoría de las intrigas desarrolladas entre 1881 y 1889: «todas las aventuras sentimentales se resumen en la búsqueda de la satisfacción de los apetitos carnales de los amantes [...]; siempre es bajo el signo del deseo sensual como se unen las parejas. Del amor, la escritora no retiene voluntariamente más que el aspecto fisiológico cuyo ascendiente sobre la conducta humana quería dejar claro». La mujer se muestra muy vulnerable a la seducción masculina: «Aparece débil y desamparada en una lucha en que su voluntad de resistencia se pone siempre en peligro y, finalmente, se observa que, en casi todos los casos, es víctima de aventuras desgraciadas». Por su parte, Santiáñez (2002), quien ofrece una novedosa lectura de *Una cristiana-La prueba* (1890), hace hincapié en la preocupación que Pardo Bazán mostró por la condición de la mujer en la década de los noventa, vertida en diversos artículos y en la creación de la «Biblioteca de mujeres» (1892).

La Borgoñona oscila entre la posibilidad de entregarse a la vida austera del franciscano o rendirse a los placeres de la carne (el lujo, el vino, el sexo que le ofrece el galán). Original y doble, penitente y estudiante, encarnan esos dos modos de vida. La manera singular en que Pardo Bazán encauza el deseo de la Borgoñona va trenzando una fatalidad muy propia del género fantástico. En definitiva, el cuento narra un viaje hacia una decadencia anunciada: de la tiranía del padre la protagonista pasa a ser esclava del peregrino-estudiante, sin ni siquiera llegar a obtener de esa esclavitud frutos placenteros.

## 5. En la órbita del doble

En las páginas anteriores he comentado aquellos cuentos en los que el doble, subjetivo u objetivo, femenino o masculino, cobra protagonismo. A continuación me referiré a otros relatos que, aunque no cuentan con todos los requisitos del *Doppelgänger*, sí ostentan alguno de estos rasgos. Tanto en «La noche de máscaras» de Antonio Ros de Olano, como en «La sombra» de Galdós, y «Miguel-Ángel, o el hombre de dos cabezas» de José Fernández Bremón están ausentes la duplicación material, la semejanza física y, por tanto, la presencia simultánea de original y doble, pero sí se ponen en un primer plano la continuidad psicológica, el conflicto que surge de la confrontación entre planos divergentes de la personalidad y, sobre todo, la interrogación sobre la identidad. No en vano, los tres autores asimilan, de maneras muy distintas, la tradición de Hoffmann y sus seguidores, apelando, en algunos casos de manera subterránea, a sus historias sobre dobles.

«La noche de máscaras. Cuento fantástico» se ha inscrito tradicionalmente en la tradición del doble y de la literatura fantástica.[1] Ambas premisas se pueden, sin embargo, matizar. En primer lugar, el cuento, pese a que ostenta recursos fantásticos, carece de dos de los elementos definitorios del género: la convivencia conflictiva de lo real y el fenómeno sobrenatural, y el

---

[1] El cuento se publicó en *El Correo Nacional*, 880, 889 y 891 (17, 25 y 27 de junio de 1840); y se reimprimió en *El Pensamiento*, I (1841), pp. 145-155. Cito de Ros de Olano (1980: 73-103).

esfuerzo por hacer verosímil este último.[2] En este relato, como en otros de Antonio Ros de Olano, todo es posible: lo absurdo irrumpe de súbito en la acción, la narración avanza por vericuetos independientes de toda lógica argumental y el efecto fantástico se sustituye por el de lo grotesco.

El ideario prosístico de Ros de Olano se caracteriza por «una simbiosis permanente de formas y estilo: actitud desrealizadora, incitación a la sorpresa, deformación humorística de la realidad (ironía, absurdo, estilización grotesca), apuntes sobre la literatura de la idea, cruce narrativo de géneros dispares (poema narrativo o lírico, digresión, ensayo filosófico, prosa de creación)» (Pont, 1999: 161), un ideario que culmina en lo que el mismo autor llamó «libro híbrido», concepto fundamentado en el impulso sincero del sentimiento y a la postre reivindicación romántica de lo subjetivo. Asimismo, la tan traída influencia de Hoffmann en «La noche de máscaras» es «más aparente que real, ya que Ros se interesa muy poco por aprender la técnica del relato fantástico» (Cassany, 1980: 19). En efecto, Ros de Olano pretende abolir los límites entre realidad e imaginación para exacerbar esa subjetividad antes mencionada, nunca para *encorsetarse* en la verosimilitud que exige lo fantástico, y si se acoge al modelo hoffmanniano es porque este explota una dimensión interior y subjetiva que se adecúa oportunamente a sus intenciones (Roas, 2000: 468).

Lejos de desdeñar el género fantástico,[3] Ros de Olano lo entiende de una manera muy similar a la que Walter Scott asocia con Hoffmann en su famoso artículo aunque, curiosamente, en términos provechosos; un modelo en el que convergen el capricho, la extravagancia, la inverosimilitud y el uso insospechado del lenguaje, y al que se añaden con frecuencia los usos alegóricos, el humor y la deformación grotesca; asimismo, Ros se sirve del magnetismo, recurso típicamente hoffmanniano, en *El doctor*

---

[2] Dicho concepto de lo sobrenatural contrasta, por ejemplo, con el de Salas Lamamié (1985: 286-289), quien incluye «La noche de máscaras» entre los cuentos fantásticos del autor porque «en él no hay nada congruente».

[3] En «El escribano Martín Peláez, su parienta y el mozo Laínez» (1841), se afirma que el único género que merece atención, pues se aviene con la tendencia filosófica del siglo, es el fantástico, cultivado en Alemania.

*Lañuela* (1863) (Pont, 1997). La reseña que Ildefonso Ovejas le dedicó a sus cuentos (*El Correo Nacional*, 20 y 21 de enero de 1842, pp. 1-3) ofrece más pistas sobre el modo en que el «innovador» Ros de Olano entendía lo fantástico:

> De esta facultad de sentir excesivamente desarrollada resulta que se encuentra a veces el poeta en un estado de sentimiento indefinible, vago como la niebla entre la niebla, que no parece sino que removidas todas las fibras de su cerebro molécula por molécula está próxima una descomposición química. Válese entonces el poeta de cosas raras y asombrosas presentadas en confusión y vaguedad para poner al lector en el estado en que él se encuentra, en aquel caos mental de que habrá de brotar una creación; y es notable el medio de que para esto se vale el señor Ros de Olano en el principio del cuento fantástico «La noche de máscaras», lo cual felicísimamente logrado, principia a desenvolver la difícil idea que ha concebido.

En cuanto al doble, Pont ha resumido en acertadas líneas los principales puntos de contacto de «La noche de máscaras» con el motivo:

> En pocos de sus relatos se sitúa Antonio Ros de Olano tan cerca de la caracterización romántica del *Doppelgänger* como en «La noche de máscaras» (1840): el desdoblamiento entre el mundo ideal y el mundo real, la alternativa entre lo benéfico-divino y lo maléfico-diabólico, la mujer como conflicto de Eros y la aspiración del Ideal (Pont, 1996: 119).

Incluso el espacio en el que transcurren las desventuras del protagonista, el baile de máscaras, se inscribe en la tradición del *Doppelgänger* —basta con recordar «William Wilson» o «La Madona de Rubens»— al constituirse en «puro *topos* de la relación esquizoide del tema del doble (el «ser» y la «apariencia de ser)» (Pont, 1996:119). En efecto, estos y otros elementos que cobran cierto relieve en la acción, como la sombra y el espejo, sitúan el cuento en una dimensión muy cercana a la del *Doppelgänger*. A continuación, haré hincapié en aquellos pasajes que, a mi entender, mantienen un diálogo fructífero con este motivo.

El protagonista, Leoncio, se dispone a acudir a un baile de máscaras pese a que le duele la cabeza. Antes de salir de casa, hace un horroroso gesto que queda literalmente clavado en la pared. Se trata, a todas luces, de su sombra: «ya no es un mero reflejo, sino que poco a poco ha tomado cuerpo, y bulle y se agita como quien baila...» (p. 77). Se la coloca en el rostro, a modo de máscara, y se dirige al baile *a bordo* de un confesionario, acompañado de un fraile.

Ya en el Salón de Oriente, Leoncio ensalza las propiedades de los espejos, depositarios de la verdad oculta. Allí se encuentra con María, pero cuando se dispone a abrazarla ella sonríe con sarcasmo: «y aquella mujer, antes tan ideal y tan llena de sentimentalismo, tomó a continuación el falsete de máscara, y viniéndose a mí, me chilló estas palabras a la oreja: "Si no traes dinero, bien puedes empapelar los suspiros, lloronzuelo" (p. 80). Ante la estupefacción de Leoncio, María recupera su gesto virginal y afirma estar presa del matrimonio; como prueba, le enseña el vestido manchado de papilla y hecho de sábanas, y tras proferir unos ruidos sin sentido sale huyendo. Leoncio la persigue, mezclándose con una multitud enloquecida.

El protagonista entabla conversación con el coronel Pozuencos, quien le observa con una ternura que a Leoncio se le antoja paternal: «lo cierto es que yo me creí llevado ante el autor de mi vida» (p. 84). Leoncio explica que ni tiene madre ni mujer, pues alguien se la robó, pero no culpa a su amada, pues en ocasiones, feo y chiquito como es, se asquea a sí mismo. Aparece entonces la esposa de Pozuencos, que no es otra que una María de extraño aspecto: «tenía una mejilla pálida y otra sonrosada, un ojo melancólico, pudibundo, humildoso, y el otro vivaracho, insolente y provocador» (p. 89). Leoncio percibe que el ojo derecho se avergüenza del izquierdo: María le guiña este mientras el otro se eleva al cielo implorando la misericordia de Dios. «La mitad de María había desertado de su esposo para ser mía, y la otra mitad (contando de arriba abajo) le permanecía fiel» (p. 89).

Sus pendientes también dan cuenta de esa dualidad: uno es un angelito que llora y otro un diablo que hace muecas a Leoncio. Este se identifica con el primero —«me pareció un recuerdo de lo que yo había sido y visto años ha» (p. 92)—, si bien luego será María quien se le parezca al angelito.

Llegada la hora de la cena, Leoncio se sienta junto al matrimonio y nota que María, si hasta el momento se distinguía del resto de mujeres de la fiesta, «íbase gradualmente confundiendo con las demás mujeres que allí estaban» (p. 99). Cuando el camarero trae las tres perdices que ha encargado el coronel, dos de ellas comienzan a agitarse. De súbito, la saliva de María se cuaja en un sapo, lo que Leoncio interpreta como síntoma de posesión diabólica. El coronel le explica que la práctica de escupir sapos es habitual en las mujeres de su familia; María apunta que incluso su hija lo hace. Leoncio, turbado por el ponche, ve a la amada «como un ángel de los amores castos» (p. 102) y se precipita hacia ella. Pero el coronel hace que le expulsen del salón, de modo que Leoncio se dirige dando tumbos a su casa, donde permanece en cama siete días. Al despertar, distingue a tres medicinantes y a un amigo en su habitación. Uno de ellos le dice al amigo que a Leoncio «le faltan cuatro síntomas graves para tener una enfermedad conocida; en cuyo caso nos atrevíamos a responder a usted de su vida... Ahora marchamos en la clínica sin diagnóstico, y es lo probable que se muera» (pp. 102-103).

Basta recordar los textos y autores que se han asociado con «La noche de máscaras» para comprobar que, en efecto, el cuento se sustenta en una tradición muy cercana a la del doble: Jean Paul a propósito del baile de máscaras, Hoffmann y Chamisso a causa del papel que desempeña la sombra en el cuento de Ros de Olano (Pont, 1996), y «Mi entierro» de Clarín por su exaltación de lo absurdo y grotesco (Roas, 2000: 468); por su parte, Ginger (2000: 149-164) abunda en la relación de los *Cuentos estrambóticos* con otras obras *bizarras* del Romanticismo europeo. Hay, además, una coincidencia fundamental entre «La noche de máscaras» y «La aventura de la noche de San Silvestre» (traducido al español en 1839). No me refiero al contexto festivo, ni tampoco a la sombra —su tratamiento difiere notablemente en ambos relatos—, sino sobre todo al personaje femenino: la naturaleza heterogénea de

María, ángel del hogar por un lado, criatura prosaica y demoníaca por otro, tiene un claro antecedente en la Julia que obsesiona al Hoffmann narrador (también casada para decepción del antiguo amado), así como en la Julieta que consigue despojar a Erasmo Spikher de su sombra. María, definida por ese carácter doble que se condensa en los ojos antagónicos y en los pendientes que parecen disputarse su voluntad, vendría a personificar las consabidas dualidades románticas tanto en el ámbito estético como en el moral: materia/espíritu, ángel/diablo.[4]

Esa dualidad arquetípica también se pone de manifiesto en el personaje del coronel Pozuencos, padre y rival para el protagonista. En efecto, le inspira un sentimiento de paternidad del que está realmente necesitado, pero también, al margen de la rivalidad amorosa, se erige en representante del orden oficial y de las convenciones a las que tan ajeno vive Leoncio; no hay más que aducir el discurso del coronel sobre «la grave pérdida de los *rasgos característicos de familia*», causado por «la frialdad, la duda, la certeza asesina» del hombre (p. 88).

Por tanto, el vínculo de «La noche de máscaras» con el doble se cifra sobre todo en la figura poliédrica de María y en menor medida en la del coronel. Leoncio, a su vez, ostenta los rasgos del héroe romántico, escindido y solo ante la sociedad y el mundo. Su orfandad no es, en este sentido, gratuita, pues los huérfanos y los expósitos representan en la obra de Ros de Olano los extremos de la soledad y el desarraigo románticos (Pont, 2001).

El acto de arrojar la sombra contra la pared ya apunta a una posible alienación, si bien resulta complejo interpretar lo que sucede seguidamente: Leoncio se coloca la sombra en el rostro, de modo que en vez de ocultarse tras una personalidad impostada —como es habitual en los bailes de máscaras— o, en consonancia con la tradición del doble, establecer una lucha por la recuperación de la identidad, acude a cara descubierta al Salón de Oriente. Leoncio es un inadaptado que se define como feúcho, chiquito y dice repugnarse a sí mismo; no está, por tanto, satisfecho con su identidad. ¿Cómo conciliar, entonces, la negativa a acudir disfrazado a un baile de máscaras con ese odio al propio yo? Quizá

---

[4] Sobre el personaje de María, véase además Vallejo Márquez (1995a, 1995b, 1997).

sea oportuno ver aquí una voluntad por parte de Ros de buscar el envés de los tópicos: si lo habitual es que en los carnavales y bailes de máscaras el individuo se sustraiga de sí mismo y sea otro durante unas pocas horas, Leoncio, por el contrario, opta por disfrazarse con su propio rostro y es más más Leoncio que nunca.

El código absurdo que rige «La noche de máscaras» no implica, sin embargo, que la peripecia de Leoncio deba interpretarse únicamente en términos lúdicos o reducirse a lo anecdótico. Cierto es que resulta imposible saber qué sucede — ¿todo ha sido producto de la mente febril de Leoncio o ese baile de máscaras tuvo realmente lugar?— y que si los actos de los personajes están dictados por algún principio es por el del *nonsense*, pero el cuento esconde a la vez un sentido profundo. Está María, epítome o síntesis del desengaño, de la pérdida del ideal romántico, y está Leoncio, el ingenuo que descubre el prosaísmo latente en toda ilusión poética. Está también patente, semienterrado entre los sucesivos acontecimientos estrambóticos, el irresoluble conflicto de identidad, la dificultad de averiguar quién es quién entre tanta falsa apariencia, qué se esconde tras la idea celestial que se ha forjado Leoncio de María, si una madre amantísima o un demonio ávido de bienes materiales. No deja de ser curioso, haciendo extensiva la paradoja de Leoncio, que otros tampoco oculten su rostro tras una máscara. Quizá no lo hacen porque, al fin y al cabo, sus propios rostros son ya de por sí caretas, obstáculos llamados a disfrazar el enigma de la identidad.

Si hay un tema que recorre la obra de Galdós, ese es el de la identidad conflictiva. Buena prueba de ello son algunos de sus personajes más populares, como Isidora Rufete (*La desheredada*, 1881), abocada a la perdición a causa de una monomanía que la lleva a creerse hija de una marquesa, o José Fago, el cura guerrillero de *Zumalacárregui* (1898) que se siente, por una *milagrosa transfusión*, el alma gemela del cabecilla carlista. En algunos casos, Galdós diluye concienzudamente los límites entre la realidad y la ilusión; ejemplo de ello es la sorprendente aparición de don Romualdo en *Misericordia* (1897), cuya existencia nos sentimos tentados de atribuir a la fecunda imaginación de Benina, capaz de transformar la mísera vida de su señora a fuerza de piadosas mentiras. En otros, y así sucede con el Gil-Tarsis o Tarsis-Gil de *El caballero encantado* (1909), la adquisición de una nueva personalidad se enmarca en el terreno de la alegoría. Algunos de los rasgos apuntados aquí —el tratamiento de la identidad confusa, la monomanía y la obsesión, la confusión entre lo acaecido y lo soñado—, se encuentran ya en «La sombra», relato de juventud en el que el autor indaga en los territorios de lo fantástico y lo fantasmático.

Galdós escribió «La sombra» durante 1866 y 1867, pero no la publicó hasta 1871, concretamente entre el 28 de enero y el 28 de febrero, en la *Revista de España*. En 1890 apareció en volumen junto con «Celín», «Tropiquillos» y «Theros», antecedido por un prólogo en que subrayaba la continuidad genérica de los relatos: «El carácter fantástico de las cuatro composiciones contenidas en este libro reclama la indulgencia del público, tratándose de un autor más aficionado a las cosas reales que a las soñadas» (*cf.* Shoemaker, 1962: 67-68). Esta declaración, unida al hecho de que Galdós considerara «La sombra» un «cuento largo» (Montesinos, 1980: 45), rubrica que la adscribía a lo fantástico, pues al emplear el término *cuento* estaba apelando al carácter sobrenatural del relato y no tanto a sus dimensiones.

Mientras algunos críticos consideran «La sombra» una temprana incursión de Galdós en el género fantástico, otros la han leído como un caso clínico teñido de connotaciones sociales.[5] La crítica subraya también la influencia de Hoffmann, a quien Galdós había leído antes de escribir el texto (Berkowitz, 1951: 197; Ortiz Armengol, 1995: 358), un influjo que suele cifrarse en la integración de lo sobrenatural en lo cotidiano, la oscilación entre la explicación racional y la fantástica, la interiorización del fenómeno sobrenatural a través de la patología y la locura y, de

---

[5] Entre los primeros están Monleón (1989), Rabasco Macías (1997) y Roas (2002a: 213-228). Entre los segundos, Turner (1971), Bosch (1971) y Ontañón de Lope (2000). Casalduero (1966) ofrece una lectura de la *nouvelle* en clave histórica; Amorós (1970-1971) la considera «una novela corta fantástica, pero construida sobre una indudable base realista», e indaga en sus raíces cervantinas y calderonianas; Gullón (1977) analiza una estructura pensada para generar suspense; y Schulman (1982) subraya el uso irónico y paródico de algunos elementos propios de la tradición fantástica. Véanse también Lakhdari (2004) y Smith (2005).

manera más específica, en el uso de los motivos del doble y la animación de un objeto, en este caso el personaje de un cuadro.[6]

Por lo que respecta a su naturaleza genérica, la dimensión psicológica y el carácter fantástico no son a mi juicio excluyentes. Ya Montesinos (1980: 49) optaba por una solución conciliadora al afirmar:

> Galdós ha entrevisto las posibilidades dramáticas de un conflicto entre la intimidad de un personaje y ese espíritu social que lo rodea como un vaho denso y asfixiante y lo tortura y lo alucina. Para novelar esto concebido de un modo abstracto, se ha valido de ciertas fórmulas que a mí se me antojan [...] claramente aprendidas en Hoffmann.

Así, el hecho de que el doctor Anselmo padezca un mal hereditario, fruto además de «la decadencia de la clase dominante en el antiguo régimen, la aristocracia desplazada por la burguesía» (Bosch, 1971: 29-29), no obsta para que a la vez sea partícipe de un fenómeno sobrenatural. Sorprende, en este sentido, la consciencia que tiene el doctor de su propia locura («la loca») y de lo desorbitado de una imaginación que le resulta imposible canalizar a través de cualquier actividad:

> —¡Oh! Para el cultivo de las artes [...] se necesita una imaginación cuyo ardor y abundancia no se contenga en los límites naturales, una imaginación que sea una facultad con sus atributos de tal y no enfermedad, como en mí, aberración, vicio orgánico [...] Yo no sé por qué vine al mundo con esa monstruosidad; yo no soy un hombre, o, más bien dicho, soy como esos hombres repugnantes y deformes

---

[6] Véase Millán (1989) y sobre todo Roas (2002a: 213-228). Martínez Santa (1993) demuestra el influjo del alemán en el cuento para acabar, sorprendentemente, asegurando que nada hay en él de fantástico. Por otra parte, tanto Roas como Martínez Santa asocian al protagonista de *El caldero de oro* con el doctor Anselmo porque comparten nombre, si bien a mi entender los celos patológicos del héroe galdosiano remiten a la tradición cervantina y al protagonista, también llamado Anselmo, de «El curioso impertinente».

que andan por ahí mostrando miembros inverosímiles que escarnecen al Criador. Mi imaginación no es la potencia que crea, que da vida a seres intelectuales organizados y completos; es una potencia frenética en continuo ejercicio, que está produciendo sin cesar visiones y más visiones.[7]

Para zanjar las dudas generadas en torno a la fantasticidad de «La sombra», creo que basta con reparar en las palabras del narrador testigo que cierran el texto. Hay que apostillar que este no solo presenta al doctor como un individuo estrambótico y digno de compasión, sino que además se convierte en depositario de su historia y en una suerte de exegeta que dota de orden y coherencia al relato, y busca siempre una explicación racional. Así, pese a que el propio doctor se conforma, ayudado por su oyente, con justificar su peripecia fantástica a través de «la loca» y de los celos, el narrador testigo se niega a comprobar «como parecía natural» (p. 250) si Paris está en el cuadro que el doctor le vio abandonar porque no sabe qué va a encontrarse. El hecho de que un personaje que se guía por el raciocinio no se atreva a comprobar si la figura de Paris está donde debiera es desde luego muy significativo, más aún si el relato concluye con esa negativa. El apéndice final es coherente con la propuesta de «La sombra»; en palabras de Monleón (1989: 34), «la socavación de la convincente explicación científica forma parte, precisamente, del intento de ofrecer una incertidumbre entre dos posturas epistemológicas. Galdós no toma aquí partido definitivo ni por la opción racionalista ni por la irracionalista».[8]

La relación que establece el doctor Anselmo con los otros dos personajes masculinos que intervienen decisivamente en la acción, Paris y Alejandro, cobra una dimensión singular cuando se estudia a la luz de la tradición del *Doppelgänger*. Es el propio doctor quien abre las puertas a esta interpretación al definirse como un ser doble que percibe la existencia de otro yo —un entozoario o, lo que es lo mismo, un parásito endógeno— en su interior:

---

[7] Benito Pérez Galdós, «La sombra», en *La sombra. Celín. Tropiquillos, Theros*, La Guirnalda, Madrid, 1890, p. 161.
[8] Resulta también sugerente la propuesta de Schulman (1982: 235-236), quien llama la atención sobre la sospechosa fiabilidad del narrador.

Otros hombres son mortificados dentro de su naturaleza, mientras que yo me salgo en esto de la común ley de los dolores humanos; porque soy un ser doble: yo tengo otro de mí, otro que me acompaña a todas partes y me está siempre contando mil cosas que me tienen estremecido y en estado de perenne fiebre moral. Y lo peor es que esta fiebre no me consume como las fiebres del cuerpo. Al contrario, esto me vivifica; yo siento que esta llama interior parece como que regenera mi naturaleza, poniéndola en disposición de ser mortificada cada día (p. 162).

No encuentro mi semejante en ninguna arte —prosiguió—. Únicamente puedo llamar prójimos a los místicos españoles que han vivido una vida ideal completa, paralela a su vida efectiva. Estos tenían una obsesión, un otro yo metido en la cabeza. A veces he pensado en la existencia de un entozoario que ocupa la región de nuestro cerebro, que vive aquí dentro, alimentándose con nuestra savia y pensado con nuestro pensamiento (pp. 162-163).

Por su parte, Paris está estrechamente vinculado a la condición doble del doctor. Un buen día desaparece del lienzo en el que figura junto a la mítica Helena y se transforma en un apuesto individuo —la sombra del título— que se dedica a atormentar al protagonista y que, según parece, ha seducido a su mujer, Elena. El segundo personaje, Alejandro, es un amigo de la familia con fama de seductor que visita con frecuencia a Elena; no hay que olvidar que en la *Ilíada* el otro nombre de Paris es precisamente Alejandro,[9] ni tampoco que la esposa del doctor Anselmo comparte el suyo con la mujer raptada por el semidiós.

La secuencia real de los hechos, que el doctor Anselmo explica al narrador testigo desde su percepción enfebrecida, es esta: el doctor, obsesionado por la posibilidad de que su esposa le sea infiel, percibe un día que Paris ha desaparecido del cuadro.

---

[9] Se trata de algo que subraya el propio narrador testigo: «¿Qué relación existe entre Paris y Alejandro? Por una coincidencia que no creo casual, estos dos nombres son los que lleva el robador de Helena en la fábula heroica» (p. 240).

Al acercarse a su habitación oye susurros y ve cómo una sombra, en cuyo rostro distingue las facciones de Paris, huye por el patio de la casa. Cuando regresa a mirar el cuadro, tras haber sepultado a la sombra en un pozo, se encuentra de nuevo con el robador de Helena, quien se ríe de él burlonamente.

Poco después hace acto de presencia en la casa un caballero idéntico a Paris y la obsesión del doctor retorna con más fuerza. Paris le asegura: «Yo soy lo que usted teme, lo que usted piensa. Esta idea fija que tiene usted en el entendimiento soy yo. Esta pena íntima, esa desazón inexplicable, soy yo» (p. 193). Además, Paris asegura existir desde el inicio del mundo: «En cuanto a mi influencia en los altos destinos de la Humanidad, diré que he encendido guerras atroces, dando ocasión a los mayores desastres públicos y domésticos. En todas las religiones hay un decretito contra mí, sobre todo en la vuestra, que me consagra entero el último de sus mandamientos» (pp. 193-194). En el catecismo católico, ese mandamiento no es otro que el famoso «no codiciarás a la mujer del prójimo». De este modo, Paris se convierte en un símbolo malévolo del adulterio, en la materialización de la idea fija que ronda al doctor Anselmo, pues no debe olvidarse que este tiende a considerar las imágenes de sus historias como representaciones simbólicas («tenía afición a toda clase de símbolos», p. 159). En consonancia con su carácter simbólico y abstracto, la voluntad de Paris ya no es solo obtener a Elena: «La esposa, amigo mío, la esposa es lo que busco» (p. 199).[10] El doctor se bate en duelo con él, pero aunque le dispara no consigue asesinarlo: es inmortal. La suplantación se hace evidente cuando Paris se presenta vestido con sus pantuflas y su bata, que «le caía tan bien que ni pintada, como si se la hubieran hecho a su medida» (p. 218).

El doctor solo se percata de la existencia de Alejandro, el tercero en discordia, cuando sus suegros, los condes de Torbellino, le reprochan el mal trato que le está dando a Elena y mencionan a un amigo de la familia —el tal Alejandro— que les

---

[10] Como más adelante apunta el narrador testigo, «la figura de Paris, ente de imaginación a quien había dado aparente existencia la gran fantasía de mi amigo, podía pasar muy bien como la personificación de uno de los vicios capitales de la Sociedad» (p. 204).

visita con frecuencia. Mientras tanto, Elena agoniza, víctima de la brutalidad de su marido, y Paris se despide así:

> tú me has llamado, tú me has dado vida: yo soy tu obra [...] Pues bien: yo he salido de tu cerebro como salió aquella buena señora del cerebro de Júpiter; yo soy tu idea hecha hombre [...] Para el mundo hay un Alejandro, persona muy conocida y nombrada; para ti hay este Paris que te atormenta, esta sombra que te persigue, esta idea que te tortura. Adiós. Ya nada tengo que hacer aquí; tu esposa se muere. ¡Abur! (pp. 247-248).

Las palabras de Paris hacen pensar al narrador testigo que «Ese cabal caballerito era la verdadera expresión material de aquel Paris odioso que le martirizó a usted. Ése es el verdadero Paris» (p. 248), una argumentación que, al incidir en la naturaleza *fantasmática* de Paris, explicaría por qué nadie excepto el doctor ha podido ver a la sombra.

La relación del doctor Anselmo, Paris y Alejandro se basa en una suerte de continuidad psicológica. Paris constituye una proyección del doctor que encarna todo aquello que él envidia —la belleza, la confianza en sí mismo, el poder de seducción—, pero también lo que rechaza: el adulterio. Así, la sombra galdosiana anticipa el arquetipo homónimo que años después definirá Jung: aúna los afanes de seducción del protagonista (es un joven inexperto cuando lo casan con Elena) y un fuerte impulso de sadismo y destrucción; si el doctor maltrata a Elena, Paris lo maltrata a él. La sombra, imaginaria o no, es imposible saberlo, sería la materialización de ese otro yo que anida en el cerebro del doctor, el parásito que lleva largo tiempo alimentándose de su monomanía y de sus frustraciones y que acaba por apoderarse de sus pantuflas y su bata, prendas ambas que simbolizan la paz doméstica y que, al ser usurpadas por el invasor, encarnan el derrocamiento conyugal.[11]

---

[11] El valor simbólico de la sombra abarca un espectro más amplio, ya que no solo es la representación de la idea fija que atormenta al doctor Anselmo, sino que *vampiriza* también a Elena: «Yo vivo en su conciencia, donde estoy tejiendo sin cesar una tela sin fin; vivo en su entendimiento,

El nexo que une al doctor Anselmo y Paris gana en complejidad con la intervención de Alejando, el *seductor oficial* de la sociedad madrileña. La asociación entre Paris y Alejandro late, implícita, en sus nombres, pero también en la función que desempeñan en el relato: mientras Paris encarna al galán surgido del lienzo que solo el doctor puede ver, Alejandro constituye un ente de carne y hueso y por tanto el galán *real*, la representación material de la idea fija que atormenta al doctor. Pero esa relación de duplicidad también incumbe al doctor Anselmo: como si de un silogismo se tratara, dado que Paris es la sombra del doctor y el correlato imaginario de Alejandro, este también hace las veces, por tanto, de sombra del doctor. Este vínculo queda refrendado por una extraña coincidencia entre la apariencia física del protagonista y Alejandro, ambos ya decrépitos. El doctor, según explica a su oyente, se topa de vez en cuando con el antaño seductor: «Siempre que le encuentro me estremezco. Hoy es un viejo verde, lleno de lamparones y algo cojo» (p. 249). Es revelador que esta descripción coincida con la del propio doctor, de quien el narrador testigo apunta al inicio que «Cojeaba de un pie, no sabemos por qué causa», y lleva la levita «charlotada por la grasa y el roce de 15 años» (p. 154).

Más allá de las posibles huellas de textos con *Doppelgänger* que puedan rastrearse en «La sombra»[12] e incluso de los procedimientos estructurales típicamente hoffmannianos, el legado de Hoffmann se deja sentir sobre todo en la naturaleza doble del doctor Anselmo, su carácter fantasioso y ese mundo híbrido, entre el sueño y la realidad, en el que vive inmerso. Su caracterización inicial, que aglutina gran parte de los tópicos literarios que suelen acompañar a la figura del sabio estrambótico, cede paso gradualmente a la tragedia de un hombre que se sabe marginado y lo acepta, incapaz de frenar una imaginación desbordante que le ha convertido en un monstruo y en receptor de las amenazas ocultas que acosan al ser humano.

---

donde ha encendido una llama de alimento sin tregua. Sus sentimientos, sus ideas, todo eso soy yo» (p. 197).

[12] Millán (1989) y Martínez Santa (1993) mencionan «La noche de San Silvestre», *Los elixires del diablo* y «El hombre de la arena» (además de *El caldero de oro*, «El magnetizador» o el *Peter Schlemihl* de Chamisso), no siempre, en mi opinión, con buen tino.

\*

De los relatos más populares de José Fernández Bremón, reunidos en el volumen de *Cuentos* de 1879, cabe destacar dos elementos fundamentales: la recepción peculiar de Hoffmann y de Poe, y la ecléctica mezcolanza de distintas tradiciones y géneros. En algunos de sus relatos, Fernández Bremón juega con lo fantástico hoffmanniano para finalmente racionalizarlo —«El tonel de cerveza»—, con lo oriental —«El cordón de seda (Cuento chino)» (1872)— o lo legendario —«La hierba de fuego. Episodio del siglo XV» (1874)—, mientras que en otros se adentra en una dimensión que gusta de lo extraño y lo anómalo —«Pensar a voces» (1871), «Siete historias en una» (1873). Destaca además su contribución a la anticipación científica —«Un crimen científico» (1875) o «Mr. Dansant, médico aerópata» (1873) (Santiáñez, 1995; Martín, 2013, 2022)—, que adereza con detalles humorísticos, paródicos, grotescos, policiales, folletinescos e incluso picarescos. Por su parte, «Gestas, o el idioma de los monos» (1872) se inscribe en la tradición de la utopía, a la vez que incide en la sátira social y darwinista y perfila un mensaje antirrepublicano y antiliberal, una lectura política esta que puede trasladarse a «Miguel-Ángel o el hombre de dos cabezas», cuento publicado en *La Ilustración Española y Americana* el año 1878.

El carácter y la naturaleza del protagonista bicéfalo gravitan en torno al *Doppelgänger*, pues en Miguel-Ángel convergen de manera problemática dos personalidades que conforman una misma entidad. Se trata, por tanto, de un doble interno que se manifiesta a través de las dos cabezas; si, por citar un caso paradigmático, en *El extraño caso del Dr. Jekyll y Mr. Hyde* el dipsiquismo se traduce en la transformación de Jekyll en Hyde, esa condición se ilustra aquí a través de la figura del bicéfalo.

El narrador presenta a Miguel-Ángel como un joven apuesto que, pese a ser conocido en la sociedad madrileña con los apelativos de «el monstruo» o «el engendro», goza de un aspecto atlético y atractivo. La proporción corporal se quiebra al llegar a la parte superior del torso, coronado por dos cabezas que albergan dos caracteres muy distintos:

Cuando cruzado de brazos contemplaba a la concurrencia, parecía la estatua de un dios egipcio ejecutada por un artista griego, o una modificación de Jano en traje de toda confianza. En su forma y tamaño ambas cabezas eran tan parecidas y simétricas como los dos brazos de un cuerpo; pero el color de sus ojos y cabellos, la expresión de sus miradas y el gesto peculiar a cada una, las hacían muy diferentes. La fisonomía de la que ocupaba la derecha era varonil, tenía ojos insolentes, bigote negro y retorcido; de su boca salían acentos vigorosos, frases vivas y lacónicas. La cara de la izquierda era más correcta y aniñada, sin bozo apenas sobre los labios, de azules ojos y cabello rubio, voz dulce y simpática; la primera indicaba valor y altanería; la segunda, meditación y reposo; conjunto moral absurdo, unido solamente por lazos materiales.[13]

La deformidad del joven Miguel-Ángel despierta la avaricia ajena. Ya de niño el bicéfalo alimenta las especulaciones crematísticas de sus compueblanos: «no habiendo allí ningún edificio histórico, ni una iglesia notable, ni un montón de piedras celtas para enseñar a los forasteros, Miguel-Ángel era presentado como la curiosidad del pueblo» (p. 204). Asimismo, los vecinos descomponen su nombre e identifican a Miguel con la cabeza de la derecha y a Ángel con la de la izquierda. El narrador sugiere subrepticiamente una explicación humorística del fenómeno: uno se parece al padre y otro al escribano del Juzgado. Además, ambos desarrollan caracteres muy distintos: Miguel es el dueño del cuerpo, mientras que Ángel se encarga de «la dirección moral» (p. 205). Las divergencias del bicéfalo en el orden político se acentúan con el tiempo: Miguel es corresponsal de *La Discusión*, periódico republicano, y Ángel se cartea con el director de *La Esperanza*, el carlista Vicente de la Hoz. Estas divergencias alcanzan su punto álgido cuando el estrambótico doctor Trigémino traslada al bicéfalo a su gabinete teratológico de Madrid.

El doctor no solo expone al bicéfalo a la mirada pública,

---

[13] José Fernández Bremón, «Miguel-Ángel o el hombre de dos cabezas», *«Un crimen científico» y otros cuentos*, prólogo y edición de Rebeca Martín, Lengua de Trapo, Madrid, 2008, p. 200.

sino que ensaya en él todo tipo de experimentos: Miguel-Ángel se convierte en el objeto de sus delirios, pues lo considera «el Adán de su linaje», e incluso imagina «la tierra poblada de hombres dobles, triples y aun múltiples, que lucían sobre sus hombros tupidos ramilletes de cabezas» (p. 209). A la vez que su hija Perfecta empieza a sentirse atraída por el bicéfalo —atracción que alienta el doctor, deseoso de asegurar el futuro de su museo—, la sociedad madrileña se encapricha de él. Así, Miguel se enamora de una dama de alta alcurnia, Blanca, que acaba desdeñándolo, mientras que Ángel inicia un idilio con Perfecta.

El doctor idea distintos procedimientos para que los enamorados se explayen sin la intromisión de Miguel: primero, la aplicación de cloroformo y la colocación de un cartón entre las dos cabezas; después la administración de éter. La progresiva indiferencia de la sociedad propicia que Miguel-Ángel caiga «bajo el yugo de Trigémino», pasando de «la tiranía de los más a la tiranía de uno solo» (p. 222). De ahí que sus pruebas se incrementen en número y brutalidad: «Feliz o fatalmente Miguel no había sospechado la complicidad de Trigémino en los amores de su hermano: fumó opio administrado por el doctor, sufrió diversas inyecciones en la piel de la cabeza, y tuvo letargos tan prolongados, que Ángel se alarmó un día al ver que Miguel no despertaba» (p. 223).

El malestar se acentúa cuando el propio doctor comienza a dudar de sus prácticas. La mala conciencia lo atormenta, pero no tanto por la estima que le merece el fenómeno como por «haber ahogado en germen una raza». El bicéfalo ha quedado muy maltrecho y Miguel, obsesionado con la idea del suicidio, empuja a Ángel a una muerte terrible: cuelga de un balcón el pescuezo de su hermano. La imposibilidad de conciliar sus dos naturalezas, fomentada por la crueldad del doctor, conduce al bicéfalo a la aniquilación.

Del cuento me interesa destacar, además, una serie de elementos paratextuales que hacen de él una pieza singular. Es notable el carácter de *historicidad* que, ya en la dedicatoria que antecede al relato, pretende imprimir Fernández Bremón a la historia del bicéfalo: «Miguel-Ángel no es una creación fantástica: han existido realmente hombres y mujeres de dos y más cabezas».

Sin embargo, reconoce «la extravagancia del asunto: antes al contrario, he creído así acomodarme al gusto general que exige a los autores, para ser leídos, lo anómalo y lo deforme con preferencia a lo regular y acostumbrado» (p. 198). El autor sustenta la verosimilitud del cuento en la existencia comprobada de seres similares a su protagonista, a la vez que no niega lo escabroso que esconde la peripecia de Miguel-Ángel, muy acorde con los gustos del lector de la época.

Asimismo, las «Notas relativas a Miguel-Ángel» adjuntas al cuento y dividas en dos bloques inciden en la genealogía del bicéfalo. La primera parte cita varios casos de monstruos dobles. La fuente esencial de Fernández Bremón es un texto del padre Feijoo que, aunque no se concreta, corresponde a la Carta Sexta del primer tomo de las *Cartas eruditas y curiosas* (1742), donde el benedictino desgrana sucesos vinculados a la existencia de hombres bicípites con el deseo de solventar dos interrogantes, de los que nos interesa sobre todo el primero: «La primera filosófica, sobre si el monstruo *bicipite* constaba de dos individuos, o era uno solo. La segunda teológica, si en caso de ser dos, quedaron ambos bautizados».[14] Feijoo se inspira parcialmente en una obra de Gaspar de los Reyes (1677), a la que a su vez recurre Fernández Bremón para completar los datos proporcionados por el benedictino; y es que, aunque según afirma el narrador, «la teratología solo admite los ejemplos recientes, bien comprobados», no se pueden soslayar los datos proporcionados por antiguos investigadores (p. 227). Probablemente el autor también acudió a los famosos grabados de Ambroise Paré (*Des mostres et prodigues*, 1567-1571), a quien Feijoo cita en su texto, y a la historia de los siameses Eng y Chang.[15]

---

[14] Fray Benito Jerónimo Feijoo, *Cartas eruditas y curiosas*, Imprenta Real de la Gazeta, Madrid, 1777, vol. I, p. 78.

[15] Los siameses aparecen citados en la p. 320. Nacidos en Siam en 1811, dieron el nombre genérico a los gemelos unidos. Sus cuerpos estaban atados a la altura del ombligo por un tejido cartilaginoso flexible que llegó a medir dieciocho centímetros. Recorrieron con su espectáculo Europa y Estados Unidos, y a los 21 años empezaron a actuar por cuenta propia. Se casaron y tuvieron entre los dos veintiún hijos. Murieron en 1874, con pocas horas de diferencia. Un aspecto que merece atención es el contraste de caracteres de los siameses, cosa que reproducirá

La segunda parte de las «Notas» reproduce fragmentariamente el artículo que «publicó el doctor Trigémino en un periódico de medicina cuando empezó a circular el rumor de la existencia de un hombre tan singular como Miguel-Ángel» (pp. 227-228). En el informe, el doctor analiza prolijamente su organismo, revelándose un conocedor de la fisonomía humana más que competente. El afán de Fernández Bremón de documentar sus historias se pone también de relieve en las menciones, insertas en el relato, a Frank y «Ballexarde» (*sic*). El autor se refiere al alemán Johann Peter Frank (1745-1821), precursor de la pediatría y la higiene social, y al suizo Jacques Ballexerd, autor de *Dissertation sur l'éducation physique des enfants depuis leur naissance jusqu'à l'âge de puberté* (1763).

En la configuración de Miguel-Ángel no es difícil hallar ecos de la casuística de Feijoo. El benedictino escribe a propósito de uno de sus bicípites que «basta la duplicación de cabezas para inferir duplicidad de almas: con que de cualquiera modo se infiere con la mayor certeza posible, que en el monstruoso complejo de esa ciudad había, no una sola, sino dos almas» (p. 83). De un modo similar, Miguel-Ángel es un ser doble dotado de inteligencia y autonomía. Tanto es así que Miguel tiene un carácter violento, mientras que Ángel es apacible; al tiempo que Miguel, desengañado, se vuelve misógino, su hermano se enamora; y, lo más significativo, mientras el primero se entrega a la causa republicana, Ángel se adhiere al carlismo. Fernández Bremón añade al dilema filosófico y moral planteado por Feijoo una nueva dimensión: la alegoría política.

El bicéfalo deviene un epítome de la esquizofrenia política que vivía España en la década de los setenta. La acción se sitúa hacia 1874, pues Vicente de la Hoz, con quien se cartea Ángel, fue director del periódico carlista *La Esperanza* (fundado en 1844 por Antonio de Arjona Tamariz) desde finales de 1865 hasta dicho año,

---

Fernández Bremón en su relato: mientras Eng disfrutaba leyendo y aborrecía exhibirse, Chang era extrovertido y tuvo problemas con el alcohol. Sus peripecias las relataron Irving y Amy Wallace en la biografía *Los siameses* (1978) y las novelaron recientemente Vicente Muñoz Puelles (*Sombras paralelas*, 1989) y Darin Strauss (*Chang y Eng*, 2000). Véase al respecto Martín (2014).

cuando la llegada del general Francisco Serrano al poder acabó con la publicación. Esta última circunstancia se menciona hacia el final del cuento, poco antes del suicidio del bicéfalo: «Entonces, como siempre, había en Madrid una conspiración próxima a estallar: las autoridades, creyendo empezado el motín, se encerraron en sus oficinas, y los conspiradores echaron el cerrojo a sus puertas, diciendo alegremente: "Ya se están batiendo los amigos"» (p. 224).

El conflicto de identidad va dirigido, pues, a ilustrar la pugna de una España bicéfala, la lucha en el seno de un país bicípite entre el republicanismo, representado por Miguel, y el carlismo, encarnado en Ángel. En una de sus apariciones públicas, el bicéfalo hace explícita esa dimensión política:

> —Hoy que nacemos a la vida del ciudadano, nuestro júbilo es inmenso — añadió Ángel—. ¿Cómo no, si tenemos dos cerebros que conciben doblemente la idea de la patria?
> —Si España nos necesita —interrumpió Miguel—, tendrá en nosotros dos voces para victorearla a un mismo tiempo; dos soldados en un solo uniforme, y saldremos al campo con un fusil en cada mano.
> La emoción del auditorio era inmensa, y Ángel añadió:
> —Solo sentimos no tener dos vidas para sacrificarlas... (p. 213).

No parece casual que de los dos hermanos sea Miguel —personaje cargado de connotaciones negativas: a diferencia de Ángel es poco reflexivo, fiero, de mal carácter y tendencias suicidas— el republicano, dada la tendencia monárquica de Fernández Bremón. Pero tampoco hay que pensar que sus simpatías estaban del lado de los carlistas: Soldevila (1995: 5) refrenda su talante monárquico y conservador al tildarle de «prohombre de la Restauración borbónica».[16] Solo, parece plantear el autor, hay una vía posible: el regreso de los Borbones a la Corona; de ahí que el republicano Miguel, al ahorcar a su hermano carlista, se aniquile a sí mismo.

---

[16] Véase además Martín (2013).

En definitiva, Fernández Bremón aprovecha los recursos que le brinda la figura doble del bicéfalo para construir una alegoría política. A la luz de la dedicatoria que acompaña el relato, en la que, recordemos, subraya que Miguel-Ángel no es una criatura fantástica a la vez que expresa su voluntad de agradar al lector exprimiendo lo que de anómalo este pueda tener, no parece descabellado aventurar que el monstruo de dos cabezas interesó al autor porque le facilitaba vehicular a través de un caso atractivo para el público un mensaje preñado de ideología política.

# EPÍLOGO

Ominosas sombras, reflejos especulares que cobran vida, gemelos que mantienen sádicas relaciones, usurpaciones eróticas, mujeres duplicadas, cadáveres que reproducen los rasgos del que observa... El repertorio de dobles de la narrativa occidental del siglo XIX constituye un reflejo de los miedos que acechan al individuo en su peripecia moderna, consciente de su quebradizo yo y temeroso de perderlo. Así, aunque la discusión sobre la muerte del sujeto se ha enmarcado habitualmente en el debate acerca de la posmodernidad, el estudio del doble invita a pensar que no es del todo descabellado retrotraer la mencionada discusión a los albores del siglo XIX.[1] Desde este prisma, la muerte del sujeto podría entenderse no tanto como una desaparición abrupta sino como un accidente más en las especulaciones sobre su morfología: el sujeto habría sido objeto de revisión desde que empezó a fraguarse como tal, desde el mismo instante en que nació la percepción de ser sujeto. En palabras de Bürger (2001: 314), no hay que entender esta *muerte* como una renuncia a la categoría de sujeto, sino «como signo de un deslizamiento epocal dentro de la categoría misma».

La realidad comenzó a ser un «episodio de la imaginación» antes de que Pessoa la definiera con estas afortunadas palabras,[2]

---

[1] Suele afirmarse que el sintagma *muerte del sujeto* reproduce la expresión nietzscheana de la muerte de Dios: este ha desaparecido porque el ser humano no cree ya en él, pero el lugar que ocupaba ha quedado marcado de algún modo por una huella, por una sombra. Lo mismo habría sucedido con el sujeto: las nociones de identidad y de persona caen en descrédito y se diluyen, mas dejan una ausencia notable, un hueco preñado de sentido.

[2] Fernando Pessoa (1913-1935), *Libro del desasosiego*, traducción de Perfecto Cuadrado, Acantilado, Barcelona, 2002, p. 242.

y aunque es cierto que la quiebra y disolución de la identidad en la narrativa del XIX no alcanza el paroxismo al que llegarán las vanguardias históricas (muestra de ello son la obra de Pirandello o del propio Pessoa), en la obra de autores como Hoffmann o Poe ya puede palparse el resquebrajamiento de la noción oficial de individuo ('aquello que no puede ser dividido'). En la encrucijada en la que concurren el fracaso del proyecto ilustrado y la convulsión cultural, literaria y filosófica que supondrá el Romanticismo, el *Doppelgänger* se convierte en un recurso excepcional para dar nombre y forma a la crisis identitaria desde diversos frentes. El doble de resonancias populares, mensajero de la muerte, convive en la narrativa romántica con ese otro yo configurado con cierto maniqueísmo y que, sin duda, es el que ha perdurado en el imaginario colectivo, algo de lo que dan fe no solo la literatura, sino también el cómic, el cine, la ficción televisiva y el arte publicitario: el doble como encarnación de anhelos reprimidos y execrable depositario de ciertos rasgos que el original anhela poseer pese a su naturaleza *nociva* y *reprobable* o, a la inversa, como una suerte de voz de la conciencia que advierte al otro de que no va por buen camino... A la vez, se gesta un doble que en lugar de cargar las tintas en la polaridad entre bien y mal subraya la consciencia del individuo de su propia insignificancia y del signo precario que rige su identidad. Ante este *Doppelgänger*, no es extraño que el sujeto dude de su legitimidad para recobrar lo que el otro ha usurpado, incapaz de aseverar quién es el original y quién la copia.

Sin embargo (y por fortuna), no siempre se puede separar al doble heraldo de muerte del doble *malvado* o del antihéroe que lucha, aterrado, por preservar su espacio en el mundo frente a un tipo terroríficamente idéntico a él, algo que ya se pone de manifiesto en una novela como *Los elixires del diablo*, crisol temprano de todas estas facetas. Y es que estas facetas se inscriben en unas mismas coordenadas y comparten un mismo campo semántico, el que remite a la disolución del yo y, al cabo, a la inexorable muerte: «The ethical function of the appearance of the double is obviously the same as the ethical function of death, *i.e.,* the loss of existence of the depersonalization of the subject» (Chizhevsky, 1962: 129).

La narrativa española del siglo XIX constituye un ejemplo excepcional de la ambivalencia del doble, de su unidad y versatilidad. Desde un criterio genérico, en principio parece una tarea sencilla (y este ha sido el procedimiento que he seguido el presente estudio) distinguir entre un doble de raigambre legendaria y un doble imbuido de una inspiración fantástica más moderna, en consonancia con los nuevos derroteros por los que camina el género de la mano de Hoffmann y Poe.

Así, *El estudiante de Salamanca*, *El capitán Montoya* y las reelaboraciones románticas sobre Mañara y Lisardo añaden a la escena popular de las exequias la visión aciaga del doble. En las obras de Espronceda y Zorrilla esta inserción constituye una novedad estética que, sobre todo en el caso del primero, contribuye a dotar al héroe de una cierta complejidad ontológica. Por su parte, los cuentos sobre el mítico Mañara compuestos por Gutiérrez de la Vega, García de Luna y Cano y Cueto, así como las «Memorias de Lisardo el estudiante» debidas a Fernández y González, fosilizarán el cara a cara del protagonista con su otro yo cadáver convirtiéndolo en un cliché. Los recreadores de los infortunios de Mañara, relativamente fieles a la tradición sevillana y esforzados en el intento de ensalzar la gloria del Hospital de la Caridad, establecen un férreo vínculo entre las exequias, el doble y la conversión, lo que invita a pensar que la secuencia tenía que formar parte de las expectativas del público lector con respecto al personaje. En cuanto a Lisardo, Fernández y González dota al estudiante de una dimensión romancesca muy del gusto de la época, hibridándolo con el arquetipo del monje malvado y acogiéndose al molde gótico que, según el ejemplo de Ann Radcliffe, neutralizaba todo fenómeno fantástico racionalizándolo; el hecho de que el prolífico folletinista añadiera a las peripecias de Lisardo la visión del doble muestra, una vez más, la solvencia que se le atribuía a la escena. El cuento de Balaguer constituye, por su parte, una pequeña sorpresa en un siglo que había olvidado al caballero de Olmedo. La eficacia con la que adapta Balaguer esta tradición al marco narrativo legendario del XIX, sustituyendo a la Sombra lopesca por el funesto doble de don Alonso, da fe del provecho que los románticos le podrían haber sacado al de Olmedo.

Si por lo general el doble de hechuras legendarias hunde complacientemente sus raíces en los dictados de la moral católica empujando al libertino a la conversión (aunque el indómito don Félix de Montemar no dé su brazo a torcer, según el pueblo ha sufrido un escarmiento divino), no ocurrirá lo mismo con el *Doppelgänger* moderno o hoffmanniano. Frente al *happy end* de Mañara, el arrepentimiento postrero de Lisardo-fray Tomás y el triste pero glorificador final de don Alonso (crónica de una muerte anunciada que se salda con el ajusticiamiento de los criminales y, por tanto, con la restauración del orden), los protagonistas de «La Madona de Rubens», «El país de un abanico», «Muérete y verás» o «La Borgoñona» experimentan procesos de enajenación, destrucción y muerte a causa de sus coqueteos con los tortuosos recovecos de la identidad propia o ajena. Otro tanto sucede con el Leoncio de «La noche de máscaras» o el doctor Anselmo de «La sombra», textos pertenecientes a la órbita del doble. Frente a los libertinos de la tradición legendaria, estos caracteres están dotados de una sensibilidad que no gravita ya en torno al donjuanismo español, sino alrededor de la naturaleza singular y delicada del antihéroe hiperestésico y del artista romántico. Es, sin duda, el caso del pintor Eugenio o el de Rosa, obsesionados con un retrato y un enigmático paisaje que encierran una verdad sobrecogedora; o el del doctor Anselmo, hombre de «erudición revuelta» y de irrefrenable imaginación, y la Borgoñona, aquejada de una suerte de neurosis mística bajo la que late, agazapado, el deseo sexual por el penitente-estudiante.

La escena del entierro, además de conjugarse con la aparición del doble *post mortem*, conquistará también una parcela temática del cuento fantástico. El caso más patente es el de «Muérete y verás», el magnífico y desconcertante cuento de Pedro Escamilla, pero tampoco pueden obviarse los disparatados «Las aventuras de un muerto. Cuento fantástico» y el paródico «Mi entierro. Discurso de un loco». Por añadidura, el contenido satírico de estos tres textos, que en el caso de Escamilla no merma el efecto fantástico y en los de Núñez de Arce y Clarín incluso intensifica lo grotesco, es consustancial a la noción del entierro como develador de apariencias y falsedades, muy presente en la literatura decimonónica desde el estreno de la comedia de Bretón de los Herreros. Por su parte, la alegoría, más allá de la esperable polarización manifiesta, por ejemplo, en la virginal Madona rubensiana y su corrupta encarnación terrenal, encuentra terreno abonado en la órbita temática del doble: el hombre de dos cabezas de Fernández Bremón constituye no solo una criatura digna de atención teratológica, sino sobre todo una peculiar personificación de la España que hacia 1874 pretendían disputarse republicanos y carlistas, y que acabaría ganando la Restauración borbónica.

Me gustaría, ya para acabar, insistir en la morfología pavorosa del doble. Los adjetivos *siniestro* y *ominoso*, empleados repetidamente a lo largo de estas páginas para calificar al *Doppelgänger*, su idiosincrasia y las consecuencias de sus apariciones, no son gratuitos en este contexto. Según formuló Freud en su fundamental estudio de 1919, lo siniestro y ominoso (*unheimliche*) procede de aquello que resulta —o resultaba— familiar (*heimliche*). De acuerdo con esta definición, el doble constituiría la figura siniestra por excelencia: el cuerpo, el rostro, la voz o los gestos, tan familiares y cognoscibles para el individuo, componen una entidad ominosa cuando, inexplicablemente, se duplican. En palabras de Trías (1982: 41), «de pronto eso tan familiar, tan armónico respecto a nuestro propio límite, se muestra revelador y portador de misterios y secretos que hemos olvidado por represión, sin ser en absoluto ajenos a las fantasías primeras urdidas por nuestro deseo; deseo bañado de temores primordiales».

El hecho de que el doble haya conseguido preservar con relativa dignidad su halo ominoso en la literatura del siglo XIX y lo haya prolongado durante el XX (aunque este, por desgracia, es un asunto que excede los límites del presente estudio) se debe, en parte, a su sobria fisonomía, que le ha mantenido a salvo del proceso del *más difícil todavía* al que se ha visto expuesta, no siempre con buenos resultados, la estética de otras criaturas fantásticas como el vampiro, el licántropo, el fantasma o el muerto viviente. Pero las razones de esta perdurabilidad también debemos buscarlas, una vez más, en su justo engaste en el sentir de los tiempos modernos: el *Doppelgänger* nos recuerda que no hay que buscar lo desconocido en cementerios, castillos góticos o lejanas galaxias, sino en el interior del ser humano, *heauntontimorumenos* o 'atormentador de sí mismo'. El doble no apela tanto a la amenaza de la mordedura deletérea o al desmembramiento corporal (que también, claro está, pueden resultar terroríficos) como a la incertidumbre sobre la misma esencia humana. La apariencia del *Doppelgänger* y el ambiente cotidiano en el que acostumbra a manifestarse sugieren, en fin, la inquietante posibilidad de que un buen día (o una mala noche), se nos aparezca con aviesas intenciones ese *alter ego* que, según dictan las viejas creencias, todos tenemos en las antípodas.

# BIBLIOGRAFÍA

La siguiente bibliografía está parcelada en dos bloques: ensayos, libros y artículos, y narrativa sobre el doble publicada en el siglo XIX. Este último apartado, a su vez, se divide en otros dos: uno dedicado a aquellos relatos del XIX que versan sobre el doble tal y como se ha definido en estas páginas, y aquellos que forman parte de su órbita, ambos ordenados cronológicamente; en cada caso cito las ediciones empleadas en mi investigación o, en su defecto, las que más accesibles me parecen.

## LIBROS Y ARTÍCULOS

Abrams, M.H. (1975), *El espejo y la lámpara. Teoría romántica y tradición crítica*, Barral, Barcelona.

Alazraki, Jaime (2001), «¿Qué es lo neofantástico?», en David Roas, ed., *Teorías de lo fantástico*, Arco/Libros, Madrid, pp. 265-282.

Alonso Cortés, Narciso (1943), *Zorrilla. Su vida y sus obras*, Librería Santarén, Valladolid.

Alonso Palomar, Pilar (1994), *De un universo encantado a un universo reencantado*, Grammalea, Valladolid.

Amores, Montserrat (1993), *Tratamiento culto y recreación literaria del cuento folclórico en los escritores del siglo XIX*, Universidad Autónoma de Barcelona, 4 vols. (tesis doctoral).

—— (2001), *Fernán Caballero y el cuento folclórico*, Ayuntamiento del Puerto de Santa María, Puerto de Santa María.

Amorós, Andrés (1970-1971), «*La sombra*, realidad e imaginación», *Cuadernos Hispanoamericanos*, 250-252, pp. 523-536.

Aracil, Alfredo (1998), *Juego y artificio. Autómatas y otras ficciones en la cultura del Renacimiento a la Ilustración*, Cátedra, Madrid.

Argullol, Rafael (1982), *El Héroe y el Único. El espíritu trágico del Romanticismo*, Taurus, Madrid.

Asensio, José María (1875), «Prólogo» a Manuel Cano y Cueto, *Leyendas y tradiciones sevillanas*, Francisco Álvarez y Cía, Sevilla, pp. IX-XXXII.

Ballesteros González, Antonio (1998), *Narciso y el doble en la literatura fantástica victoriana*, Ediciones de la Universidad de Castilla-La Mancha, Cuenca.

Balló, Jordi, y Xavier Pérez (2004), *La semilla inmortal. Los argumentos universales en el cine*, Anagrama, Barcelona.

Baltrušaitis, Jurgis (1988), *El espejo. Ensayo sobre una historia científica*, Miraguano, Madrid.

Banta, Martha (1964), «Henry James and 'the Others'», *New England Quarterly*, 37 (junio), pp. 171-184.

Baquero Goyanes, Mariano (1949), *El cuento español en el siglo XIX*, CSIC, Madrid.

— (1984), «Narración y octosílabos en la prosa de Cristóbal Lozano», *Estudios sobre el Siglo de Oro. Homenaje al profesor Francisco Ynduráin*, Editora Nacional, Madrid, pp. 45-67.

Barga, Corpus (1923), «Dostoievski, dictador», *Revista de Occidente*, II, 4 (octubre), pp. 132-135.

Bargalló, Juan (1994), «Hacia una tipología del doble: el doble por fusión, por fisión y por metamorfosis», en Juan Bargalló, ed., *Identidad y alteridad: aproximación al tema del doble*, Alfar, Sevilla, pp. 11-26.

Baring-Gould, Sabine (2004), *El libro de los hombres lobo. Información sobre una superstición terrible*, Valdemar, Madrid.

Baronian, J.B. (1978), *Panorama de la littérature fantastique de langue française*, Stock, París.

Baudelaire, Charles (1988), *Edgar Allan Poe*, Visor, Madrid.

Béguin, Albert (1954), *El alma romántica y el sueño*, FCE, México.

Benjamin, Walter (1988), *El concepto de crítica de arte en el Romanticismo alemán*, Península, Barcelona.

Berkowitz, H. Chonon (1951), *La biblioteca de Benito Pérez Galdós*, Ediciones El Museo Canario, Las Palmas de Gran Canaria.

Berlin, Isaiah (2000), *Las raíces del romanticismo*, Taurus, Madrid.

Bessière, Irène (2001), «El relato fantástico: forma mixta de caso y adivinanza», en David Roas, ed., *Teorías de lo fantástico*, Arco/Libros, Madrid, pp. 83-104.

Bettini, M. (1992), «Sosia e il suo sosia: pensare il 'doppio' a Roma», prólogo a Plauto, *Anfitrione*, Marsilio, Venecia, pp. 9-51.

Blasco, Javier (1994), «*Extraordinario*, pero no *fantástico*. El género de las misceláneas renacentistas», *Anthropos*, 154-155 (marzo-abril), pp. 118-121.

Bornay, Erika (2004), *Las hijas de Lilith*, Cátedra, Madrid.

Bosch, Rafael (1971), «*La sombra* y la psicopatología de Galdós», *Anales galdosianos*, VI), pp. 21-45.

Bozzano, Ernesto (1934), *Dei fenomeni di bilocazione*, Tipografía Dante, Umbría.

Bozzetto, Roger (2001), «¿Un discurso de lo fantástico?», en David Roas, ed., *Teorías de lo fantástico*, Arco/Libros, Madrid, pp. 223-242.

Brion, Marcel (1973), *La Alemania romántica II. Novalis. Hoffmann. Jean-Paul*, Barral, Barcelona.

Buendía, Felicidad (1963), «*El golpe en vago*. Preámbulo», en *Antología de la novela histórica española (1830-1844)*, Aguilar, Madrid, pp. 885-888.

Bürger, Christa y Peter Bürger (2001), *La desaparición del sujeto. Una historia de la subjetividad de Montaigne a Blanchot*, Madrid, Akal.

Burrow, John W. (2001), *La crisis de la razón. El pensamiento europeo (1848-1914)*, Crítica, Barcelona.

Caldera, Ermanno y Antonietta Calderone (1988), «El teatro en el siglo XIX (I) (1808-1844)», en José María Díez Borque, ed., *Historia del teatro en España*, Taurus, Madrid, vol. II, pp. 377-624.

Campra, Rosalba (2001), «Lo fantástico: una isotopía de la transgresión», en David Roas, ed., *Teorías de lo fantástico*, Arco/Libros, Madrid, pp. 153-191.

Cansinos-Assens, Rafael (2001), *Los judíos en la literatura española*, Pre-Textos/Fundación ONCE, Valencia.

Cárdenas, Juan de (1732), *Breve relación de la muerte, vida y virtudes del venerable caballero don Miguel Mañara*, Tomás López de Haro, Sevilla. https://www.bibliotecavirtualdeandalucia.es/catalogo/es/consulta/registro.cmd?id=6916.

Carnero, Guillermo (1973), «Apariciones, delirios, coincidencias. Actitudes ante lo maravilloso en la novela histórica española del segundo tercio del XIX», *Ínsula*, 318, pp. 1 y 14-15.

—— (1983), *La cara oscura del Siglo de las Luces*, Fundación Juan March/Cátedra, Madrid.

Carnicer, Ramón (1969), *Entre la ciencia y la magia. Mariano Cubí*, Seix Barral, Barcelona.

Carrere, Emilio (1918), «El viejo poeta Nerval», *La copa de Verlaine*, Fortanet, Madrid, pp. 23-28.

Carroll, Nöel (2005), *Filosofía del terror o paradojas del corazón*, Antonio Machado Libros, Madrid.

Casalduero, Joaquín (1966), «La sombra», *Anales galdosianos*, I, pp. 33-38.

Cassany, Enric (1980), «Prólogo» a Antonio Ros de Olano, *Cuentos estrambóticos y otros relatos*, Laia, Barcelona, pp. 9-34.

Castex, Pierre-Georges (1951), *Le conte fantastique en France*, José Corti, París.

Castilla del Pino, Carlos (1994), «El psicoanálisis, la hermenéutica y el universo literario», en Pedro Aullón de Haro, ed., *Teoría de la crítica literaria*, Trotta, Madrid, pp. 295-386.

Cazottes, Gisèle (1983), «Contribución al estudio del cuento en la prensa madrileña de la segunda mitad del siglo XIX. Pedro Escamilla», *Iris*, 4, pp. 13-37.

Cernuda, Luis, (1975), «Gérard de Nerval», en Luis Cernuda, *Poesía y literatura II, Prosa completa*, ed. de Derek Harris y Luis Maristany, Barral, Barcelona, pp. 1023-1036.

— (1975), «Las prisiones de Gérard de Nerval», en Luis Cernuda, *Poesía y literatura II, Prosa completa*, ed. de Derek Harris y Luis Maristany, Barral, Barcelona, pp. 1308-1312.

Ceserani, Remo (1999), *Lo fantástico*, Visor, Madrid.

Chizhevsky, Dmitri (1962), «The theme of the double in Dostoevsky», en René Wellek, ed., *Dostoevsky. A collection of Critical Essays*, Prentice Hall Inc., Englewood Cliffs, Nueva Jersey, pp. 112-129.

Clémessy, Nelly (1978), «Emilia Pardo Bazán et le conte fantastique», en AA.VV., *Mélanges à la memoire d'André Joucla-Ruau*, Université de Provence, Provenza, vol. I, pp. 565-575.

—— (1981), *Emilia Pardo Bazán como novelista*, Fundación Universitaria Española, Madrid, vol. 2.

Coates, Paul (1988), *The Double and the Other. Identity as ideology in Post-Romantic fiction*, Macmillan, Houndmills.

Cobb, Palmer (1908), *The Influence of E. T. A. Hoffmann on the Tales of E. A. Poe*, Columbia University, Chapel Hill (tesis doctoral).

Coello y Quesada, Diego (1840), «Poesías de don José de Espronceda», *El Corresponsal*, 27 de mayo.

Cortázar, Julio (1973), «El poeta, el narrador y el crítico», en Edgar Allan Poe, *Ensayos y críticas*, Alianza, Madrid, pp. 7-61.

Cortijo Ocaña, Antonio (1996), «La leyenda del Caballero de Olmedo en una versión desconocida de la *Historia de Medina del Campo* de López Ossorio (Bancroft Library, MS UCB 143, vol. 21, Fernán Núñez Collection)», *Criticón*, 68, pp. 101-111.

Cotarelo, Ramón (2005), *La fábula del otro yo. La figura del doble en la literatura*, Centro Tomás y Valiente/UNED Alzira-Valencia, Valencia.

Darnton, Robert (1984), *La fin des Lumières. Le mesmérisme et la Revolution*, Perrin, París.

Dekker, Rudolf M., y Lotte van de Pol (2006), *La doncella que quiso ser marinero. Travestismo femenino en Europa (siglos XVII-XVIII)*, Siglo XXI, Madrid.

Díaz Larios, Luis F. (2001), «Notas para una poética del cuento romántico en verso (con algunos ejemplos)», *Scriptura*, 16, pp. 9-23.

Díez Taboada, María Paz (1999), «Introducción» a Ramón María del Valle-Inclán, *Flor de Santidad*, Cátedra, Madrid, pp. 11-119.

Dijkstra, Bram (1986), *Ídolos de perversidad. La imagen de la mujer en la cultura de fin de siglo*, Debate, Madrid, 1994.

Dolezel, Lubomír (1985), «Una semántica para la temática: el caso del doble», *Estudios de poética y teoría de la ficción*, Universidad de Murcia, 1999, pp. 159-174.

Don Juan Manuel (1994), *El conde Lucanor*, ed. de Guillermo Serés, Barcelona, Crítica.

Dostoievski, Fiódor M. (1995), *Cartas a Misha (1838-1864)*, ed. de Selma Ancira, Grijalbo Mondadori, Barcelona.

Durán, Agustín (1945), *Romancero general o colección de romances castellanos anteriores al siglo XVIII*, Biblioteca de Autores Españoles, Madrid, vol. 2.

Egido, Luciano G. (1988), «El personaje del «estudiante de Salamanca» en el teatro español del siglo XVII», en AA.VV., *Homenaje a Alonso Zamora Vicente*, Castalia, Madrid, vol. III, pp. 221-237.

Ellenberger, Henri F. (1976), *El descubrimiento del inconsciente*, Gredos, Madrid.

Englekirk, John Eugene (1934), *Edgar Allan Poe in Hispanic Literature*, Instituto de las Españas de los Estados Unidos, Nueva York.

Entrambasaguas, Joaquín de (1973), «El Doctor Cristóbal Lozano», *Estudios y ensayos de investigación y crítica*, CSIC, Madrid, pp. 267-419.

Escobar, José (1995), «¿Es que hay una sonrisa romántica? Sobre el Romanticismo en *Muérete ¡y verás!* de Bretón de los Herreros», en AA.VV., *Romanticismo 5 (Actas del V Congreso)*, Bulzoni, Roma, pp. 85-96.

Espinosa, Aurelio (1947), *Cuentos populares españoles recogidos de la tradición oral de España*, CSIC, Madrid, vol. 3.

Ezama Gil, Ángeles (1994), «Cuentos de locos y literatura fantástica. Aproximación a su historia entre 1868 y 1910», *Anthropos*, 154-155 (marzo-abril), pp. 77-82.

— (1995), «El relato breve en las preceptivas literarias decimonónicas españolas», *España Contemporánea*, VII, 2, pp. 41-51.

— (1997), «Prólogo» a Leopoldo Alas, *Cuentos*, Crítica, Barcelona, pp. XXIV-XCIX.

Fabre, Jean (1992), *Le miroir de sorcière. Essai sur la littérature fantastique*, José Corti, París.

Feijoo, Fray Benito Jerónimo (1777), *Cartas eruditas y curiosas*, Imprenta Real de la Gazeta, Madrid, vol. I. http://bdh-rd.bne.es/viewer.vm?id=0000009998&page=1.

Fernández, Luis Miguel (2006), *Tecnología, espectáculo, literatura. Dispositivos ópticos en las letras españolas de los siglos XVIII y XIX*, Universidad de Santiago de Compostela.

Fernandez Bravo, Nicole (1988), «Double», en Pierre Brunel, ed., *Dictionnaire des mythes littéraires*, Éditions du Rocher, Mónaco, pp. 492-531.

Fernández Cifuentes, Luis (1982), *Teoría y mercado de la novela en España: del 98 a la República*, Gredos, Madrid.

Fernández Insuela, Antonio (1993), «Sobre la narrativa española de la Edad de Oro y sus reediciones en el siglo XVIII», *Revista de literatura*, LV, 109, pp. 55-84.

Fernández Sánchez, Carmen (1992), «E. T. A. Hoffmann y Théophile Gautier», *Cuadernos de Filología Francesa*, 6, pp. 47-59.

Fichte, Johann Gottlieb (1997), *Introducciones a la doctrina de la ciencia*, ed. de José María Quintana Cabanas, Tecnos, Madrid.

Frazer, James George (1981), *La rama dorada. Magia y religión*, FCE, México.

Freud, Sigmund (2001), *Lo siniestro*, José J. de Olañeta, Barcelona (publicado junto con «El hombre de la arena» de E. T. A. Hoffmann).

Fusillo, Massimo (1998), *L'altro e lo stesso. Teoria e storia del doppio*, La Nuova Italia, Scandicci.

García Hernández, Benjamín (2001), *Gemelos y sosias: la comedia del doble en Plauto, Shakespeare y Molière*, Clásicas, Madrid.

García Jurado, Francisco (2002), «Reinterpretación (post)romántica del antiguo mito del doble: *Der Golem*, de Gustav Meyrink, desde el *Anfitrión*, de Plauto», en Carlos Alvar, ed., *El mito, los mitos,* Caballo Griego para la Poesía, Madrid.

García Valdés, Celsa C. (1991), «Prólogo» a *De la tragicomedia a la comedia burlesca: «El caballero de Olmedo» de Lope de Vega y F. Monteser*, Eúnsa, Navarra, pp. 6-69.

Gibson, J. S. (1977), *Deacon Brodie. Father to Jekyll and Hyde*, Paul Harris Publishing, Edimburgo.

Gidrewicz, Joanna (2001), «Soledades de la vida y desengaños del mundo: novela barroca de desengaño y best-seller dieciochesco», en Chistoph Strosetzki, ed., *Actas del V Congreso de la Asociación Internacional Siglo de Oro (Münster 1999)*, Iberoamericana/Vervuet, Madrid/Frankfurt, pp. 614-622.

Gil y Carrasco, Enrique (1854), «Cuentos de E. T. A. Hoffmann vertidos al castellano por don Cayetano Cortés», *Obras completas*, ed. de Jorge Campos, Biblioteca de Autores Españoles, Madrid, pp. 485-490.

Giné Janer, Marta (1997), «Las traducciones españolas de los relatos fantásticos de Gautier. Análisis y perspectivas», en Jaume Pont, ed., *Narrativa fantástica del siglo XIX España e Hispanoamérica*, Milenio-Universitat de Lleida, pp. 235-248.

Ginger, Andrew (2000), *Antonio Ros de Olano's experiments in Post-Romantic prose (1857-1884)*, Edwin Mellen Press, Nueva York.

Goimard, Jacques y Roland Stragliati, eds. (1997), *Histoires de doubles*, Pocket, París.

Gómez de la Serna, Ramón (1974), *Automoribundia*, Guadarrama, Madrid, vol. 2.

González Miguel, Mª de los Ángeles (2000), *E. T. A. Hoffmann y E. A. Poe. Estudio comparado de su narrativa breve*, Universidad de Valladolid.

Granero, Jesús M. (1981), *Muerte y amor. Don Miguel Mañara*, s.e., Madrid.

Grau i Fernández, Ramon (2004), «Les coordenades historiogràfiques de Víctor Balaguer», AA.VV., *Víctor Balaguer i el seu temps*, Publicaciones de l'Abadia de Montserrat, Barcelona, pp. 43-68.

Gubern, Román (2002), *Máscaras de la ficción*, Anagrama, Barcelona.

Guerard, Albert J., ed. (1967) *Stories of the Double*, J. P. Lippincott, Philadelphia.

Guillamon, Julià (1985), «E. T. A. Hoffmann o els aspects nocturns de la reflexió literària», prólogo a E. T. A. Hoffmann, *Contes de magnetisme i hipnosi*, Edicions del Mall, Barcelona, pp. 151-169.

Gullón, Germán (1977), «*La sombra*, novela de *suspense* y novela fantástica», *Actas del primer congreso internacional de estudios galdosianos*, Cabildo Insular de Gran Canaria, Las Palmas, pp. 351-356.

Gurpegui, José Antonio (1999), «Poe in Spain», en Lois Davis Vines, ed., *Poe Abroad. Influence, repulóation, affinities*, University of Iowa Press, Iowa, pp. 108-114.

Gutiérrez Díaz-Bernardo, Esteban (2003), *El cuento español del siglo XIX*, Ediciones del Laberinto, Madrid.

Herdman, John (1990), *The Double in Nineteenth-Century Fiction*, Macmillan, Londres.

Herrero Cecilia, Juan (2000), *Estética y pragmática del relato fantástico*, Universidad de Castilla-La Mancha, Cuenca.

Hutcheon, Linda (1978), «Ironie et parodie: stratégie et estructure», *Poétique*, 36, pp. 467-477.

Jarque, Vicente (1996), «Filosofía idealista y romanticismo», en Valeriano Bozal, ed., *Historia de las ideas estéticas y de las teorías artísticas contemporáneas*, Visor, Madrid, vol. 1, pp. 206-219.

Jauss, Hans Robert (1995), *Las transformaciones de lo moderno*, Visor, Madrid.

Jourde, Pierre y Paolo Tortonese (1996), *Visages du double. Un thème littéraire*, Nathan, s.l.

Jové, Jordi (2001), «Fantasía y humor en los *Cuentos* de Fernández Bremón», *Scriptura*, 16, pp. 119-132.

Julià Martínez, Eduardo (1944), «Prólogo» a *Comedia de «El caballero de Olmedo»*, CSIC, Madrid, pp. 7-77.

Jung, Carl Gustav (1964), *El yo y el inconsciente*, Luis Miracle, Barcelona.

— (1994), *Recuerdos, sueños, pensamientos*, Seix Barral, Barcelona.

Keppler, C.F. (1972), *The literature of the Second self*, University of Arizona Press, Tucson.

Kracauer, Siegfried (1985), *De Caligari a Hitler. Una historia psicológica del cine alemán*, Paidós, Barcelona.

Kris, Ernst y Otto Kurz (1995), *La leyenda del artista*, Cátedra, Madrid.

Lakhdari, Sadi (2004), «Le visible et l'invisible dans *La sombra* de Benito Pérez Galdós», en Marie-Linda Ortega, ed., *Ojos que ven, ojos que leen. Textos e imágenes en la España isabelina*, Visor, Madrid, pp. 150-160.

Lanero, Juan José, Julio César Santoyo y Secundino Villoria (1993), «50 años de traductores, críticos e imitadores de Edgar Allan Poe (1857-1913)», *Livius*, 3, pp. 159-184.

Latorre, Yolanda (1997), «La fascinación en el discurso fantástico español finisecular: una incursión en la narrativa de Emilia Pardo Bazán», en Jaume Pont, ed., *Narrativa fantástica del siglo XIX (España e Hispanoamérica)*, Milenio-Universitat de Lleida, Lérida, pp. 381-396.

Lavaud, Éliane (1979), *Valle-Inclán: du journal au roman (1888-1915)*, Klincksieck, Braga.

Le Bon, Gustave (1983), *Psicología de las masas*, Morata, Madrid.

Lecouteux, Claude (1999a), *Hadas, brujas y hombres lobo en la Edad Media. Historia del Doble*, José J. de Olañeta, Palma de Mallorca.

— (1999b), *Fantasmas y aparecidos en la Edad Media*, José J. de Olañeta, Palma de Mallorca.

Lévy-Bruhl, Lucien (1985), *El alma primitiva*, Península, Barcelona.

Liverani, Elena (1995), «Zorrilla y Cristóbal Lozano: fuentes barrocas del teatro histórico de Zorrilla», en Javier Blasco Pascual, ed., *Actas del Congreso sobre José Zorrilla. Una nueva lectura*, Universidad de Valladolid y Fundación Jorge Guillén, Valladolid, pp. 375-383.

— (2000), *Narrativa barocca: le «Soledades de la vida y desengaños del mundo» di Cristóbal Lozano*, Bulzoni, Roma.

Lloréns, Vicente (1968), *Liberales y románticos. Una emigración española en Inglaterra (1823-1834)*, Castalia, Madrid.

López López, Matías (1991), *Los personajes de la comedia plautina: nombre y función*, Pagès, Lérida.

Luckhurst, Roger (2006), «Introduction» a R.L. Stevenson, *Strange Case of Dr Jekyll and Mr Hyde*, Oxford University Press, New York, pp. VII-XXXII.

Malandain, Gabrielle (1978), «Récit, miroir, histoire. Aspects de la relation Nerval-Hoffmann», *Romantisme*, 20, pp. 79-93.

Malkani, Fabrice (1998), «Fantastique et imaginaire scientifique en Allemagne a l'epoque de la *Naturphilosophie*: l'exemple des *Archives du magnetisme animal* (1817-1823)», en Suzanne Varga y Jean-Jacques Pollet, eds., *Traditions fantastiques iberiques et germaniques*, Artois Presses Université, Artois, pp. 103-117.

Mañara, Miguel de (1679), *Discurso de la verdad*, Tomás López de Haro, Sevilla. http://bdh-rd.bne.es/viewer.vm?id=0000078799&page=1.

Marco García, Antonio (1992), «El *Modernismo*, heredero de la estética romántica. A propósito de dos cartas de Santiago Rusiñol a Víctor Balaguer», *Anales de Literatura Española*, 8, pp. 133-156.

Marí, Antoni, ed. (1979), *El entusiasmo y la quietud. Antología del romanticismo alemán*, Tusquets, Barcelona.

Marrast, Robert (1966), *Espronceda. Articles et discours oubliés. La bibliothéque d'Espronceda*, Presses Universitaires de France, París.

— (1989), *José de Espronceda y su tiempo*, Crítica, Barcelona.

Martín, Rebeca (2007), «"El que se enterró", germen de *El Otro*, o el misterio del doble en Miguel de Unamuno», *Cuadernos de la Cátedra Miguel de Unamuno*, 44, 2, pp. 113-124.

— (2013), *Ficciones no disimuladas. La narrativa breve de José Fernández Bremón*, Real Sociedad Menéndez Pelayo, Santander.

— (2014), «Entre lo histórico y lo fantástico: el caso de *Sombras paralelas*, de Vicente Muñoz Puelles», *HispanismeS*, 3 (2014), pp. 385-397. http://hispanistes.org/publications/ouvrages/447-hispanismes-nd3.html.

— (2019), «Tradicionalismo e inverosimilitud: los cuentos de Carlos Coello», *Anales de Literatura Española,* 31, pp. 149-161.

— (2022), «Ciencia ficción e hibridez genérica en la obra de José Fernández Bremón», *Ínsula*, núm. 911 (noviembre), pp. 20-24.

Martínez Santa, Ana (1993), «La influencia de E. T. A. Hoffmann», *Actas del cuarto congreso internacional de estudios galdosianos*, Cabildo Insular de Gran Canaria, Las Palmas de Gran Canaria, vol. II, pp. 157-168.

Mendoza Díaz-Maroto, Francisco (1998), «Introducción» a Cristóbal Lozano, *Soledades de la vida y desengaños del*

*mundo*, facsímil de la edición de 1663, Instituto de Estudios Albacetenses «Don Juan Manuel», Albacete, pp. VII-XXXIV.
Mesmer, Franz-Anton (1797), *Mémoire sur la découverte du magnétisme animal*, s.e., Ginebra. https://gallica.bnf.fr/ark:/12148/bpt6k75421p.textelmage.
Mesonero Romanos, Ramón (1993), *Escenas y tipos matritenses*, ed. de Enrique Rubio Cremades, Cátedra, Madrid.
Millán, María Clementa (1989), «Indagaciones sobre la realidad en *La sombra* y otros relatos breves. Cervantes, Hoffmann y Chamisso en Galdós», en AA.VV., *Galdós. Centenario de «Fortunata y Jacinta»*, Universidad Complutense, Madrid, p. 129.
Molina Porras, Juan (2006), «Introducción» a *Cuentos fantásticos en la España del realismo*, Cátedra, Madrid, pp. 9-47.
Monguió, Luis (1967), *Don José Joaquín de Mora y el Perú del Ochocientos*, Castalia, Madrid.
Monleón, José B. (1989), «*La sombra* y la incertidumbre fantástica», *Anales galdosianos*, XXIV, pp. 31-41.
Montesinos, José F. (1980), *Galdós*, Castalia, Madrid, vol. 1.
Morel, Michel (2001), «Théorie et figures du double: du reactif au reversible», en Gérard Conio, ed., *Figures du double dans les littératures européennes*, Lausanne, L'Age d'Homme, pp. 17-24.
Morley, S. Griswold y Courtney Bruerton (1968), *Cronología de las comedias de Lope de Vega*, Gredos, Madrid.
Munck, Thomas (2001), *Historia social de la Ilustración*, Barcelona, Crítica.
Nabokov, Vladimir (1997), *Curso de literatura europea*, Barcelona, Círculo de Lectores.
Naupert, Cristina (2001), *La tematología comparatista entre teoría y práctica. La novela de adulterio en la segunda mitad del siglo XIX*, Arco/Libros, Madrid.
Navarro, Antonio José (2002), «Yo soy el otro. El mito del doble en el cine expresionista alemán», en AA.VV., *Cine fantástico y de terror alemán (1913-1927)*, Donostia Kultura, San Sebastián, pp. 61-74.
Navas Ruiz, Ricardo (1998), «Bretón de los Herreros y la sátira literaria», en Miguel Ángel Muro, ed., *Actas del Congreso*

Ontañón de Lope, Paciencia (2000), «El tema del doble en Galdós», en Florencio Sevila y Carlos Alvar, eds., *Actas del XIII Congreso de la Asociación Internacional de Hispanistas*, Castalia, Madrid, vol. 2, pp. 338-343.

Ortiz Armengol, Pedro (1969), *Espronceda y los gendarmes*, Prensa Española, Madrid.

— (1995), *Vida de Galdós*, Crítica, Barcelona.

Ovejas, Ildefonso (1842), «Crítica literaria. *Cuentos* por don Antonio Ros de Olano», *El Correo Nacional*, 20 y 21 de enero, pp. 1-3.

Pageard, Robert (1958), *Goethe en España*, CSIC, Madrid.

Palomas i Moncholí, Joan (2004), *Víctor Balaguer, Renaixença, revolució i progrés*, El Cep i la Nansa, Ajuntament de Vilanova i la Geltrú.

Paredes Núñez, Juan (1979), *Los cuentos de Emilia Pardo Bazán*, Universidad de Granada.

— (1985), «Maupassant en Espagne: d'une influence concrète du *Horla*», *Revue de Littérature Comparée*, 3 (julio-septiembre), pp. 267-279.

Paulino, José (1982), «La aventura interior de don Félix de Montemar», *Revista de literatura*, XLIV, 88 (julio-diciembre), pp. 57-67.

Pedraza, Pilar (1998), *Máquinas de amar. Secretos del cuerpo artificial*, Valdemar, Madrid.

Pedrosa, José Manuel (2006), «La lógica del cuento: el silencio, la voz, el poder, el doble, la muerte», en Rafael Beltrán, ed., *El cuento folclórico en la literatura y en la tradición oral*, Universidad de Valencia, pp. 247-270.

Peláez Pérez, Víctor Manuel (2005), «Propuesta de historia espectacular de la parodia del Romanticismo», *Anales de Literatura Española*, 18, pp. 273-287.

Pérez Gil, Violeta (1993), *El relato fantástico desde el romanticismo al realismo. Estudio comparado de textos alemanes y franceses*, Universidad Complutense, Madrid (tesis doctoral).

Picoche, Jean-Louis (1992), «Introducción» a José Zorrilla, *Don Juan Tenorio. El capitán Montoya*, Taurus, Madrid, pp. 9-83.

Poe, Edgar Allan (1973), *Ensayos y críticas*, Alianza, Madrid.

Ponnau, Gwenhaël (1987), *La folie dans la littérature fantastique*, CNRS, París.

Pont, Jaume (1996), «Género fantástico y grotesco romántico: *La noche de máscaras*, de Antonio Ros de Olano», en Rosa de Diego y Lidia Vázquez, eds., *De lo grotesco*, Diputación Foral de Álava, Vitoria, pp. 119-126.

— (1997), «Sentimiento subjetivo y género fantástico: *El doctor Lañuela*, de Antonio Ros de Olano», en Jaume Pont, ed., *Narrativa fantástica del siglo XIX (España e Hispanoamérica)*, Milenio-Universitat de Lleida, Lérida, pp. 127-143.

— (1996), «La narrativa fantástica de Antonio Ros de Olano: naturaleza demoníaca y grotesco romántico», en Jaume Pont, ed., *Brujas, demonios y fantasmas en la literatura fantástica hispánica*, Universitat de Lleida, Lérida, pp. 161-178.

— (2001), «Huérfanos y expósitos en la obra en prosa de Antonio Ros de Olano» (Anexo «Carlitos. Problema social» por Antonio Ros de Olano)», en R. Fernández y J. Soubeyroux, eds., *Historia social y literatura*, Milenio-Université Jean Monnet, Lérida-Sant Étienne, pp. 231-253.

Pozzi, Gabriela (1995), «Fantasmas reales y misterios resueltos: convenciones narrativas en los 'cuentos fantásticos' de *El Artista* (1835-1836)», *España Contemporánea*, VIII, 2, pp. 75-87.

Rabasco Macías, Esther (1997), «La sombra en el espejo (En torno a la técnica narrativa de lo fantástico en *La sombra*, de Benito Pérez Galdós)», en Jaume Pont ed., *Narrativa fantástica del siglo XIX (España e Hispanoamérica)*, Milenio-Universitat de Lleida, Lérida, pp. 355-366.

Ramos-Gascón, Antonio (1999), «Introducción» a Leopoldo Alas, *Pipá*, Cátedra, Madrid, pp. 15-102.

Ramos González, Gabino (1982), *El género fantástico y España en Prosper Mérimée*, Universidad Complutense, Madrid (tesis doctoral).

Randolph, Donald Allen (1966), *Eugenio de Ochoa y el romanticismo español*, University of California Press, Berkeley y Los Ángeles.

Rank, Otto (1973), *Le Double*, Petite Bibliothèque Payot, París (publicado junto con *Don Juan*).

Reisz, Susana (2001), «Las ficciones fantásticas y sus relaciones con otros tipos ficcionales», en David Roas, ed., *Teorías de lo fantástico*, Arco/Libros, Madrid, pp. 193-221.

Rey Faraldos, Gloria (1991), «Prólogo» a Gérard de Nerval, *La mano embrujada. Aurelia*, traducción de Emilio Carrere, Júcar, Gijón.

Richer, Jean (1947), *Gérard de Nerval et les doctrines ésotériques*, Le Griffon d'Or, París.

— (1970), *Nerval. Expérience et creation*, Hachette, París.

Richmond, Carolyn (1984), «Gérmenes de *La Regenta* en tres cuentos de Clarín», *Argumentos*, 63-64, pp. 16-21.

Richter, Anne (1981), *Histoires fantastiques de doubles et de miroirs*, Librairie de Champs Élysées, París.

— (1995), *Histoires de doubles d'Hoffmann à Cortázar*, Complexe, Bruselas.

Rico, Francisco (1996), «Introducción» a Lope de Vega, *El caballero de Olmedo*, Cátedra, Madrid, pp. 13-101.

Río, Martín del (1991), *La magia demoníaca*, ed. de Jesús Moya, Hiperión, Madrid.

Ríos, Laura de los (1965), *Los cuentos de Clarín. Proyección de una vida*, Revista de Occidente, Madrid.

Risco, Antonio (1982), *Literatura y fantasía*, Taurus, Madrid.

Rivera Recio, Leonardo (1994), «Dino Buzzati y el combate contra el doble», en Juan Bargalló, ed., *Identidad y alteridad: aproximación al tema del doble*, Alfar, Sevilla, pp. 159-170.

Roas, David (2000), *La recepción de la literatura fantástica en la España del siglo XIX*, Universidad Autónoma de Barcelona (tesis doctoral).

— (2001), «Entre cuadros, espejos y sueños misteriosos. La obra fantástica de Pedro Escamilla», *Scriptura*, 16, pp. 103-118.

— (2002a), *Hoffmann en España. Recepción e influencias*, Biblioteca Nueva, Madrid, 2002.

— (2002b), «El género fantástico y el miedo», *Quimera*, 218-219 (julio-agosto de 2002), pp. 41-45.

— (2006), *De la maravilla al horror. Los inicios de lo fantástico en la cultura española (1750-1860)*, Mirabel, Pontevedra.

Rohde, Erwin (1973), *Psique. El culto de las almas y la creencia en la inmortalidad entre los griegos*, Labor, Barcelona, 2 vols.

Rodríguez Guerrero-Strachan, Santiago (1999), *Presencia de Edgar Allan Poe en la literatura española del siglo XIX*, Universidad de Valladolid.

Rodríguez Gutiérrez, Borja (2004), *Historia del cuento español (1764-1850)*, Iberoamericana, Madrid.

Rodríguez-Moñino, Antonio (1976), «Cristóbal Bravo, ruiseñor popular del siglo XVI», *La transmisión de la poesía española en los Siglos de Oro*, ed. de Edward M. Wilson, Ariel, Barcelona, pp. 253-283.

— (1970), *Diccionario de pliegos sueltos poéticos (siglo XVI)*, Castalia, Madrid.

Rogers, Robert (1970), *A Psychoanalytical Study of the Double in Literature*, Wayne State University Press, Detroit.

Romero Tobar, Leonardo (1994), *Panorama crítico del romanticismo español*, Castalia, Madrid.

— (1995a), «Sobre la acogida del relato fantástico en la España romántica», en Georges Güntert y Peter Frölicher, eds., *Teoría e interpretación del cuento*, Lang, Viena, pp. 223-237.

— (1995b), «Zorrilla: el imaginario de la tradición», en Javier Blasco Pascual, ed., *Actas del Congreso sobre José Zorrilla. Una nueva lectura*, Universidad de Valladolid y Fundación Jorge Guillén, Valladolid, pp. 165-184.

— (1999), «*Flor de santidad*: su proceso de redacción y la figura del *doble*», *Analecta Malacitana*, Anejo XXIV, pp. 245-253.

Rotger, Neus (2007), «El concepto de fantasmagoría y sus usos literarios», *Opera Romanica*, 10, pp. 113-124.

Rutelli, Romana (1991), «Per un contributo all'argomento del *doppio letterario*», *Il confronto letterario*, año VIII, 16 (noviembre), pp. 245-249.

Said Armesto, Víctor (1946), *La leyenda de don Juan*, Espasa Calpe Argentina, Buenos Aires.

Salas Lamamié, María del Rosario (1985), *Ros de Olano, un general literato romántico (1808-1886)*, Universidad Complutense, Madrid (tesis doctoral).

Salinas, Pedro (1961), «Espronceda: la rebelión contra la realidad», *Ensayos de literatura hispánica (Del Cantar de Mio Cid a García Lorca)*, Aguilar, Madrid, pp. 259-267.

Sanmartín Bastida, Rebeca (2001), «La Edad Media en los relatos breves de las revistas de la segunda mitad del siglo XIX», *Salina*, 15 (noviembre), pp. 153-166.

—— (2003), «*Flor de Santidad* y *La Borgoñona*: medievalismo, estética y peregrinos en Valle-Inclán y Pardo Bazán», *Hispanic Research Journal*, 4, 3 (octubre), pp. 223-237.

Santiáñez, Nil (1995), «Introducción» a *De la luna a Mecanópolis. Antología de la ciencia ficción española (1832-1913)*, Sirmio/Quaderns Crema, Barcelona, pp. 7-35.

—— (2002), *Investigaciones literarias. Modernidad, historia de la literatura y modernismos*, Crítica, Barcelona.

Schanzer, George O. (1972), *La literatura rusa en el mundo hispánico: bibliografía*, University of Toronto Press, Toronto.

Schelling, F.W.J. (1987), *Schelling. Antología,* ed. de José L. Villacañas, Península, Barcelona.

Schlegel, Friedrich (1983), *Obras selectas*, ed. de Hans Juretschke, Fundación Universitaria Española, Madrid, vol. 1.

—— (1994), *Poesía y filosofía*, ed. de Diego Sánchez Meca, Alianza, Madrid.

Schneider, Marcel (1985), *Histoire de la littérature fantastique en France*, Librairie Arthème Fayard, París.

Schopenhauer, Arthur (1997), *Ensayo sobre las visiones de fantasmas*, Valdemar, Madrid.

Schulman, Mary G. (1982), «Ironic illusion in *La sombra*», *Anales galdosianos*, XVII, pp. 33-38.

Schurlknight, Donald E. (1996), «Zorrilla, Espronceda and Romanticism(s): considerations on two stories of don Juan», *Crítica Hispánica*, XVIII, 1, 99-110.

Scott, Walter (1830), «Ensayo sobre lo maravilloso en las novelas o romances», *Nueva colección de novelas de Sir Walter Scott*, Jordán, Madrid, vol. 3, pp. 1-48.

Senabre, Ricardo (1990), «Introducción» a José Zorrilla, *Traidor, inconfeso y mártir*, Cátedra, Madrid, pp. 9-51.

Shoemaker, W.H. (1962), *Los prólogos de Galdós*, University of Illinois Press/Ediciones de Andrea, Urbana/México.

Siebers, Tobin (1989), *Lo fantástico romántico*, FCE, México.

Smith, Alan (2005), «*La sombra* y otras sombras: del romanticismo fantástico al realismo mitológico en Galdós», *Galdós y la imaginación mitológica*, Cátedra, Madrid, pp. 77-88.

Sobejano, Gonzalo (2002), «El romanticismo de Leopoldo Alas», en Araceli Iravedri Valle, ed., *Leopoldo Alas. Un clásico contemporáneo (1901-2001)*, Universidad de Oviedo, pp. 929-945.

Soldevila, Ignacio (1995), «Fantasía y crítica social (A propósito de hombres y monos)», *Cuadernos del Lazarillo*, 7 (enero-abril), pp. 4-8.

Stäel, Madame de (1991), *Alemania*, Espasa Calpe, Madrid.

Staehlin, Carlos (1978), *Wegener: el doble y el Golem*, Universidad de Valladolid.

Stevenson, Robert Louis (1983), «Las obras de Edgar Allan Poe», *Ensayos literarios*, Hiperión, Madrid, pp. 114-121.

Stoichita, Victor I. (2002), *Breve historia de la sombra*, Siruela, Madrid.

— (2006), *Simulacros. El efecto Pigmalión: de Ovidio a Hitchcock*, Siruela, Madrid.

Taylor-Terlecka, Nina (2001), «Des Dioscures à Medardus-Goliadkine-Medardo et Martin Guerre: una typologie est-elle possible?», en Gérard Conio, ed., *Figures du double dans les littératures européennes*, Lausanne, L'Age d'Homme, pp. 25-44.

Thorner, Horace E. (1934), «Hawthorne, Poe, and a literary ghost», *The New England Quarterly*, 7, 1, pp. 146-154.

Todorov, Tzvetan (1982), *Introducción a la literatura fantástica*, Editorial Buenos Aires, Barcelona.

Tomachevski, Boris (1982), *Teoría de la literatura*, Akal, Madrid.

Torres Pintueles, Elías (1965), «Un antecedente de *El estudiante de Salamanca*», en *Tres estudios en torno a García Villalta*, s.e., Madrid, pp. 117-135.

Trancón Lagunas, Montserrat (1993), «Modelos estructurales del cuento fantástico en la prensa romántica madrileña», *Lucanor*, 9, pp. 87-117.
— (2000), *La literatura fantástica en la prensa del Romanticismo*, Institució Alfons El Magnànim, Valencia.
Trías, Eugenio (1982), *Lo bello y lo siniestro,* Seix Barral, Barcelona.
Troubetzkoy, Wladimir (1995), *La figure du double*, Didier, París.
Turner, Harriet S. (1971), «Rhetoric in *La sombra*: the Author and his Story», *Anales galdosianos*, VI, pp. 5-19.
Tymms, Ralph (1949), *Doubles in literary psychology*, Bowes and Bowes, Cambridge.
Unamuno, Miguel de (1966), «Nuestros yos ex-futuros», *Obras Completas*, ed. de Manuel García Blanco, Escelicer, vol. VIII, pp. 490-494.
Vallejo Márquez, Yolanda (1995a), «Elementos transgresores en la prosa de Antonio Ros de Olano», en Alberto Romero Ferrer, ed., *De la Ilustración al Romanticismo (1750-1850)*, Servicio de Publicaciones de la Universidad de Cádiz, pp. 625-634.
— (1995b), «Algunas consideraciones en torno al cuento fantástico en España: Antonio Ros de Olano», *Draco*, 7, pp. 199-206.
— (1997), «Los territorios de la transgresión: naturaleza deformada en los cuentos de Antonio Ros de Olano», *Cuadernos de Ilustración y Romanticismo*, 4-5, pp. 131-149.
Vax, Louis (1973), *Arte y literatura fantásticas*, Eudeba, Buenos Aires.
Vilella, Eduard (1997), *El doble: elements per a una panoràmica històrica*, Universidad de Barcelona (tesis doctoral).
— (2017), *Doble contra senzill. La incògnita del jo i l'enigma de l'altre en la literatura*, Pagès Editors, Lleida.
Viñuales, Pedro Pablo (1992), ««Mi entierro» de Clarín: un cuento raro», *Anales de Literatura Española*, 8, pp. 193-205.
Walter, Georges (1995), *Poe*, Anaya & Mario Muchnick, Madrid.
Wellek, René (1965), «German and English Romanticism: A Confrontation», *Confrontations. Studies in the Intellectual and Literary Relations Between Germany, England, and the United States during the Nineteenth Century*, Princeton University Press, New Jersey, pp. 3-33.

— (1983), «El concepto de romanticismo en la historia literaria», *Historia literaria. Problemas y conceptos*, Laia, Barcelona, pp. 123-176.

Whyte, Peter (1988), «Gautier, Nerval et la hantise du *Doppelgänger*», *Bulletin de la Societé Théophile Gautier*, 10, pp. 17-31.

Wilson, Colin (1971), *Lo oculto*, Noguer, Barcelona, 1974.

Zagari, Luciano (1991), «Jean Paul, Hoffmann e il motivo del *doppio* nel Romanticismo tedesco», *Il confronto letterario*, año VIII, 16 (noviembre), pp. 265-294.

Ziolkowski, Theodore (1980), *Imágenes desencantadas. Una iconología literaria*, Taurus, Madrid.

Živković, M. (2000), «The double as the *unseen* of culture: toward a definition of Doppelgänger», *Linguistics and Literature*, 2, 7, pp. 121-128.

Zorrilla, José (1943a), prólogo a «La Pasionaria. Cuento fantástico», en *Obras completas*, ed. de Narciso Alonso Cortés, Librería Santarén, Valladolid, vol. I, pp. pp. 616-617.

— (1943b), *Recuerdos del tiempo viejo*, en *Obras completas,* ed. de Narciso Alonso Cortés, Librería Santarén, Valladolid, vol. II, pp. 1729-2103.

Zweig, Stefan (1938), *Franz Anton Mesmer. La curación por el espíritu*, Apolo, Barcelona.


## OBRAS LITERARIAS

### El doble

1812

E. T. A. Hoffmann, «Don Juan», *Cuentos*, Espasa Calpe, Madrid, 1998, pp. 241-256 (traducción de Berta Vias Mahon).

1814

Adelbert von Chamisso, *La maravillosa aventura de Peter Schlemihl*, Anaya, Madrid, 1985 (traducción de Manuela González-Haba).

E. T. A. Hoffmann, «Noticia de las últimas andanzas del perro Berganza», *Fantasías a la manera de Callot*, Anaya, Madrid, 1986, pp. 96-154 (traducción de Celia y Rafael Lupiani).

1815

E. T. A. Hoffmann, «La aventura de la noche de San Silvestre», *Fantasías a la manera de Callot*, Anaya, Madrid, 1986, pp. 272-303 (traducción de Celia y Rafael Lupiani).

1815-1816

E. T. A. Hoffmann, *Los elixires del diablo*, Valdemar, Madrid, 1998 (traducción de José Rafael Hernández Arias).

1817

E. T. A. Hoffmann, «El hombre de la arena», *Nocturnos*, Anaya, Madrid, 1987, pp. 21-58 (traducción de Celia y Rafael Lupiani).

1819-1821

E. T. A. Hoffmann, *Opiniones del gato Murr*, ed. de Ana Pérez, Cátedra, Madrid, 1997 (traducción de Carlos Fortea).

1824

James Hogg, *Memorias privadas y confesiones de un pecador justificado*, Valdemar, Madrid, 2001 (traducción de Francisco Torres Oliver).

1835

Alfred de Musset, «La noche de diciembre», en Rosa de Diego, ed., *Antología de la poesía romántica francesa*, Cátedra, Madrid, 2000, pp. 449-463 (traducción de Rosa de Diego).

1837

José Zorrilla, «La Madona de Rubens», en David Roas, ed., *El castillo del espectro. Antología de relatos fantásticos españoles del siglo XIX*, Círculo de Lectores, Barcelona, 2002, pp. 51-60.

1838

Nathaniel Hawthorne, «La mascarada de Howe», en Juan Antonio Molina Foix, ed., *Álter ego. Cuentos de dobles (una antología)*, Siruela, Madrid, 2007, pp. 101-120 (traducción de Juan Antonio Molina Foix).

1839

Théophile Gautier, «El vellocino de oro», en Daniel Aragó, ed., *Relatos célebres sobre la pintura*, Áltera, Barcelona, 1997, pp. 83-126 (traducción de José Escué).

Gérard de Nerval, «Retrato del diablo», *Poesía y prosa literaria*, Galaxia Gutenberg/Círculo de Lectores, Barcelona, 2004, pp. 555-564 (traducción de Tomás Segovia).

Gérard de Nerval, «El rey de Bicêtre», *Los iluminados*, en *Poesía y prosa literaria,* Galaxia Gutenberg/Círculo de Lectores, Barcelona, 2004, pp. 569-587 (traducción de Tomás Segovia).

Edgar Allan Poe, «William Wilson», *Cuentos,* Alianza, Madrid, 2000, vol. 1, pp. 52-74 (traducción de Julio Cortázar).

1840

José de Espronceda, *El estudiante de Salamanca*, en *«El estudiante de Salamanca» y otros grandes éxitos*, ed. de Rebeca Martín, Alba Editorial Barcelona, 2022.

Théophile Gautier, «El caballero doble», en Juan Antonio Molina Foix, ed., *Álter ego. Cuentos de dobles (una antología)*, Siruela, Madrid, 2007, pp. 125-135 (traducción de Juan Antonio Molina Foix).

José Zorrilla, *El capitán Montoya*, ed. de Jean-Louis Picoche, Taurus, Madrid, 1992 (publicado junto con *Don Juan Tenorio*).

1842

Edgar Allan Poe, «El retrato oval», *Cuentos, 1,* Alianza, Madrid, 2000, vol. 1, pp. 130-133 (traducción de Julio Cortázar).

1844

Edgar Allan Poe, «Un cuento de las Montañas Escabrosas», *Cuentos*, Alianza, Madrid, 2000, vol. 1, pp. 177-188 (traducción de Julio Cortázar).

1846

Hans Christian Andersen, «La sombra», *«La sombra» y otros cuentos*, Alianza, Madrid, 1997, pp. 31-43 (traducción de Alberto Adell).

Fiodor M. Dostoievski, *El doble*, Alianza, Madrid, 2000 (traducción de Juan López Morillas).

1851

Manuel Fernández y González, «Memorias de Lisardo el estudiante», *Don Juan Tenorio*, A. Vicente, Madrid, 1851, vol. 2, pp. 44-103.

José Gutiérrez de la Vega, «Don Miguel de Mañara. Cuento tradicional», *Semanario Pintoresco Español*, 28 de diciembre de 1851, pp. 410-412.

Gérard de Nerval, «Historia del califa Hakem», *Viaje a Oriente*, en *Poesía y prosa literaria*, Galaxia Gutenberg/Círculo de Lectores, Barcelona, 2004, pp. 903-958 (traducción de Tomás Segovia).

1854

Gérard de Nerval, «Sylvie», *Las hijas del fuego*, en *Poesía y prosa literaria,* Galaxia Gutenberg/Círculo de Lectores, Barcelona, 2004, pp. 265-319 (traducción de Tomás Segovia).

Gérard de Nerval, «Octavie», *Las hijas del fuego*, en *Poesía y prosa literaria*, Galaxia Gutenberg/Círculo de Lectores, Barcelona, 2004, pp. 320-328 (traducción de Tomás Segovia).

1855

Gérard de Nerval, «Aurélia», *Poesía y prosa literaria*, Galaxia Gutenberg/Círculo de Lectores, Barcelona, 2004, pp. 383-452 (traducción de Tomás Segovia).

1862

Luis García de Luna, «Don Miguel de Mañara. Leyenda», *La América*, 24 de agosto de 1862, pp. 14-15.

## 1873

Manuel Cano y Cueto, «Don Miguel de Mañara», *Leyendas y tradiciones de Sevilla*, Francisco Álvarez y Cía, Sevilla, 1875.

Pedro Escamilla, «El país de un abanico. Cuento», *El Periódico para todos*, 30 (1873), pp. 473-475.

## 1875

Carlos Coello, «El huésped», *Cuentos inverosímiles*, Sáenz de Jubera Hermanos, Madrid.

Pedro Escamilla, «Muérete y verás. Fantasía», *El Periódico para todos*, 16 (1875), pp. 247-249.

## 1879

Eduardo Ladislao Holmberg, «Horacio Kalibang o los autómatas», *Cuentos fantásticos*, Edicial, Buenos Aires, 1994, pp. 147-167.

## 1883

Leopoldo Alas *Clarín,* «Mi entierro. Discurso de un loco», *Pipá*, ed. de Antonio Ramos-Gascón, Cátedra, Madrid, 1999, pp. 167-177.

Arthur Conan Doyle, «El tiro ganador», *Nuestro visitante de medianoche y otras historias*, Valdemar, Madrid, pp. 123-157 (traducción de Diego Valverde Villena).

## 1885

Emilia Pardo Bazán, «La Borgoñona», *Obras completas*, ed. de Darío Villanueva y José Manuel González Herrán, Biblioteca Castro, Madrid, 2003, vol. VII, pp. 171-185.

## 1886

Gaspar Núñez de Arce, *«Aventuras de un muerto (Cuento fantástico»,* Miscelánea literaria. Cuentos, artículos, relaciones y versos*, Barcelona, 1886 (escrito en 1856).*

## 1890

Oscar Wilde, *El retrato de Dorian Gray*, Planeta, Barcelona, 2000 (traducción de Julio Gómez de la Serna).

1892

Henry James, «La vida privada», *La vida privada y otros relatos*, Librerías Fausto, Argentina, 1975, pp. 11-50 (traducción de Carlos Gardini).

Georges Rodenbach, *Bruges, la morte*, Labor, Bruselas, 1987.

1893

Ambrose Bierce, «Uno de gemelos», *El clan de los parricidas y otras historias macabras*, Valdemar, Madrid, 2001, pp. 137-146 (traducción de Javier Sánchez García-Gutiérrez).

1897

H. G. Wells, «El doppelgänger del señor Marshall», *El nuevo Fausto y otras narraciones*, Valdemar, Madrid, 2002, pp. 119-130 (traducción de Rafael Santervás).

1898

Bram Stoker, «Las arenas de Crooken», *El entierro de las ratas y otros cuentos de horror*, Valdemar, Madrid, 2001, pp. 53-83 (traducción de Juan Antonio Molina Foix).

1899

Hugo von Hofmannsthal, «Historia de uno de caballería», *El libro de los amigos. Relatos*, ed. de Miguel Ángel Vega, Cátedra, Madrid, 1991, pp. 197-208 (traducción de Miguel Ángel Vega).

EN LA ÓRBITA DEL DOBLE

1811

Heinrich Von Kleist, «El expósito», *«La marquesa de O»... y otros cuentos*, Alianza, Madrid, 1992, pp. 135-153 (traducción de Carmen Bravo-Villasante).

1812

Ludwig Achim von Arnim, *Isabel de Egipto. Un amor de juventud de Carlos V*, Valdemar, Madrid, 1999 (traducción de Ana Isabel Almendral).

1836

Théophile Gautier, «La muerta enamorada», Jacobo Siruela, ed., *El vampiro. Antología literaria*, Círculo de Lectores, Madrid, 2001, pp. 161-191 (traducción de Violeta Pérez Gil).

1840

Antonio Ros de Olano, «La noche de máscaras. Cuento fantástico», *Cuentos estrambóticos y otros relatos*, ed. de Enric Cassany, Laia, Barcelona, 1980, pp. 73-103.

1871

Benito Pérez Galdós, «La sombra», en *La sombra. Celín. Tropiquillos, Theros*, La Guirnalda, Madrid, 1890, pp. 12-145.

1875

Guy de Maupassant, «El doctor Heraclius Gloss», *«La madre de los monstruos» y otros cuentos de locura y muerte*, Valdemar, Madrid, 2001, pp. 117-176 (traducción de Margarita Pérez).

1878

José Fernández Bremón, «Miguel-Ángel o el hombre de dos cabezas», *«Un crimen científico» y otros cuentos*, prólogo y edición de Rebeca Martín, Lengua de Trapo, Madrid, 2008, pp. 197-233.

1884

Guy de Maupassant, «¿Un loco?», *«La madre de los monstruos» y otros cuentos de locura y muerte*, Valdemar, Madrid, 2001, pp. 61-68 (traducción de Margarita Pérez).

1886

Robert Louis Stevenson, *El extraño caso del Dr. Jekyll y Mr. Hyde*, ed. de Manuel Garrido, Cátedra, Madrid, 1995 (traducción de Manuel Garrido).

1891

Marcel Schwob, «El hombre doble», *Corazón doble*, Siruela, Madrid, 1996, pp. 73-78 (traducción de Elena del Amo).

1895

Jean Lorrain, «El doble», *Cuentos de un bebedor de éter*, Miraguano, Madrid, 1998, pp. 109-117 (traducción de Elena del Amo).

1896

Víctor Balaguer, «El caballero de Olmedo», *Historias y tradiciones. Libro de excursiones y recuerdos*, El Progreso Editorial, Madrid, 1896, pp. 26-34.

www.ingramcontent.com/pod-product-compliance
Lightning Source LLC
Chambersburg PA
CBHW031952080426
42735CB00007B/366